U0367116

基于**ANSYS**的车辆结构有限元分析

高耀东　任元　主编

高琳　韩东旭　曹亚楠　副主编

化学工业出版社

·北京·

内 容 简 介

本书介绍了有限元法的基础理论、ANSYS 软件的应用技术及其在车辆工程领域的应用实例等内容。全书包括 25 个 ANSYS 软件应用实例，每种分析类型都配备有实用性强的入门实例和进阶实例，并涵盖整车零部件分析，包括典型的有限元分析技术。本书的中心是 ANSYS 软件的应用，其他内容以此展开。目的是使读者从学习实际案例出发，由浅入深地掌握 ANSYS 软件和有限元法理论，力求在较短时间内，知其然，知其所以然，真正掌握 ANSYS 与有限元法，并能灵活应用于车辆工程领域。

本书可作为高等院校车辆工程、新能源汽车、机械设计制造及其自动化、机械电子工程等专业本科生和研究生教材，也可作为相应专业科研工作者与工程技术人员学习有限元法与 ANSYS 软件的参考书。

随书附赠模型资源，请访问 https://www.cip.com.cn/Service/Download 下载。

资源下载 [396 资源]

[38720]   搜索资源

在如图所示位置，输入 "38720" 点击 "搜索资源" 即可进入下载页面。

图书在版编目（CIP）数据

基于 ANSYS 的车辆结构有限元分析/高耀东，任元主编. —北京：化学工业出版社，2021.5
ISBN 978-7-122-38720-2

Ⅰ.①基…　Ⅱ.①高…②任…　Ⅲ.①有限元法-应用-汽车-结构分析　Ⅳ.①U463

中国版本图书馆 CIP 数据核字（2021）第 047369 号

责任编辑：陈景薇　　　　　　　　　　　　　　文字编辑：冯国庆
责任校对：李　爽　　　　　　　　　　　　　　装帧设计：王晓宇

出版发行：化学工业出版社（北京市东城区青年湖南街 13 号　邮政编码 100011）
印　　装：北京科印技术咨询服务有限公司数码印刷分部
787mm×1092mm　1/16　印张 16¾　彩插 4　字数 435 千字　　2021 年 7 月北京第 1 版第 1 次印刷

购书咨询：010-64518888　　　　　　　　　　　售后服务：010-64518899
网　　址：http://www.cip.com.cn
凡购买本书，如有缺损质量问题，本社销售中心负责调换。

定　　价：98.00 元　　　　　　　　　　　　　　　　版权所有　违者必究

随着汽车领域的持续发展，汽车的安全性与舒适性已成为衡量汽车装备与制造的重要指标。在传统汽车、新能源汽车、智能汽车以及特种车辆等研究领域，车辆工程中结构分析均为其中的关键问题。仿真分析车辆结构的技术已成为该领域有效发展的必备环节。先进的仿真分析技术既可以节省汽车的制造成本，也可以提高其制造效率，并推动该领域的快速发展。

有限单元法作为工程实际中的仿真技术方法已广泛应用在各学科领域，对于车辆工程中结构的有限元分析已成为一个重要的发展方向。车辆的稳定和安全等性能是学科研究重点，通过有限元法对车辆进行仿真分析与优化设计将有效加速本学科的发展。其中 ANSYS 软件是一个功能强大而灵活的大型通用商业化的有限元软件，能进行包括结构、热、流体、电场、电磁场等多学科的研究。由于车辆的工作环境多样化，针对车辆结构的仿真分析与优化设计，ANSYS 展现出了较好的适用性。

全书包括 25 个 ANSYS 软件应用实例，每种分析类型都配备有实用性强的入门实例和进阶实例，并涵盖整车零部件分析，包括典型的有限元分析技术。书中分析实例均取自实际车辆，所有分析实例完全是以实际车辆 1:1 实体模型进行有限单元法仿真分析。部分实例进行同模型、不同加载方式的比较分析，或者同模型进行结构优化改进分析，为读者提供多样实例分析从而开拓读者思路。

全书共分 9 章：第 1 章为有限单元法理论部分；第 2 章介绍了 ANSYS 的基本使用方法；第 3 章为 ANSYS 中创建实体模型与有限元模型；第 4 章为车辆结构静力学分析；第 5 章为车辆结构模态分析；第 6 章为车辆结构瞬态分析；第 7 章为车辆结构谐响应分析；第 8 章为车辆结构疲劳分析；第 9 章为车辆结构优化设计。书中采用的 AN-SYS 为 19.2 版本；标有"彩图"的图片可在本书最后查看彩色图片。

本书由内蒙古科技大学高耀东、任元任主编，高琳、韩东旭、曹亚楠任副主编。第 1 章、第 9 章由高耀东编写，第 2 章由尚飞编写；第 3 章（除 3.2.6 和 3.2.7 小节）、第 4 章由韩东旭编写；第 3 章中

3.2.6 和 3.2.7 小节、第 5 章由曹亚楠编写；第 6 章和第 7 章由任元编写；第 8 章由高琳编写。由高耀东、任元负责全书规划与协调各章节，尚飞负责统稿与整理资料，沈阳城市建设学院高鹿鸣负责图像和文字处理，同时感谢于磊、孙永超提供的帮助。

由于编者学识有限，书中难免存在一些疏漏和不足之处，恳请广大专家与学者不吝赐教、批评指正。

编者

第 1 章
有限元法原理和基本概念 1

第 2 章
ANSYS 的基本使用方法 25

第 5 章
车辆结构的模态分析　　　　　　143

第 6 章
车辆结构的瞬态分析　　　　　　165

第 7 章
车辆结构的谐响应分析　　　　　　183

第 8 章
车辆结构的疲劳分析

201

第 9 章
车辆结构的优化设计

224

参考文献

259

第 1 章
有限元法原理和基本概念

1.1 引言

有限单元（简称有限元）法是一种用于连续物理场分析的数值计算工具，它不仅可以在分析结构的位移场和应力场时使用，还可以用于温度场、电磁场、流体场的计算分析。它可以解决工程实践中用解析法难以或无法解决的各种复杂问题，诸如复杂边界条件、复杂物体形状、非线性等，并且可以得到满意的结果。

有限元法是综合现代数学、力学理论、计算方法、计算机技术等学科的新知识，发展起来的一种新兴技术。随着计算机技术的提高和广泛应用，以及与 CAD、CAM 技术的紧密结合，有限元法已成为各类工业产品设计和性能分析的有效工具，在工程领域得到了极大的应用。

有限元法的基本思想是将问题的求解域离散化成有限个单元，单元彼此之间仅靠节点相连。在单元内假设近似解的模式，然后通过适当的方法，建立单元内部点的待求量与单元节点量之间的关系。由于单元形状简单，易于由能量关系或平衡关系建立节点量之间的方程式，然后将各个单元方程集合成总体线性方程组，引入边界条件后求解该线性方程组即可得到所有的节点量，进一步计算导出量后问题就得到了解决。

选择节点位移作为总体线性方程组的未知数，称为位移法；选择节点力为未知数，称为力法。位移法易于实现自动化，其应用范围最广，用位移法求解问题的步骤如下。

① 将连续的求解域离散化，得到有限数目的单元，相邻单元之间仅靠节点相连，其他位置不发生联系。

② 选择位移模式，位移函数是单元上任意点的位移对其坐标的函数，一般用单元内部点的坐标的多项式来表示，它只是近似地表示了单元内真实位移分布。

③ 计算单元刚度矩阵，并集合成单元刚度矩阵为整个结构总体刚度矩阵。

④ 将非节点载荷静力等效到节点上，并形成结构总体载荷列阵。

⑤ 引入位移边界条件，并求解大型线性方程组，求得节点位移。

⑥ 由节点位移解计算应力、应变等导出量。

有限元法的主要优点如下。

① 有限元法的解题步骤可以系统化、标准化，能够开发出灵活通用的计算机程序，使其能够广泛地应用于各种场合，方便于普通用户使用。

② 因为单元能按各种不同的连接方式组合在一起，且单元本身又可以有不同的形状，所以有限元法可以模拟各种复杂几何形状的结构。

③ 边界条件和结构模型具有相对独立性，可以使用其他 CAD 软件中导入创建好的模型。

④ 有限元法很容易处理非均匀连续介质。

⑤ 可以求解非线性问题。

⑥ 可以进行耦合场分析。

⑦ 有限元法不需要适用于整个结构的插值函数，而是每个单元本身有各自的插值函数，这就使得数学处理比较方便，对复杂形状的结构也能适用。

⑧ 有限元法可以与优化设计方法相结合，以便发挥各自的优点。

有限元法的缺点如下。

① 有限元计算，尤其是复杂问题的分析计算，所耗费的计算时间、内存和磁盘空间等计算资源是相当惊人的。

② 对无限求解域问题没有较好的处理方法。

③ 尽管现有的有限元软件多数都使用了网格自适应技术，但在具体应用时，采用什么类型的单元、多大的网格密度等完全依赖于使用者的经验。实际中，经常采用网格密度加大一倍，然后比较两次分析结果的方法，或者采用能量法来考察分析的精度，这势必进一步增大计算资源的耗费量。

有限元法在车辆工程中也得到了广泛的应用，其应用主要有以下几项。

① 静力学分析，分析机械结构承受静载荷作用下的应力、应变和变形情况。

② 模态分析，分析结构的固有频率和振型。

③ 动力学分析，包括谐响应分析和瞬态动力学分析，用于分析结构在随时间呈正弦规律或任意规律变化的载荷作用下的响应。

④ 热应力分析，分析结构因为温度分布不均而产生的热应力。

⑤ 其他分析，例如接触分析、压杆稳定性分析、结构-流体耦合分析等。

用有限元法分析问题时，一般都使用现成的有限元通用软件或专用软件。目前，国际上较大型的面向工程的通用有限元软件已达几百种，其中著名的有 ANSYS、ABAQUS、COMSOL、MSC、NASTRAN、ASKA 等。虽然普通用户不必花费时间和精力自行编制有限元软件，但对有限元法基本理论和方法有一定的掌握，是对正确使用软件有极大帮助的。

1.2 / 有限元法基本原理

下面以平面结构为对象，初步研究有限元法解决问题的思路和步骤，并介绍一些基本概念。

1.2.1 / 平面问题概述

根据材料力学知识,平面问题有平面应力问题和平面应变问题两类。

(1) 平面应力问题 如图 1-1(a) 所示为均匀薄板,作用在板上所有外力的方向都与板面平行,且不沿厚度方向发生变化。

由于没有垂直板面方向的外力,而且板的厚度很小,载荷和厚度沿 z 轴方向均匀分布,所以,可以近似地认为在整个薄板上所有点都有 $\sigma_z = 0$, $\tau_{yz} = \tau_{zy} = 0$, $\tau_{zx} = \tau_{xz} = 0$。于是只有平行于 xy 平面的三个应力分量 σ_x、σ_y、τ_{xy} 不为零 [图 1-1(b)],所以这种问题就被称为平面应力问题。分析时只取板面进行研究即可。

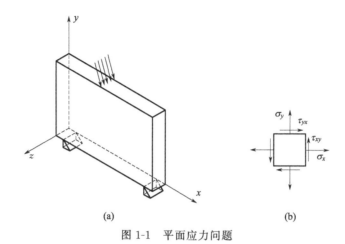

(a)   (b)

图 1-1 平面应力问题

由结构内任意一点的所有应力分量构造的矩阵称为应力矩阵,平面应力问题的应力矩阵为

$$\sigma = \begin{bmatrix} \sigma_x & \sigma_y & \tau_{xy} \end{bmatrix}^{\mathrm{T}} \tag{1-1}$$

根据广义虎克定律,对应的应变可表示为

$$\begin{cases} \varepsilon_x = \dfrac{1}{E}(\sigma_x - \mu\sigma_y) \\ \varepsilon_y = \dfrac{1}{E}(\sigma_y - \mu\sigma_x) \\ \gamma_{xy} = \dfrac{\tau_{xy}}{G} \end{cases} \tag{1-2}$$

式中,E 为材料的弹性模量;μ 为泊松比;G 为剪切弹性模量,$G = \dfrac{E}{2(1+\mu)}$。

在式(1-2) 中,用应变分量表示应力分量。

$$\begin{cases} \sigma_x = \dfrac{E}{1-\mu^2}(\varepsilon_x + \mu\varepsilon_y) \\ \sigma_y = \dfrac{E}{1-\mu^2}(\mu\varepsilon_x + \varepsilon_y) \\ \tau_{xy} = \dfrac{E}{2(1+\mu)}\gamma_{xy} \end{cases} \tag{1-3}$$

用矩阵方程形式表示为

$$\begin{bmatrix} \sigma_x \\ \sigma_y \\ \tau_{xy} \end{bmatrix} = \frac{E}{1-\mu^2} \begin{bmatrix} 1 & \mu & 0 \\ \mu & 1 & 0 \\ 0 & 0 & \dfrac{1-\mu}{2} \end{bmatrix} \begin{bmatrix} \varepsilon_x \\ \varepsilon_y \\ \gamma_{xy} \end{bmatrix} \tag{1-4}$$

可简写为

$$\sigma = D\varepsilon \tag{1-5}$$

式中，ε 为应变矩阵；矩阵 D 被称为弹性矩阵。该方程被称为物理方程。

（2）平面应变问题　设有横截面如图 1-2(a) 所示的无限长柱状体，作用在柱状体上的外力的方向都与横截面平行，且不沿柱状体长度方向发生变化。

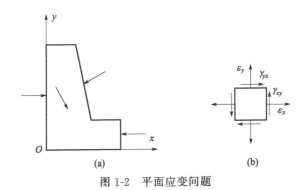

图 1-2　平面应变问题

取任一横截面为 xy 面，长度方向任一纵线为 z 轴，则所有应力分量、应变分量和位移分量都不沿 z 轴方向变化，它们只是 x、y 的函数。因为任一个横截面都可以看作是对称面，所以柱状体上各点 z 方向的位移均为零。

根据弹性力学理论有 $\varepsilon_z = \gamma_{yz} = \gamma_{zx} = 0$，于是只有平行于 xy 平面的三个应变分量 ε_x、ε_y、γ_{xy} 不为零 ［图 1-2(b)］，所以这种问题就被称为平面应变问题。分析时只取横截面进行研究即可。

根据广义虎克定律，平面应变问题的物理方程为

$$\begin{bmatrix} \sigma_x \\ \sigma_y \\ \tau_{xy} \end{bmatrix} = \frac{E(1-\mu)}{(1+\mu)(1-2\mu)} \begin{bmatrix} 1 & \dfrac{\mu}{1-\mu} & 0 \\ \dfrac{\mu}{1-\mu} & 1 & 0 \\ 0 & 0 & \dfrac{1-2\mu}{2(1-\mu)} \end{bmatrix} \begin{bmatrix} \varepsilon_x \\ \varepsilon_y \\ \gamma_{xy} \end{bmatrix} \tag{1-6}$$

或者

$$\sigma = D\varepsilon \tag{1-7}$$

在式(1-6) 的弹性矩阵中，如果用 $E_1 = E/(1-\mu^2)$、$\mu_1 = \mu/(1-\mu)$ 代入，可得到

$$D = \frac{E_1}{1-\mu_1^2} \begin{bmatrix} 1 & \mu_1 & 0 \\ \mu_1 & 1 & 0 \\ 0 & 0 & \dfrac{1-\mu_1}{2} \end{bmatrix} \tag{1-8}$$

对比式(1-6)和式(1-4)，两种平面问题的弹性矩阵具有同样的形式。

1.2.2 / 结构离散化

如图 1-3 所示，求解平面问题时进行结构离散化使用的是平面单元，其常用类型有如图 1-4 所示的 3 节点三角形单元、6 节点三角形单元、4 节点四边形单元和 8 节点曲边四边形单元等，最简单的是 3 节点三角形单元，以下将重点研究这种单元。

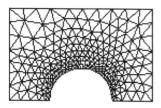

图 1-3　平面结构

图 1-4　平面单元

在结构离散化即划分单元时，就整体而言，单元的大小、网格的疏密要综合考虑精度的要求和计算机的速度及容量来确定。单元分得越小，计算结果越精确，但计算时间越长，要求的计算机存储容量也越大。

为了解决精度和计算量的矛盾，在划分单元时，可以在同一结构的不同位置采用不同的网格密度。例如，在结构边界比较曲折的部位，单元应该小一些；在边界比较平滑的部位，单元应该大一些。对于应力和应变需要了解比较详细的重要部位，单元应该小一些；对于次要部位，单元应该大一些。对于应力和应变变化得比较剧烈的部位（比如有尺寸或形状突变的部位），单元应该小一些；应力和应变变化得比较平缓的部位，单元应大一些。尽量不施加集中载荷等。

单元各方向尺寸应尽量接近，单元最好不要有较小的锐角或较大的钝角，否则会产生较大的计算误差。因此，对于三角形单元，等边三角形的误差最小；对于六面体单元，立方体的误差最小。

划分单元时，当遇到平面问题结构的厚度、结构所使用的材料等有突变时，在突变线处附近单元应该小一些，而且必须把突变线作为单元的界线，不能使突变线穿过单元，因为这种突变不可能在同一单元内得到反映。

1.2.3 / 位移函数

结构离散化后，接着要确定单元节点力和节点位移之间的关系。为此，需将单元内任意一点的位移分量表示为坐标的函数，该函数被称为位移函数，它反映了单元的位移情况并决定了单元的力学特性。显然位移函数在解题前是未知的，但在分析过程中又是必须用到的，为此需要首先假定一个函数。所假定的位移函数必须满足两个条件：其一，它在单元节点上的值应等于节点位移；其二，在该函数基础上得到的有限元解收敛于真实解。

（1）位移函数的一般形式　为便于微分和积分等数学处理，位移函数一般假定为坐标的多项式形式。从理论上讲，只有无穷阶的多项式才可能与真实解相等，但为了实用，通常只取有限阶多项式。在一般情况下，位移函数的项数取得越多，对真实解的近似程度就越高，而计算的复杂程度也随之提高。

对于平面问题，位移函数的一般形式为

$$\begin{cases} u(x,y)=\alpha_1+\alpha_2x+\alpha_3y+\alpha_4x^2+\alpha_5xy+\alpha_6y^2+\cdots+\alpha_my^n \\ v(x,y)=\alpha_{m+1}+\alpha_{m+2}x+\alpha_{m+3}y+\alpha_{m+4}x^2+\alpha_{m+5}xy+\alpha_{m+6}y^2+\cdots+\alpha_{2m}y^n \end{cases} \quad (1-9)$$

式中，α_1、α_2、$\cdots$、α_{2m} 为待定系数。

应根据图 1-5 所示的二维帕斯卡三角形确定位移函数，通常遵循以下原则。

① 选择多项式的阶次及项数应由单元的节点数目及自由度数来决定。

② 为使得单元在 x、y 方向上有对称性，在多项式中必须同时包括帕斯卡三角形对称轴两侧的对应项，例如，有 x^2y 项，则必须也有 xy^2 项。

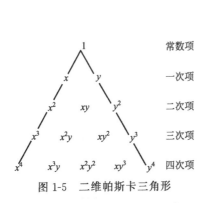

图 1-5　二维帕斯卡三角形

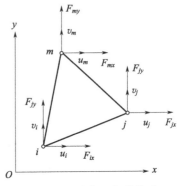

图 1-6　3 节点三角形单元

（2）3 节点三角形单元的位移函数　如图 1-6 所示，3 节点三角形单元共有 6 个自由度，所以位移函数应取帕斯卡三角形中的常数项和一次项，即

$$\begin{cases} u(x,y)=\alpha_1+\alpha_2x+\alpha_3y \\ v(x,y)=\alpha_4+\alpha_5x+\alpha_6y \end{cases} \quad (1-10)$$

这样，就可以由节点位移求出 6 个待定系数 $\alpha_1,\alpha_2,\cdots,\alpha_6$。

为了确定待定系数 $\alpha_1,\alpha_2,\cdots,\alpha_6$，将节点 i、j、m 的位移值和坐标值代入式(1-10)，得到如下方程组。

$$\begin{cases} u_i=\alpha_1+\alpha_2x_i+\alpha_3y_i, \quad v_i=\alpha_4+\alpha_5x_i+\alpha_6y_i \\ u_j=\alpha_1+\alpha_2x_j+\alpha_3y_j, \quad v_j=\alpha_4+\alpha_5x_j+\alpha_6y_j \\ u_m=\alpha_1+\alpha_2x_m+\alpha_3y_m, \quad v_m=\alpha_4+\alpha_5x_m+\alpha_6y_m \end{cases} \quad (1-11)$$

解之，得

$$\begin{cases} \alpha_1=\dfrac{1}{2\Delta}\sum_{i,j,m}a_iu_i \\[2mm] \alpha_2=\dfrac{1}{2\Delta}\sum_{i,j,m}b_iu_i \\[2mm] \alpha_3=\dfrac{1}{2\Delta}\sum_{i,j,m}c_iu_i \\[2mm] \alpha_4=\dfrac{1}{2\Delta}\sum_{i,j,m}a_iv_i \\[2mm] \alpha_5=\dfrac{1}{2\Delta}\sum_{i,j,m}b_iv_i \\[2mm] \alpha_6=\dfrac{1}{2\Delta}\sum_{i,j,m}c_iv_i \end{cases} \quad (1-12)$$

式中，$a_i = x_j y_m - x_m y_j$，$b_i = y_j - y_m$，$c_i = x_m - x_j (i, j, m)$，$(i, j, m)$ 表示轮换码，即式中下标按 i、j、m 顺序轮换。

$$2\Delta = \begin{vmatrix} 1 & x_i & y_i \\ 1 & x_j & y_j \\ 1 & x_m & y_m \end{vmatrix}$$，显然 Δ 等于三角形 ijm 的面积。为了使面积不出现负值，规定节点 i、j、m 必须按逆时针顺序排列。

将式（1-12）回代入式（1-10），得

$$\begin{cases} u = N_i u_i + N_j u_j + N_m u_m \\ v = N_i v_i + N_j v_j + N_m v_m \end{cases} \tag{1-13}$$

式中，$N_i = \dfrac{1}{2\Delta}(a_i + b_i x + c_i y)(i, j, m)$，称 N_i、N_j、N_m 为单元位移的形状函数，简称为形函数。

将式（1-13）写成矩阵形式，有

$$f = N\delta^e \tag{1-14}$$

式中，$N = \begin{bmatrix} N_i & 0 & | & N_j & 0 & | & N_m & 0 \\ 0 & N_i & | & 0 & N_j & | & 0 & N_m \end{bmatrix}$，称为形函数矩阵；$\delta^e$ 为单元节点位移列阵，$\delta^e = [u_i v_i u_j v_j u_m v_m]^T$；$f$ 为位移函数矩阵，$f = [u v]^T$。

式（1-13）所示位移函数通过单元的节点位移插值求出单元内任一点的位移，所以称该式为插值形式位移函数。

（3）形函数的性质　从形函数的定义可知，形函数 N_i、N_j、N_m 是坐标 x、y 的函数。与位移函数［式（1-10）］相比较，可见形函数是与位移函数有同样阶次的函数。形函数具有如下性质。

① 形函数 N_i 在节点 i 处的值为 1，在其他两个节点 j、m 处的值为零，即 $N_i(x_i, y_i) = 1$，$N_i(x_j, y_j) = 0$、$N_i(x_m, y_m) = 0$。其他两个形函数也有相同的特点，即 $N_j(x_i, y_i) = 0$、$N_j(x_j, y_j) = 1$、$N_j(x_m, y_m) = 0$，$N_m(x_i, y_i) = 0$、$N_m(x_j, y_j) = 0$、$N_m(x_m, y_m) = 1$。由于该性质，使得位移函数在节点的值等于节点位移。

② 在单元上任意一点处，三个形函数的和都等于 1。据此，当 $u_i = u_j = u_m = U$ 以及 $v_i = v_j = v_m = V$ 时，单元上任意一点的位移都为 $u = U$、$v = V$，即单元存在刚性位移。

（4）位移函数与解的收敛性　为了使单元尺寸不断变小时，有限元法的计算结果收敛于问题的真实解，位移函数必须满足以下 4 个条件。

① 位移函数必须能反映单元的常量应变。单元的应变应分为与坐标无关的常量应变和与坐标有关的变量应变。当单元尺寸变小时，单元内各点的应变趋于相等，常量应变成为应变的主要部分。因此，为了正确反映单元的应变情况，位移函数必须能反映单元的常量应变。

② 位移函数必须能反映单元的刚性位移。单元上任意一点的位移一般总是包含两部分：一部分是由本单元应变引起的；另一部分是由于其他单元应变而连带引起。因此，为了正确反映单元的位移情况，位移函数必须能反映单元的刚性位移。

③ 位移函数在单元内部必须是连续函数。

④ 位移函数必须保证相邻单元间位移协调。在连续弹性体中，位移是连续的，不会发生两相邻部分互相分离或互相侵入的现象。为了使单元内部的位移保持连续，必须把位移函数取为坐标的单值连续函数；为了使得相邻单元的位移保持连续，就应该使得当它们在公共

节点处具有相同的位移时，也能保证在公共单元边上具有相同的位移。因此，在选取位移函数时，应能反映位移的连续性。

前两项要求总称为完备性要求。由于位移函数在单元内总是连续的，连续性要求只反映在相邻单元之间，称为协调性要求。同时满足完备性要求和协调性要求，是单元尺寸变小时，有限元法的计算结果收敛于真实解的充分条件，这样的单元称为协调元。而只满足完备性要求、不满足协调性要求时，单元的结果也可能收敛，可见完备性要求是必要条件，这样的单元称为非协调元。

下面考察 3 节点三角形单元的位移函数是否满足以上条件。

① 根据弹性力学知识，平面问题的几何方程为

$$\varepsilon_x = \frac{\partial u}{\partial x}, \varepsilon_y = \frac{\partial v}{\partial y}, \gamma_{xy} = \frac{\partial u}{\partial y} + \frac{\partial v}{\partial x} \tag{1-15}$$

将式(1-10)代入式(1-15)，得到

$$\varepsilon = \begin{bmatrix} \varepsilon_x & \varepsilon_y & \gamma_{xy} \end{bmatrix}^T = \begin{bmatrix} \alpha_2 & \alpha_6 & \alpha_3 + \alpha_5 \end{bmatrix}^T \tag{1-16}$$

图 1-7　刚性转动

由于系数 α_2、α_3、α_5、α_6 都是常数，与坐标无关。因此，式(1-10)所示的单元位移函数包含常量应变，而且这种单元的应变仅含有常量应变，即单元内各点的应变相同，故称为常应变单元。

② 由形函数性质已经证明该位移函数能反映单元的刚性平动位移。如图 1-7 所示，当节点 i 绕原点转过角位移 $\Delta\theta$ 时，节点位移 $u_i = \Delta\theta r_i \sin\theta = y_i \Delta\theta$，$v_i = x_i \Delta\theta$，其他节点类似，于是由位移函数式(1-13)得到单元上的点的位移。

$$u = N_i u_i + N_j u_j + N_m u_m = \Delta\theta(N_i y_i + N_j y_j + N_m y_m) = y\Delta\theta \tag{1-17}$$

单元上的点也同样绕原点转动该角位移 $\Delta\theta$，即该位移函数能反映单元的刚性转动位移。

③ 位移函数式(1-10)是坐标的单值连续函数。

④ 在单元边上位移函数式(1-10)是坐标的线性函数。即由节点位移可以确定一条直线，由于相邻单元在公共节点处的位移相等，所以两公共节点之间边界线上的各点变形后必定落在此直线上，即该边界上各点的位移是连续的。

由此可知，3 节点三角形单元的位移函数满足保证收敛的 4 个条件，为协调元。

1.2.4 单元刚度矩阵

研究单元刚度矩阵是为了对单元进行力学特性分析，确定单元节点力和节点位移的关系。这一关系称为单元刚度方程，用矩阵形式表示为

$$F^e = K^e \delta^e \tag{1-18}$$

式中，F^e、δ^e 分别为单元节点力列阵和节点位移列阵；K^e 为单元刚度矩阵。

建立单元刚度方程的基本步骤是：在假定单元位移函数的基础上，根据弹性力学理论来建立应变、应力与节点位移之间的关系式，然后根据虚功原理，求得单元节点力与节点位移之间的关系，即单元刚度方程，从而得出单元刚度矩阵。

(1) 3 节点三角形单元的单元刚度矩阵　3 节点三角形单元有 3 个节点、6 个自由度，所以其单元节点位移列阵为

$$\delta^e = \begin{bmatrix} \delta_i^T & \delta_j^T & \delta_m^T \end{bmatrix}^T = \begin{bmatrix} u_i & v_i & u_j & v_j & u_m & v_m \end{bmatrix}^T \tag{1-19}$$

单元节点力是其他单元通过节点作用在该单元上的力，与 δ^e 的排列顺序相对应，单元的节点力列阵为

基于 ANSYS 的
车辆结构有限元分析

$$F^e = \begin{bmatrix} F_i^T & F_j^T & F_m^T \end{bmatrix}^T = \begin{bmatrix} F_{ix} & F_{iy} & F_{jx} & F_{jy} & F_{mx} & F_{my} \end{bmatrix}^T \qquad (1\text{-}20)$$

根据平面问题的几何方程，单元内任意一点的应变为

$$\varepsilon = \begin{bmatrix} \varepsilon_x & \varepsilon_y & \gamma_{xy} \end{bmatrix}^T = \begin{bmatrix} \dfrac{\partial u}{\partial x} & \dfrac{\partial v}{\partial y} & \dfrac{\partial u}{\partial y} + \dfrac{\partial v}{\partial x} \end{bmatrix}^T \qquad (1\text{-}21)$$

将式(1-13)代入式(1-21)，得

$$\varepsilon = \frac{1}{2\Delta} \begin{bmatrix} b_i u_i + b_j u_j + b_m u_m \\ c_i v_i + c_j v_j + c_m v_m \\ c_i u_i + c_j u_j + c_m u_m + b_i v_i + b_j v_j + b_m v_m \end{bmatrix} = \frac{1}{2\Delta} \begin{bmatrix} b_i & 0 & b_j & 0 & b_m & 0 \\ 0 & c_i & 0 & c_j & 0 & c_m \\ c_i & b_i & c_j & b_j & c_m & b_m \end{bmatrix} \begin{bmatrix} u_i \\ v_i \\ u_j \\ v_j \\ u_m \\ v_m \end{bmatrix}$$

$$(1\text{-}22)$$

令 $B_i = \dfrac{1}{2\Delta} \begin{bmatrix} b_i & 0 \\ 0 & c_i \\ c_i & b_i \end{bmatrix} (i,j,m)$，则 $B = \begin{bmatrix} B_i & | & B_j & | & B_m \end{bmatrix}$，则式(1-22)可以简写为

$$\varepsilon = B\delta^e \qquad (1\text{-}23)$$

式中，B 称为单元的几何矩阵，它反映了单元内任意一点的应变与单元节点位移的关系。对于 3 节点三角形单元内任意一点而言，系数 b_i、$c_i (i,j,m)$ 以及单元面积 Δ 均为常数，因此，几何矩阵 B 和应变矩阵 ε 都是常量矩阵，该单元是常应变单元。

根据式(1-4)、式(1-6)表示的平面问题的物理方程有

$$\sigma = D\varepsilon \qquad (1\text{-}24)$$

将式(1-23)代入式(1-24)，得

$$\sigma = D\varepsilon = DB\delta^e = S\delta^e \qquad (1\text{-}25)$$

式中，S 为单元的应力矩阵，$S = DB$，它反映了单元内任意一点的应力与单元节点位移的关系。由于 3 节点三角形单元的弹性矩阵 D 和几何矩阵 B 都是常量矩阵，所以，应力矩阵 S 也是常量矩阵。因此，该单元还是常应力单元。

以下根据虚功原理，确定单元刚度矩阵。

设单元上发生虚位移，单元各节点上虚位移为 δ^e；相应地，单元内任意一点处存在虚应变 ε^*。根据式(1-23)，两者之间有如下关系。

$$\varepsilon^* = B\delta^{*e} \qquad (1\text{-}26)$$

单元在节点力的作用下处于平衡状态。根据虚功原理，节点力在相应节点虚位移上所做的虚功等于单元的虚变形能，即

$$\delta^{*eT} F^e = \int_V \varepsilon^{*T} \sigma \, dV \qquad (1\text{-}27)$$

将式(1-24)及式(1-25)代入式(1-27)，有

$$\delta^{*eT} F^e = \int_V (B\delta^{*e})^T DB\delta^e \, dV \qquad (1\text{-}28)$$

由于节点虚位移 δ^e 和节点位移 δ^e 都是常量，与积分变量无关，于是

$$\delta^{*eT} F^e = \delta^{*eT} \int_V B^T DB \, dV \cdot \delta^e \qquad (1\text{-}29)$$

由于虚位移 δ^e 是任意的，欲使式(1-29)成立必须有

$$F^e = \int_V B^{\mathrm{T}} DB \, \mathrm{d}V \cdot \delta^e \tag{1-30}$$

令 $K^e = \int_V B^{\mathrm{T}} DB \, \mathrm{d}V$ ，则

$$F^e = K^e \delta^e \tag{1-31}$$

式中，K^e 为单元刚度矩阵。该式即为单元刚度方程。

式(1-31)为单元刚度矩阵的普遍公式，适用于各种类型的单元。对于 3 节点三角形单元，公式中矩阵 B、D 为常量矩阵，所以

$$K^e = B^{\mathrm{T}} DB \int_V \mathrm{d}V = t\Delta \, B^{\mathrm{T}} DB \tag{1-32}$$

式中，t 为单元厚度，对于每一个单元而言，其为常数；Δ 为单元的面积，$t\Delta$ 为单元的体积。

$$K^e = t\Delta \begin{bmatrix} B_i^{\mathrm{T}} \\ B_j^{\mathrm{T}} \\ B_m^{\mathrm{T}} \end{bmatrix} D \begin{bmatrix} B_i & B_j & B_m \end{bmatrix} = t\Delta \begin{bmatrix} B_i^{\mathrm{T}} DB_i & B_i^{\mathrm{T}} DB_j & B_i^{\mathrm{T}} DB_m \\ B_j^{\mathrm{T}} DB_i & B_j^{\mathrm{T}} DB_j & B_j^{\mathrm{T}} DB_m \\ B_m^{\mathrm{T}} DB_i & B_m^{\mathrm{T}} DB_j & B_m^{\mathrm{T}} DB_m \end{bmatrix} = \begin{bmatrix} K_{ii} & K_{ij} & K_{im} \\ K_{ji} & K_{jj} & K_{jm} \\ K_{mi} & K_{mj} & K_{mm} \end{bmatrix} \tag{1-33}$$

式中，子矩阵 $K_{rs} = t\Delta B_r^{\mathrm{T}} DB_s$ $(r,s=i,j,m)$，将矩阵 B 和 D 代入，可得单元刚度矩阵的显式为

$$K_{rs} = t\Delta \frac{1}{2\Delta} \begin{bmatrix} b_r & 0 & c_r \\ 0 & c_r & b_r \end{bmatrix} \frac{E}{1-\mu^2} \begin{bmatrix} 1 & \mu & 0 \\ \mu & 1 & 0 \\ 0 & 0 & \frac{1-\mu}{2} \end{bmatrix} \frac{1}{2\Delta} \begin{bmatrix} b_s & 0 \\ 0 & c_s \\ c_s & b_s \end{bmatrix}$$

$$= \frac{Et}{4(1-\mu^2)\Delta} \begin{bmatrix} b_r b_s + \dfrac{1-\mu}{2} c_r c_s & \mu b_r c_s + \dfrac{1-\mu}{2} c_r b_s \\ \mu c_r b_s + \dfrac{1-\mu}{2} b_r c_s & c_r c_s + \dfrac{1-\mu}{2} b_r b_s \end{bmatrix} \tag{1-34}$$

(2) 单元刚度矩阵的性质

① 单元刚度矩阵是对称矩阵。单元刚度矩阵元素 K_{rs} 的物理意义是：当第 s 个自由度上发生单位位移、其他自由度为零时，在第 r 个自由度上施加的力。在如图 1-8(a) 所示的第一种加载状态下，即节点 i、j 上分别作用力 K_{11}、K_{21}、K_{31}、K_{41} 时，节点位移为 $u_i = 1$、$v_i = u_j = v_j = 0$；在如图 1-8(b) 所示的第二种加载状态下，即节点 i、j 上分别作用力 K_{14}、K_{24}、K_{34}、K_{44} 时，节点位移为 $v_j = 1$，$u_i = v_i = u_j = 0$。根据结构力学的功的互等定理，第一种加载状态下的外力在第二种加载状态下移动相应位移做的功等于第二种加载状态下的外力在第一种加载状态下移动相应位移做的功，即 $K_{11} \times 0 + K_{21} \times 0 + K_{31} \times 0 + K_{41} \times 1 = K_{14} \times 1 + K_{24} \times 0 + K_{34} \times 0 + K_{44} \times 0$。

同理可证其他，所以单元刚度矩阵是对称矩阵。

② 单元刚度矩阵的主对角线元素恒为正值。元素 K_{ii} 是欲使第 i 个自由度发生单位位移、其他自由度为零时，在第 i 个自由度上施加的力。显然，在该自由度上施加的力与单位位移方向是一致的，因此主对角线元素恒为正值。

③ 单元刚度矩阵是奇异矩阵。由于作用于单元上的外力是静力平衡的，单元刚度方程中各方程不是完全独立的，有无穷解。因此，单元刚度矩阵是奇异矩阵，不存在逆矩阵，所对应的行列式值为零。

基于 ANSYS 的
车辆结构有限元分析

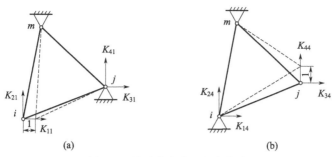

图 1-8　单元节点力和节点位移

④ 单元刚度矩阵仅与单元本身有关。单元刚度矩阵各元素只与单元的几何特性和材料特性有关，与单元的受力情况无关。

1.2.5 / 载荷移置与等效节点载荷

结构的总体刚度方程是根据各节点的静力平衡关系建立的，所以需要将单元所受的非节点载荷向节点移置，移置到节点后的载荷称为等效节点载荷。

载荷移置必须按照静力等效的原则进行，即保证单元的实际载荷和等效节点载荷在任意轴上的投影之和相等，对任意轴的力矩之和相等，因为这样才会使由载荷移置所产生的误差是局部的，不会影响整体的应力（圣维南原理）。为此，必须遵循能量等效原则，即单元的实际载荷和等效节点载荷在相应的虚位移上所做的虚功相等。

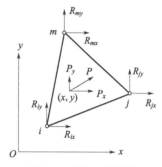

图 1-9　集中力的移置

如图 1-9 所示，设单元 ijm 在点 $(x，y)$ 处作用有集中力 P，其分量分别为 P_x、P_y，即 $P=\begin{bmatrix} P_x & P_y \end{bmatrix}^T$。设移置后的单元等效节点载荷列阵为 $R^e=\begin{bmatrix} R_{ix} & R_{iy} & R_{jx} & R_{jy} & R_{mx} & R_{my} \end{bmatrix}^T$。

假设单元发生了虚位移，其中，集中力作用点 $(x，y)$ 处的虚位移为 $f^*=\begin{bmatrix} u^* & v^* \end{bmatrix}^T$，各节点上相应的虚位移为 $\delta^{*e}=\begin{bmatrix} u_i^* & v_i^* & u_j^* & v_j^* & u_m^* & v_m^* \end{bmatrix}^T$，根据虚功原理，单元的实际载荷和等效节点载荷在相应虚位移上做的虚功相等，有

$$\delta^{*eT}R^e=f^{*T}P \tag{1-35}$$

由式（1-14）可得

$$f^*=N\delta^{*e} \tag{1-36}$$

将式（1-36）代入式（1-35），有

$$\delta^{*eT}R^e=\delta^{*eT}N^TP \tag{1-37}$$

由于虚位移 δ^{*e} 是任意的，欲使式（1-37）成立必须有

$$R^e=N^TP \tag{1-38}$$

式（1-38）便是集中力 P 的移置公式。

在式（1-38）的基础上，可以得出其他类型载荷的移置公式，例如体积力。设单元 ijm 上作用有体积力 g，其分量分别为 g_x、g_y，即 $g=\begin{bmatrix} g_x & g_y \end{bmatrix}^T$。

可以将微元体 $t\,\mathrm{d}x\mathrm{d}y$ 上的体积力 $gt\,\mathrm{d}x\mathrm{d}y$ 当作集中力 P，利用式（1-38）的积分可得

$$R^e=\iint\limits_\Delta N^Tgt\,\mathrm{d}x\,\mathrm{d}y=t\iint\limits_\Delta N^Tg\,\mathrm{d}x\,\mathrm{d}y \tag{1-39}$$

1.2.6 结构总体刚度方程

通过单元特性分析，建立单元刚度矩阵；通过单元载荷移置，将非节点载荷向节点移置，建立节点载荷列阵。在此基础上，可以根据结构诸节点的静力平衡条件，得出结构总体刚度方程。

$$R = K\delta \tag{1-40}$$

创建结构总体刚度方程实际是构造三个矩阵 R、K 和 δ 的过程，下面以图 1-10 所示结构为例进行介绍。

（1）结构总体刚度方程的建立 某受拉薄板，一端固定在两个铰链上；另一端作用有两个集中力 P。为了简便起见，将结构划分为两个单元①和②，共得到 4 个节点，节点编号和坐标系如图 1-10 所示。

按照节点顺序构造结构节点位移列阵为

$$\delta = \begin{bmatrix} \delta_1^T & \delta_2^T & \delta_3^T & \delta_4^T \end{bmatrix}^T = \begin{bmatrix} u_1 & v_1 & u_2 & v_2 & u_3 & v_3 & u_4 & v_4 \end{bmatrix}^T \tag{1-41}$$

如果各单元上存在非节点载荷，需要将非节点载荷等效移置节点上；在公共节点 i 处，需将有关各个单元移置来的等效节点载荷 R_i^e 以及原作用外载荷进行叠加，得到节点 i 处的节点载荷 R_i 为

$$R_i = \begin{bmatrix} R_{ix} \\ R_{iy} \end{bmatrix} = R_i^{①+②+\cdots+n} \tag{1-42}$$

同样按照节点顺序进行排列，得到结构节点载荷列阵为

$$R = \begin{bmatrix} R_1^T & R_2^T & R_3^T & R_4^T \end{bmatrix}^T = \begin{bmatrix} 0 & 0 & P & 0 & P & 0 & 0 & 0 \end{bmatrix}^T \tag{1-43}$$

式中，令约束反力 $R_1 = R_2 = \begin{bmatrix} 0 & 0 \end{bmatrix}^T$，因为约束反力在求解结构总体刚度方程时将被消掉，为方便起见，将之取为零。

如图 1-11 所示，在单元上作用有节点施加的节点力，单元①的节点力列阵为

$$F^{①} = \begin{bmatrix} F_1^{①T} & F_2^{①T} & F_3^{①T} \end{bmatrix}^T = \begin{bmatrix} F_{1x}^{①} & F_{1y}^{①} & F_{2x}^{①} & F_{2y}^{①} & F_{3x}^{①} & F_{3y}^{①} \end{bmatrix}^T \tag{1-44}$$

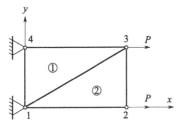

图 1-10 受拉薄板

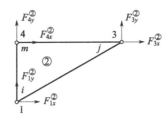

图 1-11 单元的节点力

单元②的节点力列阵为

$$F^{②} = \begin{bmatrix} F_1^{②T} & F_3^{②T} & F_4^{②T} \end{bmatrix}^T = \begin{bmatrix} F_{1x}^{②} & F_{1y}^{②} & F_{3x}^{②} & F_{3y}^{②} & F_{4x}^{②} & F_{4y}^{②} \end{bmatrix}^T \tag{1-45}$$

由式（1-31）可知，单元节点力 F^e 与单元节点位移 δ^e 之间的关系为

$$F^e = K^e \delta^e$$

对于单元①和单元②，分别有

$$\begin{cases} F_1^{①} = K_{11}^{①}\delta_1 + K_{12}^{①}\delta_2 + K_{13}^{①}\delta_3 \\ F_2^{①} = K_{21}^{①}\delta_1 + K_{22}^{①}\delta_2 + K_{23}^{①}\delta_3 \\ F_3^{①} = K_{31}^{①}\delta_1 + K_{32}^{①}\delta_2 + K_{33}^{①}\delta_3 \end{cases} \tag{1-46}$$

$$\begin{cases} F_1^{②}=K_{11}^{②}\delta_1+K_{13}^{②}\delta_3+K_{14}^{②}\delta_4 \\ F_3^{②}=K_{31}^{②}\delta_1+K_{33}^{②}\delta_3+K_{34}^{②}\delta_4 \\ F_4^{②}=K_{41}^{②}\delta_1+K_{43}^{②}\delta_3+K_{44}^{②}\delta_4 \end{cases} \qquad (1\text{-}47)$$

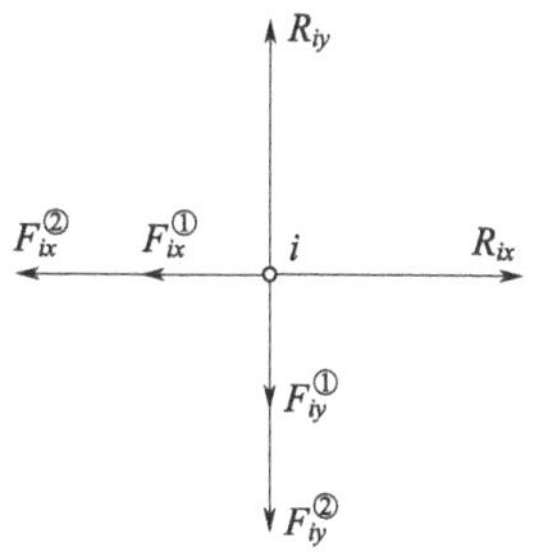

如图 1-12 所示，作用在节点 i 上的外载荷 R_i 与相关单元作用在节点上的节点力平衡，即

$$\begin{cases} R_1=F_1^{①}+F_1^{②} \\ R_2=F_2^{①} \\ R_3=F_3^{①}+F_3^{②} \\ R_4=F_4^{②} \end{cases} \qquad (1\text{-}48)$$

图 1-12　节点的受力平衡

将式(1-46)和式(1-47)代入式(1-48)可得

$$\begin{cases} R_1=(K_{11}^{①}+K_{11}^{②})\delta_1+K_{12}^{①}\delta_2+(K_{13}^{①}+K_{13}^{②})\delta_3+K_{14}^{②}\delta_4 \\ R_2=K_{21}^{①}\delta_1+K_{22}^{①}\delta_2+K_{23}^{①}\delta_3 \\ R_3=(K_{31}^{①}+K_{31}^{②})\delta_1+K_{32}^{①}\delta_2+(K_{33}^{①}+K_{33}^{②})\delta_3+K_{34}^{②}\delta_4 \\ R_4=K_{41}^{②}\delta_1+K_{43}^{②}\delta_3+K_{44}^{②}\delta_4 \end{cases} \qquad (1\text{-}49)$$

用矩阵形式表示为

$$\begin{bmatrix} K_{11}^{①+②} & K_{12}^{①} & K_{13}^{①+②} & K_{14}^{②} \\ K_{21}^{②} & K_{22}^{①} & K_{23}^{①} & 0 \\ K_{31}^{①+②} & K_{32}^{①} & K_{33}^{①+②} & K_{34}^{②} \\ K_{41}^{②} & 0 & K_{43}^{②} & K_{44}^{②} \end{bmatrix} \begin{bmatrix} \delta_1 \\ \delta_2 \\ \delta_3 \\ \delta_4 \end{bmatrix} = \begin{bmatrix} R_1 \\ R_2 \\ R_3 \\ R_4 \end{bmatrix} \qquad (1\text{-}50)$$

可简写为

$$K\delta=R \qquad (1\text{-}51)$$

式(1-51) 表示了结构的节点载荷列阵 R 与节点位移列阵 δ 之间的关系，即为结构刚度方程。式中，K 称为结构总体刚度矩阵，简称为总纲。该结构共有 4 个节点，每个节点有 2 个自由度，结构共有 8 个自由度，所以结构总体刚度矩阵 K 为 8 阶方阵。

(2) 形成结构总体刚度矩阵的方法　上面根据节点静力平衡条件导出了结构总体刚度方程。该方法物理概念相当明确，但过程比较烦琐，又难以构造算法编制程序进行计算。因此，实际中构造结构总体刚度矩阵时一般不用该方法，下面介绍两种比较常用的方法。

① 按单元形成结构总体刚度矩阵。首先将存储结构总体刚度矩阵的数组清零；接着从第一个单元开始，计算单元刚度矩阵 K^e，并将 K^e 的各个元素叠加到结构总体刚度矩阵的相应位置上；然后按顺序依次叠加其余单元的刚度矩阵，到最后一个单元完成以后，便形成结构总体刚度矩阵。

对于图 1-10 所示的平面结构，先将 8×8 的方阵清零，接着将单元①的单元刚度矩阵叠加到相应位置上，即

$$\begin{bmatrix} K_{11}^{①} & K_{12}^{①} & K_{13}^{①} & 0 \\ K_{21}^{①} & K_{22}^{①} & K_{23}^{①} & 0 \\ K_{31}^{①} & K_{32}^{①} & K_{33}^{①} & 0 \\ 0 & 0 & 0 & 0 \end{bmatrix}$$

然后将单元②的刚度矩阵叠加到相应位置上。完毕后，便形成了结构总体刚度矩阵。

$$K = \begin{bmatrix} K_{11}^{①+②} & K_{12}^{①} & K_{13}^{①+②} & K_{14}^{②} \\ K_{21}^{②} & K_{22}^{①} & K_{23}^{①} & 0 \\ K_{31}^{①+②} & K_{32}^{①} & K_{33}^{①+②} & K_{34}^{②} \\ K_{41}^{②} & 0 & K_{43}^{②} & K_{44}^{②} \end{bmatrix} \tag{1-52}$$

② 按节点形成结构总体刚度矩阵。首先将存储结构总体刚度矩阵的数组清零；接着从第一个节点开始，检查该节点与哪些节点相邻，如果节点 r 与节点 s 相邻，则总体刚度矩阵就有对应的子刚阵 K_{rs}；如果两节点不相邻，则对应项 K_{rs} 为零矩阵。例如，图 1-10 所示的结构中，节点 1 和 4 相邻，则有对应的子刚阵 K_{14}；而节点 2 和 4 不相邻，则对应的子刚阵 K_{24} 为零矩阵。然后，检查哪些单元与这两个节点有关，并将有关单元的刚度矩阵中的对应子刚阵 K_{rs} 进行叠加。按照节点编号顺序，对每个节点重复以上步骤，到最后一个节点完成以后，便形成了结构总体刚度矩阵。

对于图 1-10 所示的平面结构，先将 8×8 的方阵清零。接着从节点 1 开始进行处理，节点 1 与节点 2～4 相邻。其中，节点 1 和节点 1、节点 1 和节点 3 与单元①和②均有关，节点 1 和节点 2 与单元①有关，节点 1 和节点 4 与单元②有关。于是，结构总体刚度矩阵第一行的子矩阵为

$$K_{11}^{①+②} \quad K_{12}^{①} \quad K_{13}^{①+②} \quad K_{14}^{②}$$

节点 2 与节点 1 和节点 3 相邻，与节点 4 不相邻。并且，节点 2 和节点 1、节点 2 和节点 2 与节点 2 和节点 3 均只与单元①有关。于是，结构总体刚度矩阵第二行的子矩阵为

$$K_{21}^{①} \quad K_{22}^{①} \quad K_{23}^{①} \quad 0$$

同样方法，对于节点 3 和节点 4，可以分别写出结构总体刚度矩阵的第三行和第四行

$$K_{31}^{①+②} \quad K_{32}^{①} \quad K_{33}^{①+②} \quad K_{34}^{②}$$
$$K_{41}^{②} \quad 0 \quad K_{43}^{②} \quad K_{44}^{②}$$

于是，便形成了与式(1-52)同样的结构总体刚度矩阵。

(3) 结构总体刚度矩阵的性质

① 结构总体刚度矩阵是一个对称矩阵。单元刚度矩阵是对称矩阵，单元刚度矩阵叠加形成结构总体刚度矩阵时，其主对角线与结构总体刚度矩阵的主对角线重合。因此，结构总体刚度矩阵也是对称矩阵。

由此，在编制程序时，只需计算和存储结构总体刚度矩阵主对角线及一侧元素即可。

② 结构总体刚度矩阵是一个奇异矩阵。在图 1-10 所示的结构中，有两个单元和 4 个节点，结构总体刚度方程为

$$\begin{bmatrix} K_{11} & K_{12} & \cdots & K_{18} \\ K_{21} & K_{22} & \cdots & K_{28} \\ \cdots & \cdots & \cdots & \cdots \\ K_{81} & K_{82} & \cdots & K_{88} \end{bmatrix} \begin{bmatrix} u_1 \\ v_1 \\ \vdots \\ v_4 \end{bmatrix} = \begin{bmatrix} R_{1x} \\ R_{1y} \\ \vdots \\ R_{4y} \end{bmatrix} \tag{1-53}$$

由于作用于结构上的外力处于平衡状态，故有

$$\sum X = R_{1x} + R_{2x} + R_{3x} + R_{4x} = 0$$
$$\sum Y = R_{1y} + R_{2y} + R_{3y} + R_{4y} = 0 \tag{1-54}$$

基于 ANSYS 的
车辆结构有限元分析

将结构总体刚度方程的前 7 个方程全部加到第 8 个方程上，得

$$\Big(\sum_{m=1}^{8} K_{m1}\Big) u_1 + \Big(\sum_{m=1}^{8} K_{m2}\Big) v_1 + \Big(\sum_{m=1}^{8} K_{m3}\Big) u_2 + \Big(\sum_{m=1}^{8} K_{m4}\Big) v_2 + \Big(\sum_{m=1}^{8} K_{m5}\Big) u_3 +$$

$$\Big(\sum_{m=1}^{8} K_{m6}\Big) v_3 + \Big(\sum_{m=1}^{8} K_{m7}\Big) u_4 + \Big(\sum_{m=1}^{8} K_{m8}\Big) v_4 = 0 \tag{1-55}$$

由于载荷是任意的，结构节点位移也是任意的，而式（1-55）却是恒等于零的。所以，式（1-55）中各结构节点位移分量的系数应该都等于零，即

$$\sum_{m=1}^{8} K_{mn} = 0 \tag{1-56}$$

式（1-56）表明，行列式 $|K|$ 的各列元素之和都为零，根据行列式性质有 $|K|=0$，故结构总体刚度矩阵 K 为奇异矩阵。

③ 结构总体刚度矩阵是一个稀疏矩阵。由前节可知，在结构上任意两个节点 r 和 s 若不相邻，则总体刚度矩阵中相应子刚阵 K_{rs} 为零矩阵。而结构中节点数目较多时，多数节点都不相邻。所以结构总体刚度矩阵多数元素都等于零，是一个稀疏矩阵。例如，图 1-13（a）所示结构，共有 16 个单元和 14 个节点，其结构总体刚度矩阵的形式如图 1-13（b）所示（子刚阵为非零矩阵，用×表示），非零元素只有 288 个，占元素总数 784 的 37%。

还可以证明，如果对结构的节点进行适当编号，结构总体刚度矩阵还是一个带状矩阵 [图 1-13（b）]，非零元素都集中在矩阵主对角线附近。若主对角线上下方各有 b 条次对角线，称 $2b+1$ 为矩阵的带宽。

当结构总体刚度矩阵是带状稀疏矩阵时，不仅可以提高计算效率，还可以减少计算机的存储量。

④ 结构总体刚度矩阵仅与结构的形状、尺寸、材料以及单元划分方法有关，与结构的位移边界条件、所承受的载荷无关。即结构的位移边界条件、所承受的载荷等与结构总体刚度矩阵相对独立。

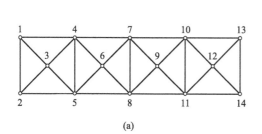

(a)

(b)

图 1-13　结构总体刚度矩阵

1.2.7 / 位移边界条件的处理

结构总体刚度方程为

$$K\delta = R \tag{1-57}$$

式(1-57) 是一个以节点位移为未知数的线性代数方程组,求解它即可得到结构的节点位移 δ。但由于结构总体刚度 K 是奇异矩阵,方程组有无穷解,从物理意义上讲,此时结构存在刚性位移。为此,必须引入位移约束条件,限制结构的刚性位移,保证结构总体刚度方程有唯一解。

约束的作用是使得结构上某些节点的某些位移分量为常数值,即 $\delta_i = \delta_0$。引入位移约束条件,就是要将 $\delta_i = \delta_0$ 引入结构总体刚度方程中。

引入位移边界条件通常是在形成了结构总体刚度矩阵 K 和节点载荷列阵 R 后进行的,这时 K 和 R 中的各元素已按照一定的顺序分别存储在相应的数组中。引入位移边界条件时,应尽量不改变 K 和 R 中各元素的存储顺序,并保证结构总体刚度矩阵 K 仍然为对称矩阵,而且处理的元素数量越少越好。

下面介绍几种处理位移边界条件的方法,其中对角元置 1 法、对角元乘大数法都能使总体刚度矩阵的对称性和规模保持不变,不需重新排列,有利于计算机的规范化处理。

(1) 对角元置 1 法　现欲将已知位移约束条件 $\delta_i = \delta_0$ 引入结构总体刚度方程。

$$\begin{bmatrix} K_{11} & K_{12} & \cdots & K_{1i} & \cdots & K_{1n} \\ K_{21} & K_{22} & \cdots & K_{2i} & \cdots & K_{2n} \\ \cdots & \cdots & \cdots & \cdots & \cdots & \cdots \\ K_{i1} & K_{i2} & \cdots & K_{ii} & \cdots & K_{in} \\ \cdots & \cdots & \cdots & \cdots & \cdots & \cdots \\ K_{n1} & K_{n2} & \cdots & K_{ni} & \cdots & K_{nn} \end{bmatrix} \begin{bmatrix} \delta_1 \\ \delta_2 \\ \vdots \\ \delta_i \\ \vdots \\ \delta_n \end{bmatrix} = \begin{bmatrix} R_1 \\ R_2 \\ \vdots \\ R_i \\ \vdots \\ R_n \end{bmatrix} \tag{1-58}$$

首先,对除了第 i 个方程以外的所有方程进行移项,将各个方程中含有 δ_i 的项移到等式右侧,并且将未知数 δ_i 用 δ_0 代替。于是

$$\begin{bmatrix} K_{11} & K_{12} & \cdots & 0 & \cdots & K_{1n} \\ K_{21} & K_{22} & \cdots & 0 & \cdots & K_{2n} \\ \cdots & \cdots & \cdots & \cdots & \cdots & \cdots \\ K_{i1} & K_{i2} & \cdots & K_{ii} & \cdots & K_{in} \\ \cdots & \cdots & \cdots & \cdots & \cdots & \cdots \\ K_{n1} & K_{n2} & \cdots & 0 & \cdots & K_{nn} \end{bmatrix} \begin{bmatrix} \delta_1 \\ \delta_2 \\ \vdots \\ \delta_i \\ \vdots \\ \delta_n \end{bmatrix} = \begin{bmatrix} R_1 - K_{1i}\delta_0 \\ R_2 - K_{2i}\delta_0 \\ \vdots \\ R_i \\ \vdots \\ R_n - K_{ni}\delta_0 \end{bmatrix} \tag{1-59}$$

其次,将 K 第 i 行的主对角线元素 K_{ii} 置 1,其余元素清零,且将第 i 行的载荷项 R_i 用 δ_0 代替,得

$$\begin{bmatrix} K_{11} & K_{12} & \cdots & 0 & \cdots & K_{1n} \\ K_{21} & K_{22} & \cdots & 0 & \cdots & K_{2n} \\ \cdots & \cdots & \cdots & \cdots & \cdots & \cdots \\ 0 & 0 & \cdots & 1 & \cdots & 0 \\ \cdots & \cdots & \cdots & \cdots & \cdots & \cdots \\ K_{n1} & K_{n2} & \cdots & 0 & \cdots & K_{nn} \end{bmatrix} \begin{bmatrix} \delta_1 \\ \delta_2 \\ \vdots \\ \delta_i \\ \vdots \\ \delta_n \end{bmatrix} = \begin{bmatrix} R_1 - K_{1i}\delta_0 \\ R_2 - K_{2i}\delta_0 \\ \vdots \\ \delta_0 \\ \vdots \\ R_n - K_{ni}\delta_0 \end{bmatrix} \tag{1-60}$$

该步骤相当于将方程组的其余方程全部加到第 i 个方程上，第 i 个方程变为

$$(\sum_{m=1}^{n} K_{m1})\delta_1 + (\sum_{m=1}^{n} K_{m2})\delta_2 + \cdots + K_{ii}\delta_i + \cdots + (\sum_{m=1}^{n} K_{mn})\delta_n = \sum_{m=1}^{n} R_m - (\sum_{\substack{m=1 \\ m\neq i}}^{n} K_{mi})\delta_0$$

(1-61)

即 $K_{ii}\delta_i = K_{ii}\delta_0$，及 $\delta_i = \delta_0$。

经过以上步骤，将位移约束条件 $\delta_i = \delta_0$ 引入结构总体刚度方程中，并没有改变矩阵 K 和 R 中各元素的存储顺序，而且矩阵 K 仍然为对称矩阵。

当 $\delta_i = 0$ 时，式(1-60) 变成

$$\begin{bmatrix} K_{11} & K_{12} & \cdots & 0 & \cdots & K_{1n} \\ K_{21} & K_{22} & \cdots & 0 & \cdots & K_{2n} \\ \cdots & \cdots & \cdots & \cdots & & \cdots \\ 0 & 0 & \cdots & 1 & \cdots & 0 \\ \cdots & \cdots & \cdots & \cdots & & \cdots \\ K_{n1} & K_{n2} & \cdots & 0 & \cdots & K_{nn} \end{bmatrix} \begin{bmatrix} \delta_1 \\ \delta_2 \\ \vdots \\ \delta_i \\ \vdots \\ \delta_n \end{bmatrix} = \begin{bmatrix} R_1 \\ R_2 \\ \vdots \\ 0 \\ \vdots \\ R_n \end{bmatrix}$$

这时，只需对矩阵 K 的第 i 行、第 i 列以及 R_i 进行处理。

(2) 对角元乘大数法　现同样要将已知位移约束条件 $\delta_i = \delta_0$ 引入结构总体刚度方程中，只需将第 i 个方程中未知数 δ_i 的系数 K_{ii} 乘以一个大数（例如 10^{30}），该大数应该比矩阵第 i 行诸元素的绝对值都大得多，并且将第 i 个方程的载荷项 R_i 用 $10^{30}K_{ii}\delta_0$ 代替，其他各行各列元素保持不变。这样处理后，第 i 个方程变为

$$K_{i1}\delta_1 + K_{i2}\delta_2 + \cdots + 10^{30}K_{ii}\delta_i + \cdots + K_{in}\delta_n = 10^{30}K_{ii}\delta_0$$

(1-62)

在等式两侧同时除以 10^{30}，得

$$\frac{K_{i1}}{10^{30}}\delta_1 + \frac{K_{i2}}{10^{30}}\delta_2 + \cdots + K_{ii}\delta_i + \cdots + \frac{K_{in}}{10^{30}}\delta_n = K_{ii}\delta_0$$

(1-63)

省略较小量，可得 $K_{ii}\delta_i \approx K_{ii}\delta_0$，$\delta_i \approx \delta_0$。

近似地引入了位移边界条件，该方法只处理了两个元素，操作简便，未改变矩阵 K 的对称性，故使用相当普遍。

1.2.8　应力计算及导出结果的计算

求解结构总体刚度方程后，直接得到结构的节点位移 δ。在此基础上，可以计算出结构的应力、应变等导出结果。

(1) 单元应力及应变的计算　解出结构的节点位移 δ 后，也就得到各单元的节点位移 δ^e。根据式(1-64)，单元内任意一点的应变为

$$\begin{cases} \varepsilon_x = \dfrac{1}{2\Delta}(b_i u_i + b_j u_j + b_m u_m) \\ \varepsilon_y = \dfrac{1}{2\Delta}(c_i v_i + c_j v_j + c_m v_m) \\ \gamma_{xy} = \dfrac{1}{2\Delta}(c_i u_i + c_j u_j + c_m u_m + b_i v_i + b_j v_j + b_m v_m) \end{cases}$$

(1-64)

由式(1-3)可得，平面应力状态下单元内任意一点的应力与应变的关系为

$$\begin{cases} \sigma_x = \dfrac{E}{1-\mu^2}(\varepsilon_x + \mu\varepsilon_y) \\[2mm] \sigma_y = \dfrac{E}{1-\mu^2}(\mu\varepsilon_x + \varepsilon_y) \\[2mm] \tau_{xy} = \dfrac{E}{2(1+\mu)}\gamma_{xy} \end{cases} \quad (1\text{-}65)$$

将式(1-64)代入式(1-65)，即可得到单元内任意一点的应力为

$$\begin{cases} \sigma_x = \dfrac{E}{2\Delta(1-\mu^2)}\left[(b_i u_i + b_j u_j + b_m u_m) + \mu(c_i v_i + c_j v_j + c_m v_m)\right] \\[2mm] \sigma_y = \dfrac{E}{2\Delta(1-\mu^2)}\left[\mu(b_i u_i + b_j u_j + b_m u_m) + (c_i v_i + c_j v_j + c_m v_m)\right] \\[2mm] \tau_{xy} = \dfrac{E}{4\Delta(1+\mu)}(c_i u_i + c_j u_j + c_m u_m + b_i v_i + b_j v_j + b_m v_m) \end{cases} \quad (1\text{-}66)$$

(2) 主应力和主方向　对结构进行强度计算时，还需要计算主应力和主方向。由材料力学知识可得主应力和主方向为

$$\begin{cases} \sigma_{1,2} = \dfrac{1}{2}(\sigma_x + \sigma_y) \pm \sqrt{\left(\dfrac{\sigma_x - \sigma_y}{2}\right)^2 + \tau_{xy}^2} \\[2mm] \theta = \dfrac{1}{2}\arctan\dfrac{2\tau_{xy}}{\sigma_x - \sigma_y} \end{cases} \quad (1\text{-}67)$$

(3) 节点的应力　在相邻单元的边界上，位移函数是连续的，但应变、应力不一定是连续的。例如 3 节点三角形单元为常应变、常应力单元，相邻单元的结果一般是不相等的。因此，在公共节点处各相关单元的应力往往是不同的，一般要通过某种平均计算得到节点应力。

① 绕节点平均法。计算与公共节点有关各单元应力的算术平均值来作为节点应力。如图 1-14 所示节点 i 的应力为

$$\sigma_i = \frac{\sum\limits_{e=1}^{4}\sigma^e}{4} \quad (1\text{-}68)$$

式中，σ^e 为第 e 个单元的应力。

② 绕节点按单元面积的加权平均法。以有关各单元的面积作为加权系数，计算各单元应力的加权平均值来作为节点应力。如图 1-14 所示的节点 i 的应力为

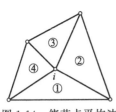

图 1-14　绕节点平均法

$$\sigma_i = \frac{\sum\limits_{e=1}^{4}\Delta_e \sigma^e}{\sum\limits_{e=1}^{4}\Delta_e} \quad (1\text{-}69)$$

式中，Δ_e 为第 e 个单元的面积。

以上两种方法在内部节点处可以得到较满意的结果，但在边界节点处往往误差较大，边界节点的应力宜采用内部节点应力插值外推的方法计算。

另外，如果相邻单元具有不同的厚度或不同的材料性能常数，则理论上应力会发生突变。因此，只允许对厚度和材料性能常数都相同的单元进行平均计算，以避免丧失这种应有的突变性。

1.3 / 有限元分析与变分原理

1.3.1 / 泛函和变分

设 $\{y(x)\}$ 为的某类函数族，如果在这类函数中每个函数 $y(x)$ 都有某个数 Π 与之对应，则称 Π 为函数的泛函或泛函数，记作 $\Pi = \Pi[y(x)]$，而将函数 $y(x)$ 称作自变函数。

两个自变函数 $y(x)$ 和 $y_1(x)$ 的差称为自变函数的变分，记作 $\delta y(x) = y(x) - y_1(x)$；同理，泛函的变分为 $\delta \Pi = \Pi[y(x)] - \Pi[y_1(x)]$。如果泛函 $\Pi = \Pi[y(x)]$ 有变分，且在 $y = y_0(x)$ 上达到极大值或极小值，则在 $y = y_0(x)$ 上一阶变分 $\delta \Pi = 0$，函数 $y = y_0(x)$ 称为极值函数。

变分法是分析泛函数的极大值或极小值的一种方法，变分计算的目的就是找到满足具体边界条件的极值曲线 $y = y(x)$。

1.3.2 / 变分原理

一般情况下，可以设泛函为

$$\Pi[y(x)] = \int_{x_1}^{x_2} F[x, y(x), y'(x)] \, \mathrm{d}x \tag{1-70}$$

式中，F 是关于 x、$y(x)$、$y'(x) = \dfrac{\mathrm{d}y}{\mathrm{d}x}$ 的函数。

泛函 $\Pi = \Pi[y(x)]$ 有极值，即 $\delta \Pi = 0$ 的条件为

$$\delta \Pi = \int_{x_1}^{x_2} \left[\frac{\partial F}{\partial y} - \frac{\mathrm{d}}{\mathrm{d}x} \left(\frac{\partial F}{\partial y'} \right) \right] \eta(x) \, \mathrm{d}x = 0 \tag{1-71}$$

由于 $\eta(x)$ 是任意的，可知泛函 $\Pi[y(x)]$ 在 $y(x)$ 上取得极值的必要条件为

$$\frac{\partial F}{\partial y} - \frac{\mathrm{d}}{\mathrm{d}x} \left(\frac{\partial F}{\partial y'} \right) = 0 \tag{1-72}$$

该式为二阶微分方程，且由于只有一个独立变量 x，称为一维欧拉方程。满足该方程的曲线 $y = y(x, c_1, c_2)$ 称为极值曲线。只有在极值曲线上，泛函 $\Pi[y(x)]$ 才有极值。两个常数 c_1、c_2 由边界条件 $y = y(x_1)$、$y = y(x_2)$ 确定。

由此可见，泛函式(1-70)求极值问题的解等价于微分方程 [式(1-72)] 的边值问题的解；反过来，如果有一个类似于微分方程 [式(1-72)] 的边值求解问题，也可以利用泛函求极值的方法求解。应用变分原理，可以把微分方程式边值的求解问题转化为相应泛函求极值问题，然后用有限元法的离散方法将整个求解域剖分，以求泛函的极值。

1.3.3 / 能量变分原理

(1) 虚位移原理　结构在外力作用下，处于平衡状态。外力在变形位移方向上对结构做功，结构在变形过程中将之储存为变形能。假设某一时刻结构发生虚位移，在虚位移过程中结构上原有外力所做的功称为虚功；原有内力在虚变形上所做的功称为虚变形能。根据虚位移原理，外力所做虚功等于内力在相应变形上的虚变形能。

虚位移是指结构任意的、微小的可能位移。

假设结构受到外力 F 的作用，内部产生应力 σ。在某一时刻发生虚位移，外力 F 方向上虚位移为 δ^*，虚位移产生的虚应变为 ε^*。于是外力 F 所的虚功为

$$W = \delta^{*\mathrm{T}} F \tag{1-73}$$

在单位体积上，结构的虚变形能为 $\varepsilon^{*\mathrm{T}}\sigma$，则整个结构的虚变形能为

$$U = \int_V \varepsilon^{*\mathrm{T}} \sigma \mathrm{d}V \tag{1-74}$$

式中，V 为结构的体积。

根据虚位移原理，有

$$\delta^{*\mathrm{T}} F = \int_V \varepsilon^{*\mathrm{T}} \sigma \mathrm{d}V \tag{1-75}$$

(2) 能量变分原理　在用根据变分原理的有限元法求解问题时，首先要找到泛函的表达式。弹性力学中的泛函就是弹性体的势能，求势能泛函极值的原理就是能量变分原理。经常使用的有最小势能原理和最小余能原理，前者用于位移法，后者用于应力法。

结构的势能为

$$\Pi = U - W \tag{1-76}$$

由于虚变形能 U 和虚功 W 是位移的函数，位移又是坐标 x、y、z 的函数，所以结构的势能是一个函数的函数，即泛函。

结构在给定外力作用下发生变形，则在所有满足边界条件和协调要求的位移函数中，使总势能为最小值的位移函数满足静力平衡条件，即为最小势能原理。据此应有

$$\delta\Pi = \delta U - \delta W = 0 \tag{1-77}$$

可见，最小势能原理表现为结构总势能泛函的变分等于零，式(1-77) 称为变分方程。

利用经典的变分法求解微分方程，在复杂的边界条件时遇到困难。于是将整个求解域进行剖分，使变分法又前进一步，形成根据变分原理发展而来的有限元法。

1.4 / 有限元方程解法

1.4.1 / 概述

用位移型有限元法分析问题时，首先要将结构离散化，得到彼此只通过节点连接的有限个单元，然后计算单元刚度矩阵并形成结构总体刚度矩阵，再计算总体载荷列阵、引入位移边界条件，最终得到结构总体刚度方程即有限元方程。

$$K\delta = R \tag{1-78}$$

求解该代数方程组，可得到节点位移，进而再计算应变、应力等导出解。

求解代数方程组的时间在整个解题时间中占很大的比重，有限元分析的效率很大程度上取决于这个庞大的线性方程组的求解效率。若采用不适当的求解方法，不仅会使求解效率下降，还可能导致求解过程的不稳定或求解失败。

总体刚度矩阵 K 具有大型、对称、稀疏、带状分布以及正定、主元占优势等特点，在求解方程组时必须充分利用这些特点，以提高方程求解的效率。

有限元方程的解法有两大类：直接法和迭代法。

直接法以高斯消元法为基础，求解效率高。在方程组的阶数不是特别高时（例如不超过10000 阶），通常采用直接解法。当方程组的阶数过高时，由于计算机有效位数的限制，直

接法中的舍入误差、消元中有效位数的损失等将会影响方程求解的精度。常用的直接法有 LU 分解法和波前法等。

迭代法使用近似解通过迭代逐步逼近真实解，当达到规定的误差时，即可取该近似解作为方程的解。迭代法求解问题时需要反复迭代，故需要的计算时间较长。

1.4.2 / 总体刚度矩阵的一维变带宽存储

由于总体刚度矩阵是对称矩阵，因此可只存储一个上三角（或下三角）矩阵。总体刚度矩阵还是零元素占绝大多数的稀疏矩阵，其非零元素的分布呈带状。基于总体刚度矩阵的特点，在计算机中存储时，一般采用二维等带宽存储或一维变带宽存储，而后者更为常用。

一维变带宽存储就是把变化带宽内的元素按一定的顺序存储在一维数组中，有按行存储和按列存储两种方法，下面介绍按列一维变带宽存储方法。

按列一维变带宽存储是按列依次存储元素，每列应存储从主对角线元素起到行数最大的非零元素止的所有元素，例如图 1-15 所示的矩阵需要存储的阴影区域所包括的所有元素，即位于非零元素间的零元素也必须存储。用一维数组存储该总体刚度矩阵元素的顺序如下：K_{11}、K_{21}、K_{31}、K_{41}、K_{22}、0、K_{42}、K_{33}、…、K_{77}、K_{78}、K_{88}。

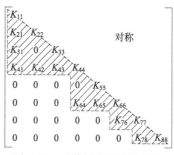

图 1-15　总体刚度矩阵的存储

1.4.3 / 直接法

（1）高斯消元法　直接法基于高斯消元法。设有限元方程为

$$
\begin{bmatrix}
K_{11} & K_{12} & \cdots & K_{1n} \\
K_{21} & K_{22} & \cdots & K_{2n} \\
\cdots & \cdots & \cdots & \cdots \\
K_{n1} & K_{n2} & \cdots & K_{nn}
\end{bmatrix}
\begin{bmatrix}
\delta_1 \\ \delta_2 \\ \vdots \\ \delta_n
\end{bmatrix}
=
\begin{bmatrix}
R_1 \\ R_2 \\ \vdots \\ R_n
\end{bmatrix}
\tag{1-79}
$$

用高斯消元法求解时，首先要对方程组逐次消去一个未知数，最后得到一个等价的三角形方程。

$$
\begin{bmatrix}
1 & \widetilde{K}_{12} & \widetilde{K}_{13} & \cdots & \widetilde{K}_{1n} \\
 & 1 & \widetilde{K}_{23} & \cdots & \widetilde{K}_{2n} \\
 & & \ddots & \cdots & \cdots \\
 & & & 1 & \widetilde{K}_{n-1,n} \\
 & & & & 1
\end{bmatrix}
\begin{bmatrix}
\delta_1 \\ \delta_2 \\ \vdots \\ \delta_{n-1} \\ \delta_n
\end{bmatrix}
=
\begin{bmatrix}
\widetilde{R}_1 \\ \widetilde{R}_2 \\ \vdots \\ \widetilde{R}_{n-1} \\ \widetilde{R}_n
\end{bmatrix}
\tag{1-80}
$$

然后，从最后一个方程解出未知数 δ_n，然后逐行回代，逐次求出其余未知数 δ_{n-1}、…、δ_2、δ_1。

（2）波前法　有限元方程［式(1-79)］中的总体刚度矩阵 K 和总体载荷列阵 R 是由单元刚度矩阵和单元载荷列阵叠加集合而形成的。波前法就是利用这个特点，但该方法不像其他方法那样先叠加集合完毕，然后再消元，而是叠加集合和变量的消元是交错进行的，在内存中从不形成完整的总体刚度矩阵。

设 δ_p 是方程组的第 p 个未知数，当与 δ_p 有关的所有单元刚度矩阵都已叠加完毕后，总体刚度矩阵 K 中与 δ_p 所对应的行和列各元素也就叠加完毕，不再变化了，这时就可以马上用 δ_p 对其余方程消元，即有

$$\sum_{\substack{j=1\\j\neq p}}^{n}\overline{K}_{ij}\delta_j=\overline{R}_i \quad (i=1,2,\cdots,p-1,p+1,\cdots,n) \tag{1-81}$$

式中，$\overline{K}_{ij}=K_{ij}-K_{pj}K_{ip}/K_{pp}(i,j\neq p)$；$\overline{R}_i=R_i-R_pK_{ip}/K_{pp}(i\neq p)$。

下面以图 1-16 所示结构为例介绍波前法的原理和求解步骤。为研究简便起见，设节点只有 1 个自由度，因此单元编号和自由度编号相同。各单元的编号以及包括节点的编号参见表 1-1。

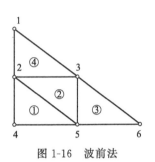
图 1-16　波前法

表 1-1　单元和节点编号

单元编号	节点编号		
	i	j	m
①	2	4	5
②	2	5	3
③	5	6	3
④	2	3	1

按编号顺序将单元刚度矩阵和节点载荷列阵叠加到计算机内存里。首先是单元①，由于单元刚度矩阵是对称矩阵，只需叠加主对角线及主对角线上方元素即可，叠加单元①后内存数据情况见图 1-17(a)。尚未叠加完毕的自由度称为活动变量；已叠加完毕的自由度称为不活动变量。内存中存储刚度矩阵元素的三角形称为波前，波前中变量数称为波前宽 w。由于节点 4 只与单元①关联，所以自由度 δ_4 已叠加完毕。取 δ_4 为主元按式(1-81) 进行消元，然后将主元所在行列元素及载荷项 K_{24}、K_{44}、K_{45}、R_4 共 $w+1=4$ 个元素调离内存，存入外存。

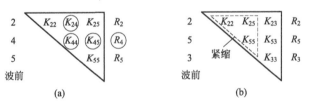
图 1-17　波前法原理和步骤

存入外存的元素是一个方程的系数和载荷项，即

$$K_{i1}\delta_1+K_{i2}\delta_2+\cdots+K_{ii}\delta_i+\cdots=R_i \tag{1-82}$$

而为了在回代时能确定方程中包括哪些未知数，还必须记录当前主元编号 B、主元在波前的位置 I 以及波前宽 w。

然后，紧缩波前，将自由度 δ_5 前移，并叠加单元②，此时内存情况见图 1-17(b)。只要自由度叠加完毕，就可取其作为主元进行消元，然后把主元所在行列元素及载荷项调出内存、紧缩波前，继续叠加其他单元直到所有单元叠加完毕。整个单元叠加、消元过程波前情况如表 1-2 所示。

消元结束后，再按消元的相反顺序，逐个恢复波前，把送到外存的元素调入内存，依次回代求解。恢复波前需要利用 BIw 信息，在现有内存基础上可将自由度 B 插在位置 I 处，然后取前 w 个自由度即为恢复的波前。恢复一个波前就按顺序从外存调入一组元素（消元时后调出的元素回代时先调入），即可依次求出方程组的各个未知数。回代过程波前情况如表 1-3 所示。

表 1-2　整个单元叠加、消元过程波前情况

消元序号	叠加单元	波前节点编号	波前信息		
1	①	2、4、5			
2	②	2、5、3			
	③	2、5、3、6	5	2	4
3		2、3、6	6	3	3
4	④	2、3、1	2		
5		3、1			
6		1			

表 1-3　回代过程波前情况

回代序号	波前节点编号	波前信息		
		B	I	w
1	1	1	1	1
2	3、1	3	1	2
3	2、3、1	2	1	3
4	2、3、6	6	3	3
5	2、5、3、6	5	2	4
6	2、4、5	4	2	3

综上所述，波前法解题步骤如下。

① 按单元顺序计算单元刚度矩阵及节点载荷列阵，并送入内存进行叠加集成。

② 检查哪些自由度已经叠加完毕，将之作为主元，对其他行、列的元素进行消元。

③ 将主元对应方程的未知数系数和载荷项从计算机内存调出到外存。

④ 重复步骤①～③，直到将全部单元叠加完毕。

⑤ 按消元顺序，由后向前依次回代求解。

波前法需要内存较少，但编程复杂、内外存数据交换频繁。

1.4.4　迭代法

迭代法的基本思想是从任意给定的近似解 $x^{(0)}$ 出发，按某递推公式逐步计算，构造出一个迭代向量序列 $\{x^{(k)}\}$，使其收敛于式(1-83)的解 x^*。

$$Ax = b \tag{1-83}$$

迭代逐次进行，当解满足预先给定的精度要求时，即 $\| x^{(k+1)} - x^{(k)} \| \leqslant \varepsilon$ 时迭代终止，可把 $x^{(k+1)}$ 作为方程组的近似解。式中，ε 为公差；$\| * \|$ 为向量范数。

与直接法相比，迭代法计算程序简单，但计算时间较长。

雅可比（Jacobi）迭代法和赛德尔（Seidel）迭代法是两种求解线性方程组常用的迭代法。将式(1-83)写成如下形式。

$$\sum_{j=1}^{n} a_{ij} x_j = b_i \quad (i = 1, 2, \cdots, n) \tag{1-84}$$

或者

$$x_i = \frac{1}{a_{ii}} \Big(b_i - \sum_{\substack{j=1 \\ j \neq i}}^{n} a_{ij} x_j \Big) \quad (i = 1, 2, \cdots, n) \tag{1-85}$$

由上式可以构造的迭代方程如下。

$$x_i^{(k+1)} = \frac{1}{a_{ii}}\Big[b_i - \sum_{\substack{j=1 \\ j \neq i}}^{n} a_{ij} x_j^{(k)}\Big] \quad (i = 1, 2, \cdots, n) \tag{1-86}$$

任取迭代初值 $x^{(0)} = [x_1^{(0)}, x_2^{(0)}, \cdots, x_n^{(0)}]$，代入以上迭代方程计算得 $x^{(1)} = [x_1^{(1)}, x_2^{(1)}, \cdots, x_n^{(1)}]$。反复重复上述计算过程，可得一系列方程解的近似值 $x^{(1)}$、$x^{(2)}$、$\cdots$、$x^{(k+1)}$。当 $x^{(k+1)}$ 满足要求时，即可把 $x^{(k+1)}$ 作为方程解的近似值。这就是雅可比迭代法，由于该方法迭代时间长、收敛性差，实际中应用较少。

在迭代过程中，用式(1-86)计算 $x_i^{(k+1)}$ 时，$x_{i-1}^{(k+1)}$、$x_{i-2}^{(k+1)}$、$\cdots$、$x_1^{(k+1)}$ 已计算完毕，如果迭代收敛，则它们比 $x_{i-1}^{(k)}$、$x_{i-2}^{(k)}$、$\cdots$、$x_1^{(k)}$ 更接近准确值，用它们代替后者可以加速收敛，于是迭代方程变为

$$x_i^{(k+1)} = \frac{1}{a_{ii}}\Big[b_i - \sum_{j=1}^{i-1} a_{ij} x_j^{(k+1)} - \sum_{j=i+1}^{n} a_{ij} x_j^{(k)}\Big] \quad (i = 1, 2, \cdots, n) \tag{1-87}$$

这就是赛德尔迭代法。对于系数矩阵是正定对称的方程组，该方法是肯定收敛的。

将式(1-87)变化为

$$x_i^{(k+1)} = x_i^{(k)} + \frac{\omega}{a_{ii}}\Big[b_i - \sum_{j=1}^{i-1} a_{ij} x_j^{(k+1)} - \sum_{j=i}^{n} a_{ij} x_j^{(k)}\Big] \quad (i = 1, 2, \cdots, n) \tag{1-88}$$

收敛可以更快一些，这就是超松弛迭代法。ω 称为超松弛因子，对于正定对称的方程组，当 $0 < \omega < 2$ 时，迭代肯定收敛。ω 大小应视具体情况确定。

第2章
ANSYS的基本使用方法

ANSYS软件是一个功能强大而灵活的大型通用商业化的有限元软件，能进行包括结构、热、流体、电场、电磁场等多学科的研究，广泛应用于核工业、铁道、航空航天、石油化工、机械制造、能源、汽车交通、国防军工、电子、土木工程、造船、生物医学、轻工、地矿、水利、家用电器等工业和科学研究领域，是世界上拥有用户最多、最成功的有限元软件之一。

2.1 / ANSYS软件介绍

(1) ANSYS的主要功能　ANSYS的主要功能包括结构分析、热分析、电磁场分析以及流体动力学分析等。

① 结构分析。ANSYS主要用于分析结构的变形、应力、应变和反力等。结构分析包括以下内容。

a.静力分析。静力分析用于载荷不随时间变化的场合，是机械专业应用最多的一种分析类型（图2-1）。ANSYS的静力分析不仅可以进行线性分析，还支持非线性分析，例如接触、塑性变形、蠕变、大变形、大应变问题的分析。

b.动力学分析。动力学分析主要包括模态分析、谐响应分析、瞬态动力学分析、谱分析。模态分析用于计算结构的固有频率和振型（图2-2）。谐响应分析用于计算结构对正弦载荷的响应。瞬态动力学分析用于计算结构对随时间任意规律变化的载荷的响应，且可以包含非线性特性。谱分析用于确定结构对随机载荷或时间变化载荷（如地震载荷等）的动力响应。

c.用ANSYS/LS-DYNA进行显式动力学分析。ANSYS能够分析各种复杂几何非线性、材料非线性、状态非线性问题，特别适合求解高速碰撞、爆炸和金属成型等非线性动力学问题。

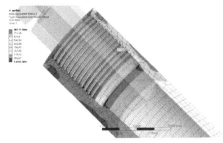
图 2-1 高压容器连接处静力分析

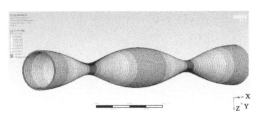
图 2-2 管道的模态分析

d.其他结构分析功能。ANSYS 还可用于疲劳分析、断裂分析、随机振动分析、特征值屈曲分析、子结构/子模型技术。

② 热分析。热分析通过模拟热传导、对流和辐射三种热传递方式，以确定物体中的温度分布（图 2-3）。ANSYS 能进行稳态和瞬态热分析，也能进行线性和非线性分析，还能模拟材料的凝固和溶解过程。

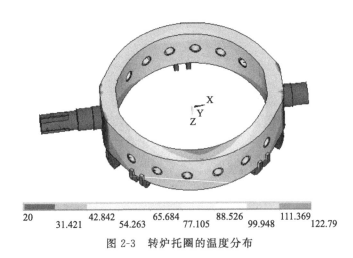
图 2-3 转炉托圈的温度分布

③ 电磁场分析。ANSYS 可以用来分析电磁场的多方面问题，如电感、电容、磁通量密度、涡流、电场分布、磁力线、力、运动效应、电路和能量损失等。分析的磁场可以是二维的或三维的，也可以是静态的、瞬态的或谐波的，还可以是低频的或高频的。电磁场分析还可以解决静电学、电流传导、电路耦合等电磁场相关问题。

④ 流体动力学分析。ANSYS 的流体动力学分析可用来解决二维、三维流体动力场问题，也可以进行传热或绝热、层流或湍流、压缩或不可压缩等问题的研究。

（2）ANSYS 的特点　ANSYS 软件是目前世界上最为流行的有限元分析软件之一，在工程应用与科学研究领域中使用广泛，其具有以下特点。

① 具有强大的建模能力。用 ANSYS 本身的功能即可创建各种形状复杂的几何模型。

② 具有强大的求解能力。ANSYS 提供了多种先进的直接求解器和迭代求解器，可以由用户指定，也可以由软件根据情况自行选择。

③ 不但可以对结构、热、流体、电磁场等单独物理场进行研究，还可以进行这些物理现象的相互影响研究，例如热-结构耦合、流体-结构耦合、电-磁-热耦合等。

④ 集合前后处理、求解及多场分析等功能于一体，使用统一的数据库。

⑤ 具有强大的非线性分析功能。

⑥ 良好的用户界面，且在所有硬件平台上都具有统一界面，使用方便。

⑦ 具有强大的二次开发功能，应用宏、参数设计语言、用户可编程特性、用户自定义语言、外部命令等功能，可以开发出适合用户自己特点的应用程序，对 ANSYS 功能进行扩展。

⑧ 具有强大的网格划分能力，提供了多种网格划分工具，能进行智能网格划分。

⑨ 提供了与常用 CAD 软件的数据接口，可精确地将在 CAD 系统下创建的模型传入 ANSYS 中，并对其进行操作。

⑩ 可以在有限元分析的基础上进行优化设计。

（3）ANSYS 产品简介　ANSYS Multiphysics 是 ANSYS 产品的 "旗舰"，它包括工程学科的所有功能。ANSYS Multiphysics 由三个主要产品组成：ANSYS Mechanical 用于结构及热分析；ANSYS Emag 用于电磁场分析；ANSYS Flotran 用于计算流体动力学分析。

ANSYS 其他产品有：ANSYS Workbench 是与 CAD 结合的开发环境，其中所用模型既可以通过其他 CAD 软件导入，也可以利用 Design Modeler 方便地进行模型创建和优化设计；ANSYS LS-DYNA 用于求解高度非线性问题；ANSYS Professional 用于线性结构和热分析，是 ANSYS Mechanical 的子集；ANSYS DesignSpace 用于线性结构和稳态热分析，是 Workbench 环境下的 ANSYS Mechanical 的子集。

ANSYS Workbench 是 ANSYS 公司开发的新一代产品研发平台，在继承了 ANSYS 经典平台仿真计算所有功能的基础上，增加了强大的几何建模功能和优化功能，实现了集产品设计、仿真和优化功能于一身，在同一软件环境下可以完成产品研发的所有工作，大大简化了产品开发流程。ANSYS Workbench 的特点如下。

① 强大的装配体自动分析功能。

② 自动化网格划分功能。

③ 协同的多物理场分析环境及行业化定制功能。

④ 快捷的优化工具。

（4）处理器　了解一些 ANSYS 内部结构有助于指导正确操作，发现错误原因。

ANSYS 按功能提供了 10 个处理器，不同的处理器用于执行不同的任务，例如，PREP7 预处理器主要用于模型创建、网格划分。ANSYS 常用处理器的功能参见表 2-1 所示。

表 2-1　ANSYS 常用处理器的功能

处理器名称	功能	菜单路径	命令
预处理器（PREP7）	建立几何模型,赋予材料属性,划分网格等	Main Menu→Preprocessor	/PREP7
求解器（SOLUTION）	施加载荷和约束,进行求解	Main Menu→Solution	/SOLU
通用后处理器（POST1）	显示在指定时间点上选定模型的计算结果	Main Menu→General Postproc	/POST1
时间历程后处理器（POST26）	显示模型上指定点在整个时间历程上的结果	Main Menu→TimeHist Postpro	/POST26
优化处理器（OPT）	优化设计	Main Menu→Design Opt	/OPT
概率设计处理器（PDS）	概率设计	Main Menu→Prob Design	/PDS

处理器名称	功能	菜单路径	命令
辅助处理器（AUX2）	把二进制文件变为可读文件	Utility Menu→File→List→Binary Files	/AUX2
辅助处理器（AUX12）	在热分析中计算辐射因子和矩阵	Main Menu→Radiation Opt	/AUX12
辅助处理器（AUX15）	从 CAD 或者 FEA 软件中传递文件	Utility Menu→File→Import	/AUX15
RUNSTAT	估计计算时间、运行状态等	Main Menu→Run-Time Stats	/RUNST

一个命令必须在其所属的处理器下执行，否则会出错。例如，只能在 PREP7 预处理器下执行关键点创建命令 KP。但有的命令属于多个处理器，比如载荷操作既可以在 PREP7 预处理器下执行，又可以在 SOLUTION 求解器中使用。

刚进入 ANSYS 时，软件位于 BEGIN（开始）级，也就是不位于任何处理器下。有两种方法可以进入处理器：图形用户交互方式和命令方式。例如，欲进入 PREP7 预处理器，可以选择菜单 Main Menu→Preprocessor，或者在命令窗口输入/PREP7。退出某个处理器可以选择菜单 Main Menu→Finish，或者在命令窗口输入并执行 FINI 命令。

2.2 ANSYS 软件的使用

2.2.1 ANSYS 软件解决问题的步骤

与其他的通用有限元软件一样，ANSYS 执行一个典型的分析任务要经过三个步骤：前处理、求解、后处理。

（1）前处理 在分析过程中，与其他步骤相比，建立有限元模型需要花费操作者更多的时间。在前处理过程中，先指定任务名和分析标题，然后在 PREP7 预处理器下定义单元类型、单元实常数、材料特性和有限元模型等。

① 指定任务名和分析标题。该步骤虽然不是必需的，但 ANSYS 推荐使用任务名和分析标题。

② 定义单位制。ANSYS 对单位没有专门的要求，除了磁场分析以外，只要保证输入的数据都使用统一的单位制即可。这时，输出数据与输入数据的单位制完全一致。

③ 定义单元类型。从 ANSYS 提供的单元库内根据需要选择单元类型，不同形状与特性应选择不同的单元类型，如 Solid 186 为三维二十节点结构实体，具有塑性、超弹性、蠕变、应力刚化、大变形和大应变能力；Plane 182 为二维结构实体，既可用作平面单元，也可用作轴对称单元，具有塑性、超弹性、应力刚化、大变形和大应变能力。

④ 定义单元实常数。在选择了单元类型以后，有的单元类型需要输入用于对单元进行补充说明的实常数。是否需要实常数及实常数的类型，由所选单元类型决定。

⑤ 定义材料特性。指定材料特性参数，材料特性可以选择线性、非线性、各向同性或正交异性等。

⑥ 定义截面。

⑦ 创建有限元模型。可以采用实体建模法或直接生成法。

（2）求解 建立有限元模型以后，首先需要在 SOLUTION 求解器下选择分析类型，指定分析选项，然后施加载荷和约束，指定载荷步长并对有限元求解进行初始化并求解。

① 选择分析类型和指定分析选项。在 ANSYS 中，可以选择下列分析类型：静态分析、模态分析、谐响应分析、瞬态分析、谱分析、屈曲分析、子结构分析等。不同的分析类型有不同的分析选项。

② 施加载荷和约束。在 ANSYS 中约束被处理为自由度载荷。ANSYS 的载荷共分为 6 类：DOF（自由度）载荷、集中力和力矩、表面分布载荷、体积载荷、惯性载荷及耦合场载荷。如果按载荷施加的实体类型划分，ANSYS 的载荷又可以分为直接施加在几何实体上的载荷，如施加在关键点、线、面上和施加在有限元模型即节点、单元上的载荷。

③ 指定载荷步选项。主要是对载荷步进行修改和控制，例如，指定子载荷步数、时间步长、对输出数据进行控制等。

④ 求解。主要工作是从 ANSYS 数据库中获得模型和载荷信息，进行计算求解，并将结果写入结果文件和数据库中。结果文件和数据库文件的不同点是数据库文件每次只能驻留一组结果，而结果文件可保存所有结果数据。

（3）后处理　求解结束以后，就可以根据需要使用 POST1 通用后处理器或 POST26 时间历程后处理器对结果进行查看。POST1 通用后处理器用于显示在指定时间点上选定模型的计算结果，POST26 时间历程后处理器用于显示模型上指定点在整个时间历程上的结果。

2.2.2　ANSYS 软件的使用版本

自 ANSYS 7.0 开始，ANSYS 公司推出了 ANSYS 经典版（Mechanical APDL）和 ANSYS Workbench 版两个版本，并持续开发至 ANSYS 19.2 版本。

① ANSYS 经典版（Mechanical APDL）提供一般程序语言的功能，另外还提供简单界面定制功能，实现参数交互输入、消息机制、界面驱动和运行应用程序等。经典版采用命令输入方式，其常用的命令输入方法有两种。

a. GUI（图形用户界面）交互式输入。该方式用鼠标在菜单或工具条上选择来执行命令，ANSYS 会弹出对话框以实现人机交互。优点是直观明了、容易使用，非常适合于初学者。缺点是效率较低，操作出现问题时，不容易发现和修改。

b. 命令流输入。优点是方便快捷、效率高，能克服菜单方式的缺点。但要求用户非常熟悉 ANSYS 命令的使用，此方法适合于高级用户使用。

无论使用哪一种命令输入方法，ANSYS 都会将相应的命令自动保存到记录文件（Jobname. LOG）中。可以将由菜单方式形成的命令语句从记录文件（Jobname. LOG）中复制出来，稍加修改即可作为命令流输入。

② ANSYS Workbench 是一个协同仿真环境及平台，针对产品数字虚拟样机，实现产品研制过程的计算机仿真。在这个统一环境中所有参与仿真工作的工程技术人员都协同工作，在这个平台上各类数据进行交流、通信和共享。随着功能的不断完善和强大，Workbench 逐渐被工程界接受，进而普遍使用。

ANSYS Workbench 的特点如下。

a. 利用项目视图功能将整个仿真流程紧密地结合起来，使得用户完成复杂仿真过程变得简单、容易。用户可以选择软件预制好的分析项目流程，也可以用软件提供的模块组装自己的分析项目流程。软件提供一个项目流程图，用户按顺序执行任务即能很容易完成分析项目，从项目流程图中还很方便了解数据关系、分析过程状态。Workbench 可以看作是一个平台，能自动管理项目所使用的数据和应用程序。

b. 具有与 CAD 软件的双向参数链接功能、项目数据自动更新功能、无缝集成的优化设计工具，可以实现仿真驱动设计。

c. 具有多零件接触关系的自动识别、接触建模功能。

d. 具有先进的网格处理功能，可对复杂的几何实体进行高质量的网格划分，划分结果可以提供给不同类型的仿真过程使用。

e. 支持有限元法的所有应用。

f. 提供完善的工程材料库，用户可以根据需要选择使用，也可以编辑修改。

g. 极大地提升了软件的使用性能和集成性，方便学习和使用。

2.3 / ANSYS 经典版的使用

2.3.1 / 图形用户界面

ANSYS 19.2 经典版（Mechanical APDL）有两种启动方法：

① 开始→所有程序→ANSYS 19.2→Mechanical APDL 19.2；

② 开始→所有程序→ANSYS 19.2→Mechanical APDL Product launcher→设置 Working Directory（工作目录）和 Initial Jobname（初始任务名）等→Run，如图 2-4 所示。

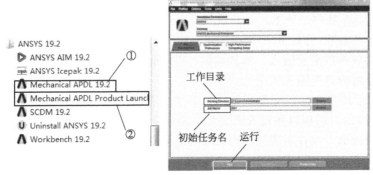

图 2-4　ANSYS 19.2 经典版启动步骤

ANSYS 图形用户界面（GUI）如图 2-5 所示，主要包括以下几个部分。

（1）Main Menu（主菜单）　包含各个处理器下的基本命令，它是按完成分析任务的操作顺序进行排列的，原则上是完成一个处理器下的所有操作后再进入下一个处理器，该菜单为树状弹出式菜单结构。

（2）Utility Menu（通用菜单）　由十个菜单组成，包含了 ANSYS 的全部公共命令，例如，文件管理、实体选择、显示及其控制、参数设置等，该菜单为下拉菜单结构，可直接完成某一功能或弹出对话框，且在 ANSYS 运行过程中均可访问这些菜单。

（3）Graphics Window（图形窗口）　该窗口显示由 ANSYS 创建或传递到 ANSYS 的模型建立、网格划分、求解收敛过程、计算结果显示等图形信息。

（4）Command Input Area（命令输入窗口）　该窗口用于输入 ANSYS 命令，显示当前和先前输入的命令，并给出必要的提示信息，在输入命令的过程中，ANSYS 自动匹配待选命令的输入格式。

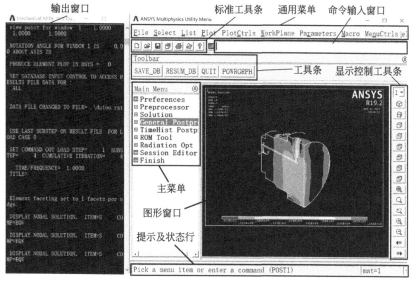

图 2-5 ANSYS 图形用户界面

（5）Output Window（输出窗口） 该窗口显示软件运行过程的文本输出，即对已经进行操作的响应信息。通常隐藏于其他窗口之后，需要查看时可提到前面。

（6）Toolbar（工具条） 包含了一些常用命令的文字按钮，是执行命令的快捷方式，可以根据需要自定义增加、编辑或删除按钮。

（7）Standard Toolbar（标准工具条） 包含了新建分析、打开 ANSYS 文件等常用命令的图形按钮。

（8）Status and Prompt Area（提示及状态行） 向用户显示指导信息，显示当前单元属性设置和当前激活坐标系等。

（9）Display Toolbar（显示控制工具条） 便于用户进行视图操作，其中包含了窗口选择、改变观察方向、图形缩放、旋转、平移等常用显示控制操作的图形按钮。

（10）Raise Hidden（显示隐藏对话框） 用于快速显示在 ANSYS 操作过程中隐藏的重叠对话框。

2.3.2 ╱ 对话框及其组成控件

对话框提供了用户和软件的交互平台，对其进行了解是熟练掌握 ANSYS 软件的前提。组成 ANSYS 对话框的控件主要有文本框、按钮、单选列表、多选列表、单选按钮组、复选框等，这些控件的外观和使用与标准 Windows 应用程序基本相同，但有些控件也略有不同，下面就一些不同点进行简单介绍。

（1）单选列表框 单选列表框允许用户从一个列表中选择一个选项。用鼠标单击欲选择的选项，该选项高亮显示，表示该项被选中。如果对话框中有相应编辑框的话，同时该项还会被复制到编辑框中，然后可以对其进行编辑。如图 2-6 所示是单选列表框的应用实例。单击 BPOS=0.3，即选中该项，同时该项也出现在下面的编辑框里，可以对其进行编辑修改。

（2）多选列表框 多选列表框同单选列表框作用基本相同，也是用于选择选项，不同的是多选列表框一次可以选择多个选项。如图 2-7 所示是多选列表框的应用实例，其中两个选项 SR、ST 被同时选中。

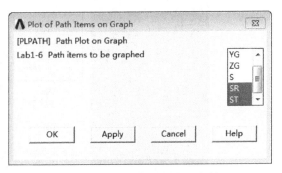

图 2-6 单选列表框的应用实例　　　　　　　图 2-7 多选列表框的应用实例

（3）双列选择列表框　双列选择列表框由两个相互关联的单选列表框组成，左边一列选择的是类，右边一列选择的是子项目。根据左边选择的不同，右边会显示不同的选项。使用双列选择列表框可以方便对项目进行分类和选择。双列选择列表框的应用实例如图 2-8 所示。在左边列表中选中 "Solid" 后，右边列表即显示所属的子项目，即可在其中选中某一项，例如，Quad 8 node 183。

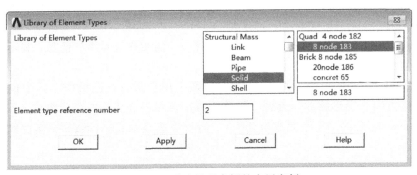

图 2-8　双列选择列表框的应用实例

（4）选择窗口　选择窗口是一种特殊的对话框，用于在图形窗口中选择实体和定位坐标。由于使用频繁，所以在此进行简单介绍。

选择窗口有两种：一种是实体检索选择窗口（图 2-9）；另一种是坐标定位选择窗口（图 2-10）。主菜单中所有前面带有 "↗" 的菜单项在单击后都会弹出一个实体检索选择窗口（图 2-11），该窗口用于选择图形窗口中已经创建的实体。坐标定位选择窗口用于对一个新的关键点或节点进行坐标定位。

选择窗口由图 2-12 所示的几个区域组成。

① 选择模式区。该区有 "Pick" "Unpick" 两种模式，"Pick" 模式下处于选择状态，"Unpick" 模式下处于取消选择实体状态，可单击鼠标右键来切换两种模式。

② 选择方法区。Single 为用鼠标左键选择单个实体，Box、Polygon、Circle 分别对应在图形窗口中建立矩形、多边形或圆形框以选择多个实体，Loop 为选择线链或面链。

基于 ANSYS 的
车辆结构有限元分析

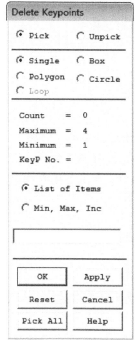

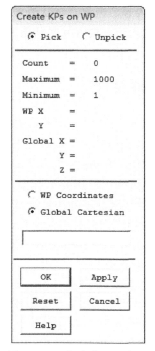

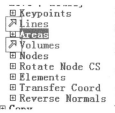

图 2-9　实体检索选择窗口　　　图 2-10　坐标定位选择窗口　　　图 2-11　菜单选项

③ 选择状态和数据区。该区域对应着不同的命令，包含不同的内容，对应说明如下：

a. Count 的值为已经选择的实体的数量；

b. Maximum 的值为可以选择实体的最大数量；

c. Minimum 的值为可以选择实体的最小数量；

d. WP X、WP Y 的值为最后选择点在工作平面上的坐标；

e. Global X、Global Y、Global Z 的值为最后选择点在全球坐标系上的坐标；

f. Line No 显示选择实体的编号，实体类型不同时，标题有所变化，例如 Area No。

④ 键盘输入区。在用鼠标直接选择不能准确定位时，从选择窗口的文本框中输入坐标值或实体编号比较方便。

a. 文本框用于输入坐标值或实体编号，各输入值之间要用英文逗号隔开。

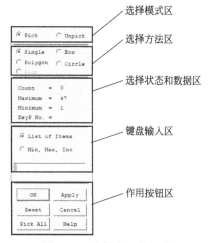

图 2-12　选择窗口的组成

b. WP Coordinates、Global Cartesian 用于选择输入坐标值所使用的坐标系。

c. List of Items、Min、Max、Inc 用于选择输入的实体编号是编号列表，或是最小值、最大值、增量。

⑤ 作用按钮区。典型的对话框都有如下作用按钮：OK、Apply、Reset、Cancel 和 Help，它们的作用如下：

a. OK 用于对话框内的改变，并关闭对话框；

b. Apply 用于对话框内的改变，但不关闭对话框，可以继续输入；

c. Reset 用于重置对话框中的内容，恢复其默认值，不关闭对话框；

d. Cancel 用于取消对话框中的内容，恢复其默认值，并关闭对话框；

e. Help 为帮助按钮。

2.3.3 ／ ANSYS 的菜单系统

利用菜单方式输入命令，必须对菜单项的功能和位置有所了解，才能更好地使用它。ANSYS 的菜单有两种：通用菜单和主菜单。下面选择关键的菜单项进行简单介绍。

（1）通用菜单　通用菜单（Utility Menu）包含了 ANSYS 的所有公共命令，允许在任何处理器下使用，它采用下拉菜单结构，使用方法与标准 Windows 下拉菜单相同。通用菜单共包括 10 项内容，现按其排列顺序就其重要部分进行简单说明。

① File 菜单包含了与文件和数据库操作有关的命令。

a. File→Clear & Start New：清除当前分析过程，开始一个新的分析过程。

b. File→Change Jobname：改变任务名。

c. File→Change Directory：改变 ANSYS 的工作文件夹。

d. File→Resume Jobname. db：从当前工作文件夹中恢复文件名为任务名的数据库文件。

e. File→Resume from：恢复用户选择的数据库文件。

f. File→Save as Jobname. db：将当前数据库以任务名为文件名保存于当前工作文件夹中。

g. File→Save as：将当前数据库按用户选择的文件名、路径进行保存。

h. File→Read Input from：读入并执行一个文本格式的命令流文件。

② Select 菜单用于选择实体和创建组件、部件。

Select→Entities 用于在图形窗口选择实体，该命令在进行有限元分析过程中经常使用，在此做简要介绍，选择的实体类型可分为如图 2-13 所示的六类，选择不同的实体类型对应的选取准则有所区别，这里以实体类型为 Nodes 时为例，其选取准则有如图 2-14 所示的六种。

a. By Num/Pick：通过实体编号或通过拾取操作选择实体。

b. Attached to：通过实体的从属关系进行选择。

c. By Location：通过 X、Y、Z 的坐标位置选择实体。

d. By Attributes：通过材料号、实常数号等选择实体。

e. Exterior：选择模型外边界的实体。

f. By Results：通过结果数据选择实体。

对应的实体选择方式有七种，如图 2-15 所示。

a. From Full：从整个实体集中选择一个子集。

b. Reselect：从选中的子集范围中再选择一个子集。

c. Also Select：在当前的子集中再添加一个不同的子集。

d. Unselect：从当前子集中去掉一部分。

e. Sele All：恢复选择整个实体集。

f. Sele None：选择空集。

g. Invert：选择当前子集的补集。

Select→Comp/Assembly：进行组件、部件操作。

Select→Everything：选择模型所有类型的所有实体。

③ List 菜单。用于列表显示保存于数据库中的各种信息。

a. List→Files→Log File：Log 文件记录整个的操作过程。

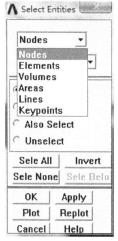

图 2-13　选择实体类型　　　　图 2-14　实体选取准则　　　　图 2-15　实体选择方式

b. List→Keypoints/Lines/Areas/Volumes/Nodes/Elements：列表显示各类实体的详细信息。

c. List→Properties：列表显示单元类型、实常数设置、材料属性等。

d. List→Loads：列表显示各种载荷信息。

e. List→Other→Database Summary：显示数据库摘要信息。

④ Plot 菜单。用于在图形窗口绘制各类实体。

a. Plot→Replot：重画图形。

b. Plot→Keypoints/Lines/Areas/Volumes/Nodes/Elements：在图形窗口显示各类实体。

c. Plot→Multi-Plots：在图形窗口显示多类实体，显示实体的种类由 PlotCtrls→Multi-Plots Controls 命令控制。

⑤ PlotCtrls 菜单。用于对实体及各类图形显示特性进行控制。

a. PlotCtrls→Pan Zoom Rotate：用于进行平移、缩放、旋转、改变视点等观察设置，如图 2-16 所示。

b. PlotCtrls→Numbering：用于显示实体编号信息，如图 2-17 和图 2-18 所示，便于实体加载和特定实体单元的数据读取与结果显示。

c. PlotCtrls→Style：用于控制实体、窗口、等高线等外观。

d. PlotCtrls→Animate：动画控制与使用。

e. PlotCtrls→Hard Copy：复制图形窗口到文件或打印机。

f. PlotCtrls→Multi-Plots Controls：控制 Plot→Multi-Plots 命令显示的内容。

⑥ WorkPlane 菜单。用于工作平面和坐标系操作及控制。

a. WorkPlane→Display Working Plane：控制是否显示工作平面的图标。

b. WorkPlane→WP Settings：用于对工作平面的属性进行设置。

c. WorkPlane→Offset WP by Increments：通过偏移或旋转，改变工作平面的位置和方向，如图 2-19 所示。

d. WorkPlane→Offset WP to：通过偏移，改变工作平面的位置。

e. WorkPlane→Align WP with：使工作平面的方向与实体、坐标系对齐。

f. WorkPlane→Change Active CS to：设置活跃坐标系。

g. WorkPlane→Local Coordinate Systems：自定义局部坐标系。

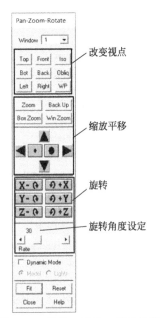

改变视点

缩放平移

旋转

旋转角度设定

图 2-16 平移、缩放、旋转操作

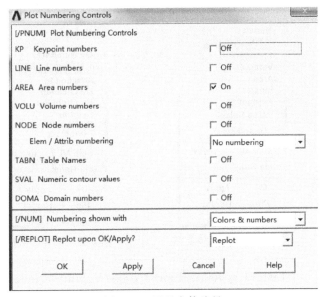

图 2-17 显示实体编号

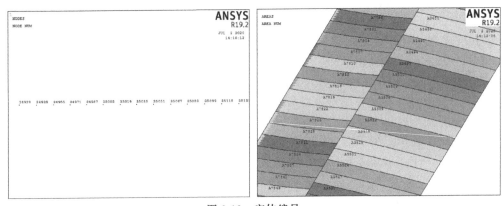

图 2-18 实体编号

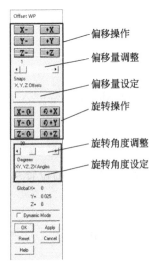

偏移操作

偏移量调整

偏移量设定

旋转操作

旋转角度调整

旋转角度设定

图 2-19 工作平面调整

（2）主菜单 主菜单包含了各个处理器下的基本命令。它是基于完成分析任务的操作顺序进行排列的，原则上是完成一个处理器下的所有操作后再进入下一个处理器。该菜单为树状弹出式菜单结构。

① Preferences（图形界面过滤器）。通过选择可以过滤掉与分析学科无关的用户界面选项。

② PREP7（预处理器）。PREP7 主要用于单元定义、建立模型、划分网格。

a. Preprocessor→Element Type→Add/Edit/Delete：用于定义、编辑或删除单元类型。执行一个分析任务前，必须定义单元类型用于有限元模型的创建。ANSYS 单元库包含 100 多种不同单元，可以根据分析学科、实体的几何性质、分析的精度等来选择单元类型。

基于 ANSYS 的
车辆结构有限元分析

b. Preprocessor→Real Constants→Add/Edit/Delete：用于定义、编辑或删除实常数。单元只包含了基本的几何信息和自由度信息，有些类型的单元还需要使用实常数，对其部分几何和物理信息进行补充说明。

c. Preprocessor→Material Props→Material Models：这是定义材料属性的最常用方法。材料属性可以分为：线性材料和非线性材料；各向同性的、正交异性的和非弹性的；不随温度变化的和随温度变化的等。

d. Preprocessor→Sections：用于定义梁和壳单元横截面、销轴单元的坐标系等。

e. Preprocessor→Modeling→Create：主要用于创建简单实体或节点、单元。

f. Preprocessor→Modeling→Operate：通过挤出、布尔运算、比例等操作形成复杂实体，其中布尔运算是使用频率较高的操作，主要用于执行几何对象之间的几何运算，如图 2-20 所示。

Intersect（求交）：所得为参加运算的几何对象的公共部分。

Add（相加）：所得为多个实体单元之间合并生成一个新的几何对象。

Subtract（相减）：所得为多个实体单元之间相减生成新的几何对象。

Divide（切分）：切分后原几何对象被分成多个更小的几何对象。

Glue（粘接）：原来几何对象之间完全独立但在边界上存在位置重叠区域，通过粘接操作可以将公共部分求交出来并成为它们之间公共边界（边界点、边界线或者边界面）。

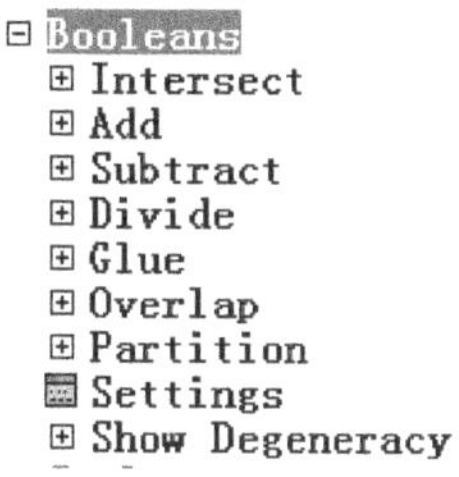

图 2-20　布尔运算

Overlap（叠分）：原来几何对象之间存在重叠区域，通过叠分操作可以求交建立公共区域几何对象并形成相互连接边界，原几何对象减去公共几何对象形成新的几何对象。

Partition（互分）：结果与粘接结果相同，但没有参加叠分的运算几何对象将不被删去。

g. Preprocessor→Modeling→Move/Modify：用于移动或修改实体。

h. Preprocessor→Modeling→Copy：用于复制实体。

i. Preprocessor→Modeling→Reflect：用于镜像实体。

j. Preprocessor→Modeling→Delete：用于删除实体。

k. Preprocessor→Meshing：网格划分，网格划分是进行有限元分析的基础，其中网格划分工具（Mesh Tool）是网格划分的便捷方法，可直接使用网格划分工具对网格划分进行定义。网格划分工具对话框可实现 5 个功能：定义单元属性、智能尺寸划分、单元尺寸控制、设置网格划分方式和执行网格划分命令与网格清除，如图 2-21 所示，具体如下。

Element Attributes：从中选择几何实体，点击 Set 打开定义单元属性对话框，可对单元类型、实常数以及材料类型等参数进行定义。

Smart Size：勾选后可通过移动滑块定义网格划分时智能尺寸的等级。

Size Controls：在该对话框中可以定义线、面、体等网格划分大小。

Mesh：在该列表中可以选择要划分的实体（体、面、线以及关键点）。

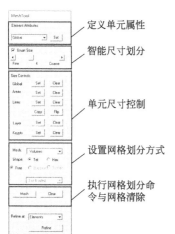

图 2-21　网格划分工具

定义单元属性
智能尺寸划分
单元尺寸控制
设置网格划分方式
执行网格划分命令与网格清除

Shape：指定网格形状，三角形、四面体、四边形或是六面体。

Free、Mapped、Sweep：指定网格划分方式，自由网格、映射网格或是扫略网格。

Mesh、Clear：Mesh 为执行网格划分命令，Clear 可将选择的已划分网格的实体网格清除。

③ Solution（求解器）。包括选择分析类型、分析选项、施加载荷、载荷步设置、求解控制和求解等。

a. Solution→Analysis Type→New Analysis：开始一个新的分析，需要用户指定分析类型。

b. Solution→Analysis Type→Analysis Options：选定分析类型以后，应当设置分析选项，不同的分析类型有不同的分析选项。

c. Solution→Define Loads→Apply/Delete/Operate：用于载荷的施加、删除和操作。

d. Solution→Load Step Opts：设置载荷步选项，包含输出控制、求解控制、时间/频率设置、非线性设置、频谱设置等。

e. Solution→Solve：求解。

f. Solution→Unabridged Menu/Abridged Menu：切换完整/缩略求解器菜单。

④ General Postproc（通用后处理器）。用于显示在指定时间点上选定模型的计算结果，包括结果读取、结果显示、结果计算等。

a. General Postproc→Read Results：从结果文件中读取结果数据到数据库中，ANSYS 求解后，结果保存在结果文件中，只有读入数据库中才能进行操作和后处理。

b. General Postproc→Plot Results：以图形显示结果，包括变形显示（Plot Deformed Shape）、等高线（Contour Plot）、矢量图（Vector Plot）、路径图（Plot Path Item）等。

c. General Postproc→List Results：列表显示结果，可显示指定实体单元的应力、应变、接触、温度等对应的数值，如图 2-22 所示。

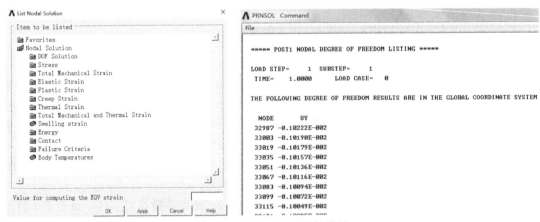

图 2-22　列表显示项目与结果

d. General Postproc→Query Results：显示查询结果。

e. General Postproc→Nodal Calcs：计算选定单元的节点力、节点载荷及其合力等。

f. General Postproc→Element Table：用于单元表的定义、修改、删除和数学运算等。

⑤ TimeHist Postpro（时间历程后处理器）。用于显示模型上指定点在整个时间历程上的结果，即某点结果随时间或频率的变化情况。所有 TimeHist Postpro 时间历程后处理器下的操作都是基于变量的，变量代表了与时间或频率相对应的结果数据。

a. TimeHist Postpro→Define Variables：定义变量。

b. TimeHist Postpro→List Variables：列表显示变量。

c. TimeHist Postpro→Graph Variables：用图线显示变量。

d. TimeHist Postpro→Math Operates：对已有变量进行数学运算，以得到新的变量。

2.3.4 命令流输入

命令流输入的优点是方便快捷、效率高，但是需要用户具有一定的基础，其流程控制命令接近于 FORTRAN 的流程控制命令，包含有 *IF、*IFELSE、*ELSE、*ENDIF 条件分支以及 *DO、*ENDDO 循环、*DOWHILE 循环等命令。通过图形用户界面（GUI）输入进行有限元分析的过程也会自动保存在记录文件中，可通过 List→File→LogFile 导出命令流，如图 2-23 所示，导出记录文件中的命令语句即可作为命令流在命令输入框中输入，且可直接在命令流中修改相应参数，如图 2-24 所示，更为便捷。

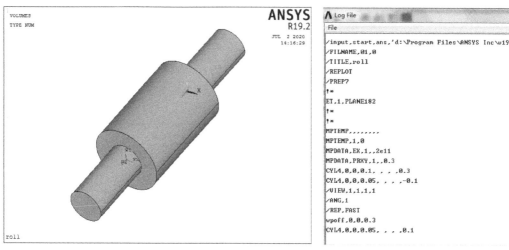

图 2-23 图形用户界面建立模型导出命令流

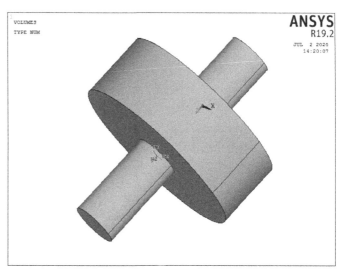

图 2-24 命令流修改模型

2.4 / ANSYS 经典版实例分析

本节通过一个简单的实例使读者对 ANSYS 经典版操作有一个直观的认识。

2.4.1 / 问题描述及解析解

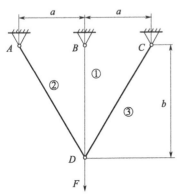

图 2-25 平面桁架结构示意

如图 2-25 所示为所示为平面桁架结构示意，已知各杆横截面面积为 $1 \times 10^{-4} \mathrm{m}^2$，全部钢制，$E = 2 \times 10^{11} \mathrm{Pa}$，$\mu = 0.3$，尺寸 $a = 0.3\mathrm{m}$，$b = 0.5\mathrm{m}$，载荷 $F = 2000\mathrm{N}$，计算各杆的轴向力 F_a、轴向应力 σ_a。

根据静力平衡条件，很容易计算出各杆的轴向力 F_a、轴向应力 σ_a，如表 2-2 所示。

表 2-2 各杆的轴向力和轴向应力

杆	轴向力 F_a/N	轴向应力 σ_a/MPa
①	884.5	8.8
②	650.4	6.5
③	650.4	6.5

2.4.2 / ANSYS 分析步骤

（1）过滤界面　选择菜单 Main Menu→Preferences，弹出如图 2-26 所示的对话框，选中 "Structural" 项，单击 "OK" 按钮。

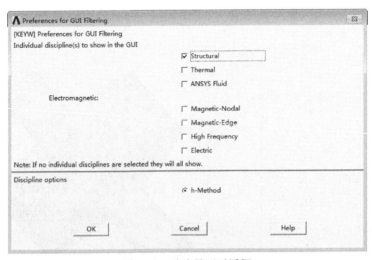

图 2-26 过滤界面对话框

（2）选择单元类型　选择菜单 Main Menu→Preprocessor→Element Type→Add/Edit/Delete，弹出如图 2-27 所示的对话框，单击 "Add" 按钮，弹出如图 2-28 所示的对话框，

在左侧列表中选择"Link"，在右侧列表中选择"3D finit stn 180"，单击"OK"按钮，返回如图 2-27 所示的对话框，单击"Close"按钮。

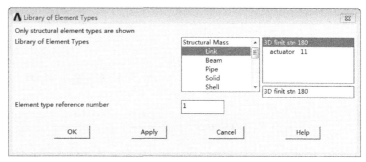

图 2-27　单元类型对话框　　　　　　　　图 2-28　单元类型库对话框

（3）定义杆的横截面　选择菜单 Main Menu→Preprocessor→Sections→Link→Add，在弹出的"Add Link Section"对话框中输入截面标识号 1，单击"OK"按钮；随后弹出如图 2-29 所示的对话框，在"［SECDATA］"文本框中输入杆的横截面面积 1E-4，单击"OK"按钮。

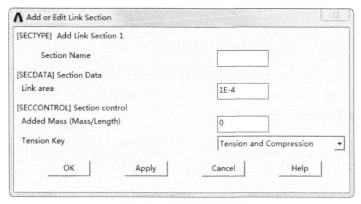

图 2-29　设置截面对话框

（4）定义材料特性　选择菜单 Main Menu→Preprocessor→Material Props→Material Models，弹出如图 2-30 所示的对话框，在右侧列表中依次选择"Structural""Linear""Elastic""Isotropic"，弹出如图 2-31 所示的对话框，在"EX"文本框中输入"2e11"（弹性模量），在"PRXY"文本框中输入"0.3"（泊松比），单击"OK"按钮，然后关闭如图 2-30 所示的对话框。

（5）创建节点　选择菜单 Main Menu→Preprocessor→Modeling→Create→Nodes→In Active CS，弹出如图 2-32 所示的对话框，在"NODE"文本框中输入"1"，在"X，Y，Z"文本框中分别输入"0，0，0"，单击"Apply"按钮；在"NODE"文本框中输入"2"，在"X，Y，Z"文本框中分别输入"0.1，0，0"，单击"Apply"按钮；在"NODE"文本框

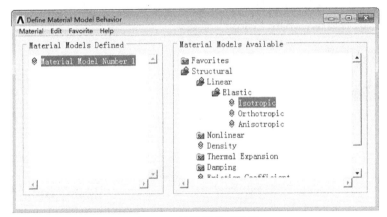

图 2-30　材料模型对话框

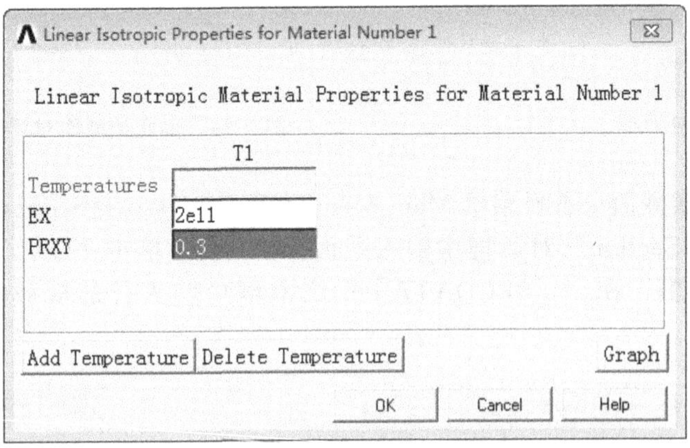

图 2-31　材料特性对话框

中输入 "3"，在 "X，Y，Z" 文本框中分别输入 "－0.1，0，0"，单击 "Apply" 按钮；在 "NODE" 文本框中输入 "4"，在 "X，Y，Z" 文本框中分别输入 "0.1，0.1，0"，单击 "OK" 按钮，得到如图 2-33 所示节点分布。

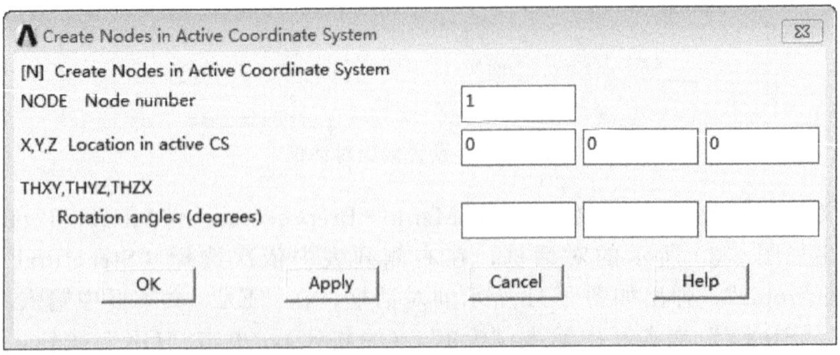

图 2-32　创建节点对话框

（6）显示节点号、单元号　选择菜单 Utility Menu→PlotCtrls→Numbering，弹出如图 2-34 所示的对话框，将 Node numbes（节点号）打开，选择 "Elem/Attrib numbering" 为 Element numbes（显示单元号），单击 "OK" 按钮。

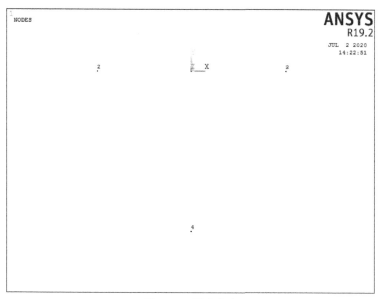

图 2-33 创建节点

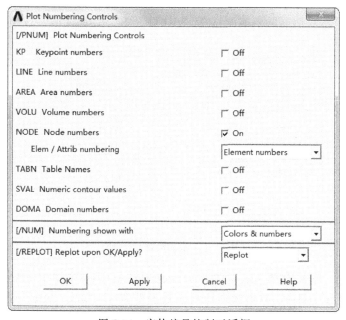

图 2-34 实体编号控制对话框

（7）创建单元 选择菜单 Main Menu→Preprocessor→Modeling→Create→Elements→Auto Numbered→Thru Nodes，弹出选择窗口，选择节点 1 和 4，单击选择窗口的"Apply"按钮。重复以上过程，在节点 1 和 4、2 和 4、3 和 4 间分别创建单元，最后关闭选择窗口，创建单元如图 2-35 所示。

（8）施加约束 选择菜单 Main Menu→Solution→Define Loads→Apply→Structural→Displacement→On Nodes。弹出选择窗口，选择节点 1，单击"OK"按钮，弹出如图 2-36 所示的对话框，在列表中选择"All DOF"，单击"OK"按钮。再次选择菜单命令，弹出选择窗口，选择节点 2，单击"OK"按钮。在如图 2-36 所示对话框的列表中选择"All

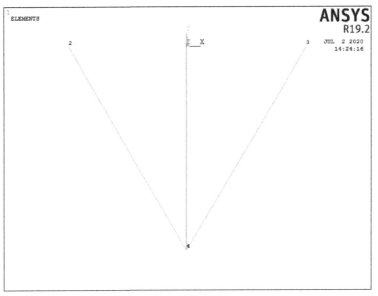

图 2-35　创建单元

DOF"，单击 "OK" 按钮。再次选择菜单命令，弹出选择窗口，选择节点 3，单击 "OK" 按钮。在图 2-36 所示对话框的列表中选择 "All DOF"，单击 "OK" 按钮。

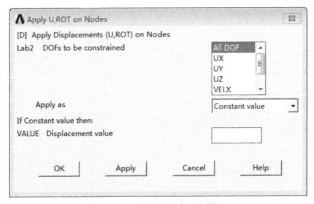

图 2-36　施加约束对话框

（9）施加载荷　选择菜单 Main Menu→Solution→Define Loads→Apply→Structural→Force/Moment→On Nodes，弹出选择窗口，选择节点 4，单击 "OK" 按钮，弹出图 2-37

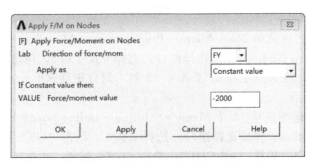

图 2-37　在节点上施加载荷对话框

基于 ANSYS 的
车辆结构有限元分析

所示的对话框。选择"Lab"为"FY",在"VALUE"文本框中输入"－2000",单击"OK"按钮,得到约束与载荷施加后的情况如图 2-38 所示。

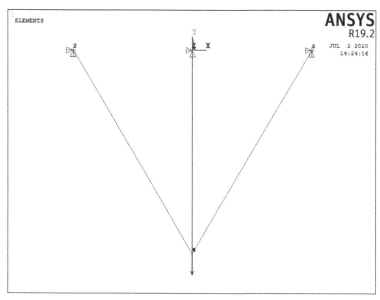

图 2-38　约束与载荷施加情况

(10) 求解　选择菜单 Main Menu→Solution→Solve→Current LS,单击"Solve Current Load Step"对话框中的"OK"按钮,出现"Solution is done!"提示时,求解结束,即可查看结果了。

(11) 定义单元表　选择菜单 Main Menu→General Postproc→Element Table→Define Table,弹出"Element Table Data"对话框,单击"Add"按钮,弹出如图 2-39 所示的对话框。在"Lab"文本框中输入"FA",在"Item,Comp"两个列表中分别选择"By sequence num""SMISC",在右侧列表下方文本框中输入"SMISC,1",单击"Apply"按钮,于是定义了单元表"FA",用于保存单元轴向力;再在"Lab"文本框中输入"SA",在"Item,Comp"两个列表中分别选择"By sequence num""LS",在右侧列表下方文本框中输入"LS,1",单击"OK"按钮,于是又定义了单元表"SA",用于保存单元轴向应力,关闭"Element Table Data"对话框。

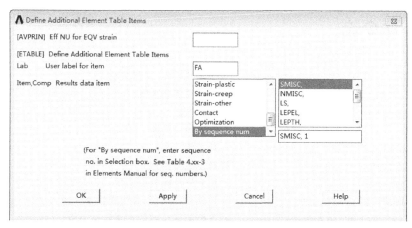

图 2-39　定义单元表对话框

（12）列表单元表数据　选择菜单 Main Menu→General Postproc→Element Table→List Elem Table，弹出如图 2-40 所示的对话框，在列表中选择"FA""SA"，单击"OK"按钮。

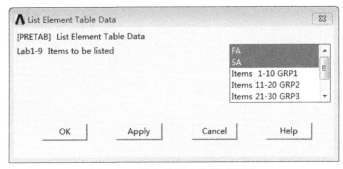

图 2-40　列表单元表数据对话框

结果如图 2-41 所示，与表 2-2 对照，两者完全一致。

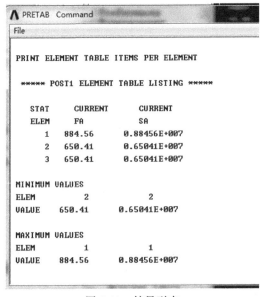

图 2-41　结果列表

2.4.3 ╱ 命令流

```
/CLEAR                           ! 清除数据库,新建分析
/FILNAME,E10-1                   ! 定义任务名为"E10-1"
a=0.3$ b=0.5$ S=1e-4             ! 定义参数 a、b 和 S
/PREP7                           ! 进入预处理器
ET,1,LINK180                     ! 选择单元类型
SECTYPE,1,LINK                   ! 指定截面类型
SECDATA,1E-4                     ! 定义杆的横截面面积
MP,EX,1,2E11$ MP,PRXY,1,0.3      ! 定义材料属性,弹性模量 EX=2E11、泊松比 PRXY=0.3
N,1$ N,2,-a$ N,3,a$ N,4,0,-b     ! 在桁架四个铰的位置定义节点
E,1,4$ E,2,4$ E,3,4              ! 由节点创建单元,模拟四个杆
```

```
FINISH                              ! 退出预处理器
/SOLU                               ! 进入求解器
D,1,ALL $ D,2,ALL $ D,3,ALL         ! 在节点上施加位移约束,模拟铰支座
F,4,FY,-2000                        ! 在节点上施加集中力载荷
SOLVE                               ! 求解
FINISH                              ! 退出求解器
/POST1                              ! 进入通用后处理器
ETABLE,FA,SMISC,1 $ ETABLE,SA,LS,1  ! 定义单元表
PRETAB,FA,SA                        ! 列表单元表数据
FINISH                              ! 退出通用后处理器
```

2.5 / ANSYS Workbench 的使用

ANSYS Workbench 是一个协同仿真环境及平台,针对产品数字虚拟样机,实现产品研制过程的计算机仿真。在这个统一环境中所有参与仿真工作的工程技术人员协同工作,在这个平台上各类数据进行交流、通信和共享。ANSYS Workbench 可以精确简化各种仿真应用的工作流程,较经典版操作更为便捷,得到了更多用户的青睐。

2.5.1 / ANSYS Workbench 的启动方法

方法 1:从 Windows "开始" 菜单启动。如图 2-42 所示,菜单路径是开始→所有程序→ANSYS 19.2→Workbench 19.2。

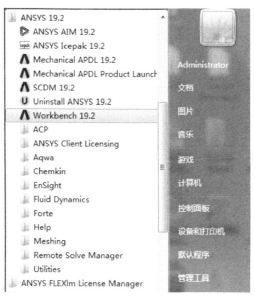

图 2-42　从 Windows "开始" 菜单启动

方法 2:直接从 CAD 系统进入 Workbench。ANSYS Workbench 在安装时可以嵌入各种 CAD 系统中 (如 UG、Pro/Engineer 等),在 CAD 系统中可以使用嵌入菜单启动 ANSYS Workbench。

2.5.2 / ANSYS Workbench 的用户界面

ANSYS Workbench 顺利启动后，即可进入如图 2-43 所示的用户界面，用户界面中主要由下拉菜单、工具栏、工具箱、项目管理区、状态栏和信息窗口六大部分组成。其中，菜单栏和工具栏的使用与标准 Windows 软件相同，而工具箱和项目管理区的操作对于 ANSYS Workbench 的使用是非常重要的。为了便于用户更好地使用 ANSYS Workbench，下面对几个部分进行简要介绍。

图 2-43　ANSYS Workbench 的用户界面

（1）菜单栏　ANSYS Workbench 菜单栏中包括 File、View、Tools、Units、Extensions、Jobs、Help 等子菜单项。其中 File 菜单用于 Workbench 的文件操作，包含基本的命令，如图 2-44 所示；View 菜单用于控制 Workbench 的用户界面，其组成如图 2-45 所示；Tools 菜单用于工程数据的刷新和更新、许可管理和其他选项，如图 2-46 所示；Units 菜单用于单位制的选择和设置，可切换不同的单位制（如国际单位、美制单位等），也可以根据需求自定义单位，如图 2-47 所示；另外 Extensions 菜单中均为涉及扩展模块设置相关的操作，如图 2-48 所示，Jobs 菜单用于工作任务查看，其只有 Open Job Monitor 一项子菜单，Help 菜单可实时地为用户提供软件操作和理论帮助。

图 2-44　File 菜单

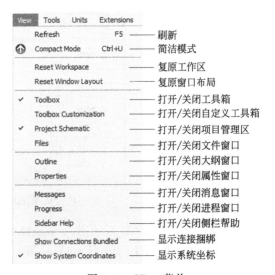

图 2-45　View 菜单

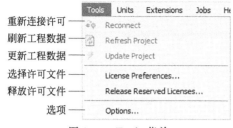

Tools
Units
Extensions
Jobs
重新连接许可
Reconnect
刷新工程数据
Refresh Project
更新工程数据
Update Project
选择许可文件
License Preferences...
释放许可文件
Release Reserved Licenses...
选项
Options...

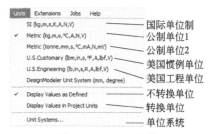

图 2-46　Tools 菜单

Units
Extensions
Jobs
Help
SI (kg,m,s,K,A,N,V)
国际单位制
Metric (kg,m,s,℃,A,N,V)
公制单位1
Metric (tonne,mm,s,℃,mA,N,mV)
公制单位2
U.S.Customary (lbm,in,s,℉,A,lbf,V)
美国惯例单位
U.S.Engineering (lb,in,s,R,A,lbf,V)
美国工程单位
DesignModeler Unit System (mm, degree)
Display Values as Defined
不转换单位
Display Values in Project Units
转换单位
Unit Systems...
单位系统

图 2-47　Units 菜单

执行 Tools→Options 菜单命令后，会弹出“Options”对话框。如图 2-49 所示，“Project Management”选项卡用于文件位置、启动、存档设置；如图 2-50 所示，“Appearance”选项卡用于界面元素颜色、线宽等外观设置；如图 2-51 所示，“Regional and Language Options”选项卡用于选择界面语言；如图 2-52 所示，“Graphics Interaction”选项卡用于图形交互设置。

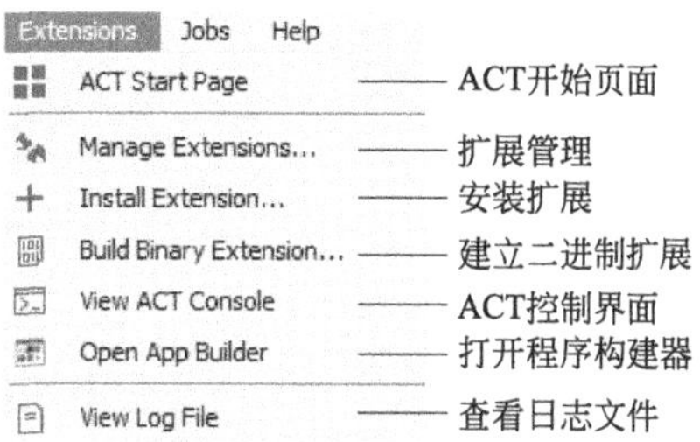

Extensions
Jobs
Help
ACT Start Page
ACT开始页面
Manage Extensions...
扩展管理
Install Extension...
安装扩展
Build Binary Extension...
建立二进制扩展
View ACT Console
ACT控制界面
Open App Builder
打开程序构建器
View Log File
查看日志文件

图 2-48　Extensions 菜单

（2）工具箱（Toolbox）　由五部分组成，分别应用于不同场合，其组成形式如图 2-53（a）所示，具体如下。

Options
Project Management
Appearance
Regional and Language Options
Graphics Interaction
Journals and Logs
Project Reporting
Solution Process
Extensions
Mechanical APDL
CFX
Design Exploration
Repository
Fluent
Mechanical
Engineering Data
Microsoft Office Excel
TurboSystem
Meshing
Geometry Import
Project Management
Default Folder for Permanent Files
Automatically Determined by Workbench
C:\Users\dell\Documents
Browse
Default Folder for Temporary Files
C:\Users\dell\AppData\Local\Temp
Browse
Project Archive
.wbpz Compression Level (0=none, 9=max compression)
3
Restore Defaults
OK
Cancel

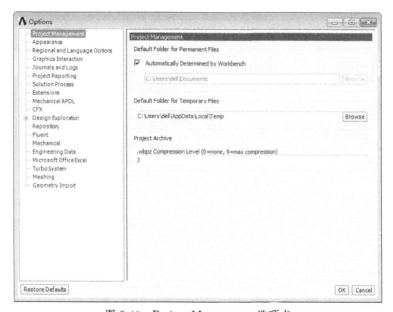

图 2-49　Project Management 选项卡

① 分析系统（Analysis Systems）：包括预定义的分析类型，其中包括了不同的分析类型，如模态分析、静力学分析、稳态热分析、流体分析、结构分析等，且求解相同分析的类型可使用不同求解器。

② 组件系统（Component Systems）：提供的组件用于建立各种不同的应用程序和分析系统的扩展。

③ 用户自定义系统（Custom Systems）：用于预定义多物理场耦合系统，用户也可以创建自己的预定义系统。

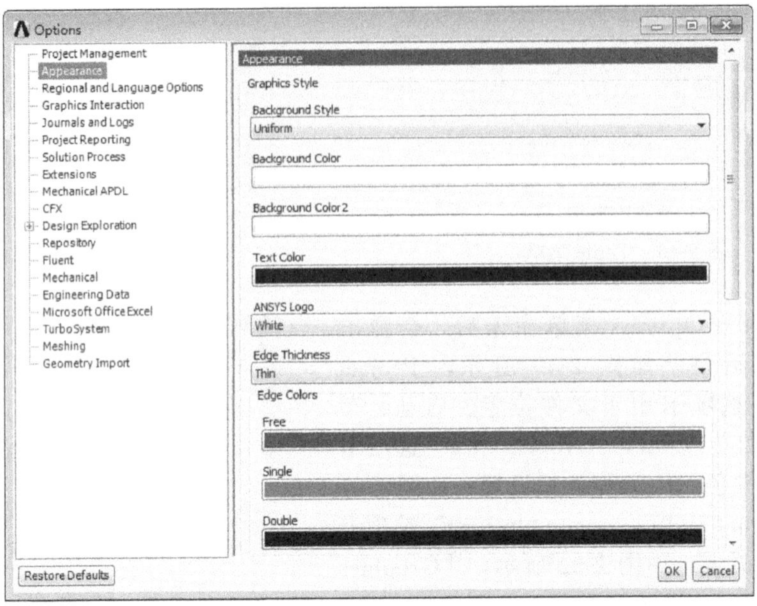

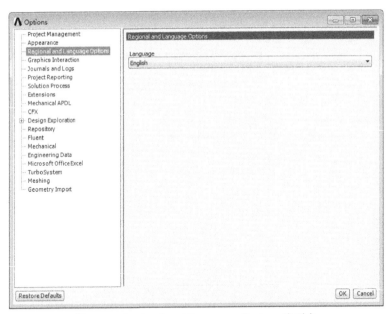

图 2-50　Appearance 选项卡

图 2-51　Regional and Language Options 选项卡

④ 优化设计系统（Design Exploration）：用于对零件产品目标值进行优化和参数管理。

⑤ 客户化应用工具（ACT）：提供用于客户化定制开发的工具、方法和接口。

单击工具箱（Toolbox）下方"View All/Customize"项，可以在弹出的如图 2-53（b）所示的"Toolbox Customization"窗口中选择工具箱（Toolbox）显示的内容。

当在工具箱（Toolbox）的某个工具上双击或用鼠标左键直接拖动到项目管理区（Project Schematic）后，即创建了一个新项目。项目管理区显示项目所对应的流程图，给出了完成该项目的流程和各个步骤的状态情况，表示各步骤的状态图标含义见表 2-3。

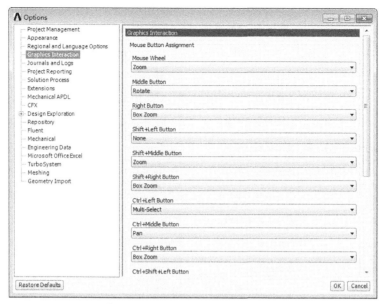

图 2-52 Graphics Interaction 选项卡

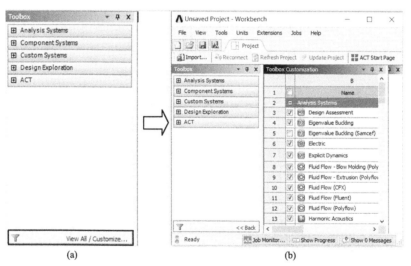

(a)

(b)

图 2-53 工具箱

表 2-3 状态图标含义

图标	含 义
？	缺少上游数据
？	可能需要修正本格或上格数据
⇄	上游格数据发生变化，需要刷新
⚡	本格数据发生变化，需要更新
✓	数据确定
✓✓	本格数据是最新的，但上游数据发生变化可能导致其发生变化

表 2-4～表 2-7 分别列出了各系统包括的常用分析工具。

表 2-4　分析系统（Analysis Systems）

分析工具	说明	分析工具	说明
Design Assessment	设计评估	Modal	模态分析
Electric	电场分析	Modal(Samcef)	Samcef 模态分析
Explicit Dynamics	显式动力学分析	Random Vibration	随机振动分析
Fluid Flow-Blow Molding(Polyflow)	流体吹塑分析	Response Spectrum	响应谱分析
Fluid Flow-Extrusion(Polyflow)	流体挤压分析	Rigid Dynamics	刚体动力学分析
Fluid Flow(CFX)	CFX 流体分析	Static Structural	结构静力学分析
Fluid Flow(Fluent)	Fluent 流体分析	Static Structural(Samcef)	Samcef 结构静力学分析
Fluid Flow(Polyflow)	Polyflow 流体分析	Steady-State Thermal	稳态热分析
Harmonic Response	谐响应分析	Steady-State Thermal(Samcef)	Samcef 稳态热分析
Hydrodynamic Diffraction	流体动力学衍射分析	Thermal-Electric	热-电耦合分析
Hydrodynamic Time Response	流体动力学时间响应分析	Throughflow	过流分析
IC Engine	内燃机分析	Transient Structural	结构瞬态动力学分析
Linear Buckling	线性屈曲分析	Transient Structural(Samcef)	Samcef 结构瞬态动力学分析
Linear Buckling(Samcef)	Samcef 线性屈曲分析	Transient Thermal	瞬态热分析
Magnetostatic	静态磁场分析	Transient Thermal(Samcef)	Samcef 瞬态热分析

表 2-5　组件系统（Component Systems）

分析工具	说明	分析工具	说明
Autodyn	非线性显式动力学分析	Mesh	网格划分工具
BladeGen	涡轮机械叶片设计工具	Microsoft Office Excel	微软表格工具
CFX	计算流体动力学分析	Polyflow	黏弹性材料的流动模拟
Engineering Data	工程数据工具	Polyflow-Blow Molding	Polyflow 吹塑分析
Explicit Dynamics(LS-DYNA Export)	LS-DYNA 显式动力学分析	Polyflow-Extrusion	Polyflow 挤压分析
External Data	接入外部数据	Results	结果后处理
External Model	接入外部模型	System Coupling	系统耦合分析
Finite Element Modeler	创建有限元模型	TurboGrid	涡轮叶栅通道网格划分
Fluent	流体分析	Vista AFD	轴流风机初步设计
Fluent(With TGrid Meshing)	流体分析(TGrid 网格)	Vista CCD	离心压缩机初步设计
Geometry	几何模型创建	Vista CCD(With CCM)	径流透平设计(CCM)
ANSYS ICEM CFD	前处理	Vista CPD	泵初步设计
Icepak	电子产品热分析	Vista RTD	径流式涡轮机初步设计
Mechanical APDL	经典版 ANSYS	Vista TF	叶片性能评估
Mechanical Model	机械分析模型		

　基于 ANSYS 的
车辆结构有限元分析

表 2-6　用户自定义系统（Custom Systems）

分析工具	说明	分析工具	说明
★ FSI: Fluid Flow（ANSYS CFX）＞Static Structural	基于 CFX 的流固耦合分析	★ Random Vibration	随机振动分析
★ FSI: Fluid Flow（Fluent）＞Static Structural	基于 Fluent 的流固耦合分析	★ Response Spectrum	响应谱分析
★ Pre-Stress Modal	带预应力的模态分析	★ Thermal-Stress	热应力计算

表 2-7　优化设计系统（Design Exploration）

分析工具	说明	分析工具	说明
◉ Direct Optimization	直接优化工具	◉ Response Surface Optimization	响应面优化工具
▦ Parameters Correlation	参数关联工具	ⅲ Six Sigma Analysis	六西格玛分析工具
▥ Response Surface	响应面工具		

2.5.3　ANSYS Workbench 的应用方式

（1）本地应用　指的是程序完全在 ANSYS Workbench 窗口中启动和运行，现在支持的应用有 Project Schematic、Engineering Data（图 2-54）和 Design Exploration。

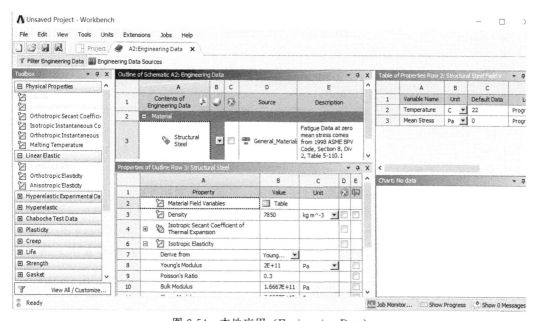

图 2-54　本地应用（Engineering Data）

（2）数据集成应用　指的是在程序各自的窗口中运行，现在支持的应用有 Mechanical（图 2-55）、Mechanical APDL、FLUENT、CFX、AUTODYN 等。

2.5.4　ANSYS Workbench 项目管理

（1）项目组成　创建项目后，在项目管理区会生成一个项目流程图，如图 2-56 所示。

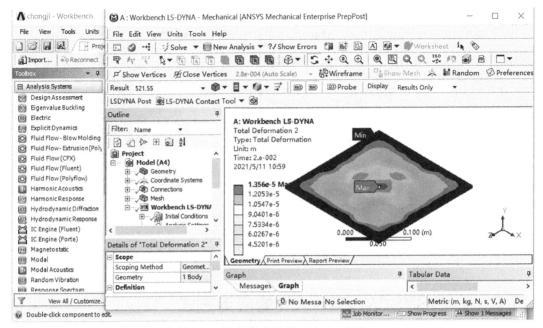

图 2-55　数据集成应用（Mechanical）

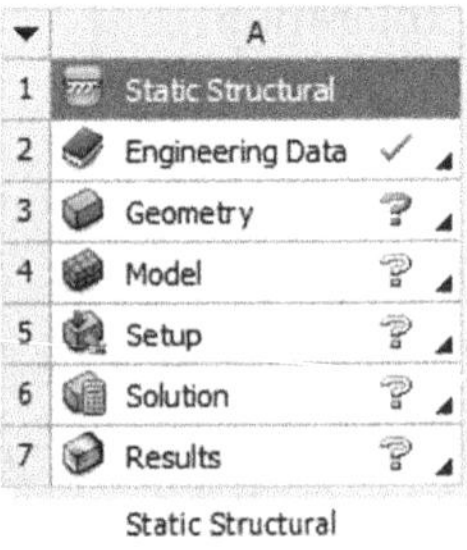

如图 2-56 所示的 Static Structural 项目包括以下单元。

① Engineering Data（工程数据）：用于定义模型的材料属性。

② Geometry（几何模型）：用于导入、创建、编辑模型的几何参数。

③ Model（有限元模型）：为几何模型指定属性并进行网格的控制与划分。

④ Setup（设置）：创建接触、施加载荷和约束、指定分析选项等。

图 2-56　项目流程图

⑤ Solution（求解）：指定计算结果、进行分析计算。

⑥ Results（结果）：进行后处理显示。

（2）项目操作　项目的操作包括项目的创建、删除、复制和关联。

① 创建项目。当在工具箱（Toolbox）的某个工具上双击或用鼠标左键直接拖动到项目管理区后，即创建了一个新项目，如图 2-56 所示。在创建项目的过程中可以同时创建一个或多个项目，各项目将自动以字母 A、B、C…排序，项目流程图从左到右或从上到下依次排列，如图 2-57 所示。

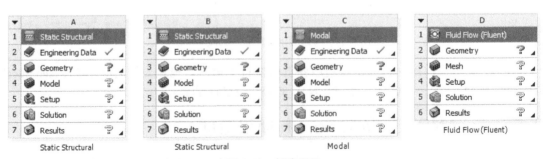

图 2-57　创建项目

② 删除项目。用鼠标右键单击项目流程图 A1 格或用鼠标左键拾取流程图的 "▼" 图标，在弹出的快捷菜单中拾取 Delete 命令，即可删除项目，如图 2-58 所示。

③ 复制项目。用鼠标右键单击项目流程图 A1 格或用鼠标左键拾取流程图的 "▼" 图标，在弹出的如图 2-58 所示快捷菜单中拾取 Duplicate 命令，即可复制项目。新项目与原项目数据完全相同，但不发生关联，如图 2-59 所示。

图 2-58　删除项目

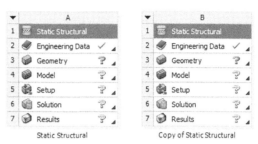

图 2-59　复制项目

④ 关联项目。在项目关联的基础上，可以实现耦合场分析和项目间数据共享。创建关联项目的方法可参见图 2-60，其中新创建的项目 B 与项目 A 共享 A2、A3、A4 格数据，B2、B3、B4 格背景呈暗色，此三格数据在项目 B 下不能进行操作，只依赖项目 A 对相应数据的操作处理，项目 A 的 A6 格数据传输到项目 B 的 B5 格，由项目 B 使用，端部为方形表示数据共享，端部为圆形表示数据传递，如需删除可在连线上单击右键。

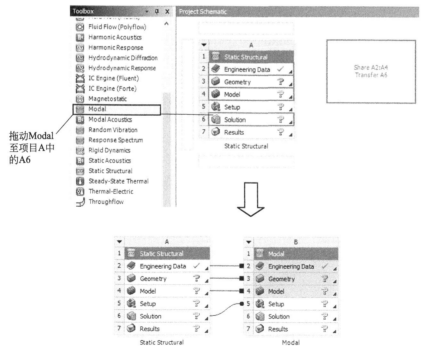

图 2-60　创建关联项目（一）

在项目流程图的数据项上单击鼠标右键，在弹出的快捷菜单上拾取 Transfer Data From New 命令［图 2-61(a)］或 Transfer Data To New 命令［图 2-61(b)］，也可以进行关联项目创建。

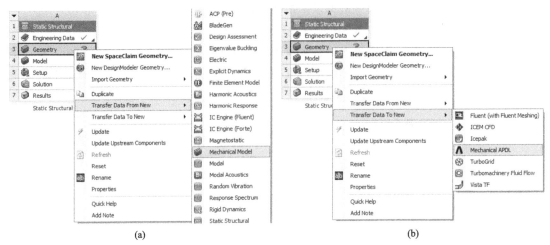

图 2-61　创建关联项目（二）

2.5.5 ／ ANSYS Workbench 文件管理

当用户进行保存文件操作以后，Workbench 会创建一个项目文件（扩展名为 wbpj）和相应的一系列子文件夹以保存项目的其他文件，这些文件夹和文件由 Workbench 自动管理，用户不能进行人工操作，但可取出使用。如图 2-62 所示，如果保存项目时采用名称为 jinglifenxi，则生成的项目文件为 jinglifenxi.wbpj，文件夹名称为 jinglifenxi_files。

文件夹 jinglifenxi_files 的组成结构如图 2-62 所示，其中，dpx 文件夹为第 x 个设计点文件夹，只有一个设计点时为 dp0，global 文件夹为全局文件夹，SYS 文件夹为子系统文件夹，各子文件夹更详细的情况请查看 ANSYS Workbench Help。用户也可以执行菜单命令 View→Files 打开图 2-63 所示的 Files 窗口，来详细查看分析所使用的所有文件。用户可以执行菜单命令 Tools→Options，来选择分析文件存储位置（图 2-64）。

- 111111_files
  - dp0
    - global
      - MECH
        - SYS
    - SYS
      - DM
      - ENGD
      - MECH
    - session_files
    - user_files

图 2-62　文件夹
jinglifenxi_files 的组成结构

	A	B	C	D	E	F
1	Name	Ce...	Size	Type	Date Modified	Location
2	SYS.agdb	A3	2 MB	Geometry File	2020/7/4 0:17:04	dp0\SYS\DM
3	material.engd	A2	45 KB	Engineering Data File	2020/7/4 0:16:42	dp0\SYS\ENGD
4	SYS.engd	A4	45 KB	Engineering Data File	2020/7/4 0:16:42	dp0\global\MECH
5	SYS.mechdb	A4	6 MB	Mechanical Database File	2020/7/4 14:59:05	dp0\global\MECH
6	jinglifenxi.wbpj		63 KB	Workbench Project File	2020/7/4 23:17:26	D:\
7	act.dat		259 KB	ACT Database	2020/7/4 23:17:25	dp0
8	EngineeringData.xml	A2	45 KB	Engineering Data File	2020/7/4 23:17:25	dp0\SYS\ENGD
9	CAERep.xml	A1	14 KB	CAERep File	2020/7/4 1:28:26	dp0\SYS\MECH
10	CAERepOutput.xml	A1	849 B	CAERep File	2020/7/4 1:28:32	dp0\SYS\MECH
11	ds.dat	A1	328 KB	.dat	2020/7/4 1:28:26	dp0\SYS\MECH
12	file.rst	A1	1 MB	ANSYS Result File	2020/7/4 1:28:29	dp0\SYS\MECH
13	file0.err	A1	611 B	.err	2020/7/4 1:28:30	dp0\SYS\MECH
14	file0.PCS	A1	2 KB	.pcs	2020/7/4 1:28:29	dp0\SYS\MECH
15	MatML.xml	A1	24 KB	CAERep File	2020/7/4 1:28:26	dp0\SYS\MECH
16	solve.out	A1	25 KB	.out	2020/7/4 1:28:30	dp0\SYS\MECH
17	designPoint.wbdp		162 KB	Workbench Design Point	2020/7/4 23:17:26	dp0
18	DesignPointLog.csv		733 B	.csv	2020/7/4 14:58:54	user_files

图 2-63　分析文件列表

基于 ANSYS 的
车辆结构有限元分析

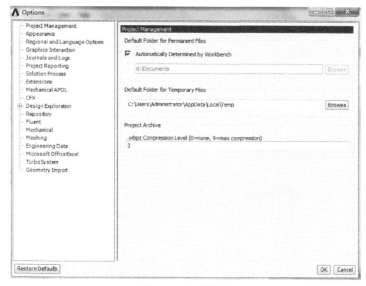

图 2-64　文件位置

2.6 / ANSYS Workbench 实例分析

2.6.1 / 问题描述及解析解

如图 2-65 所示为钢制正方形截面悬臂梁，分析其在集中力 P 作用下自由端的变形。已知正方形截面边长 $a=50\text{mm}$，梁的长度 $L=1\text{m}$，集中力 $P=1000\text{N}$。钢的弹性模量 $E=2\times10^{11}\text{Pa}$，泊松比 $\mu=0.3$。

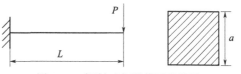

图 2-65　钢制正方形截面悬臂梁

根据材料力学的知识，梁横截面对 x 轴惯性矩为

$$I_{xx}=\frac{a^4}{12}=\frac{50^4}{12}\times10^{-12}=5.208\times10^{-7}(\text{m}^4) \tag{2-1}$$

该梁自由端的挠度为

$$f=\frac{PL^3}{3EI_{xx}}=\frac{1000\times1}{3\times2\times10^{11}\times5.208\times10^{-7}}=3.2\times10^{-3}(\text{m}) \tag{2-2}$$

该梁固定端有最大弯曲应力为

$$\sigma_{\max}=\frac{PLa}{2I_{xx}}=\frac{1000\times1\times0.05}{2\times5.208\times10^{-7}}=48(\text{MPa}) \tag{2-3}$$

2.6.2 / 分析步骤

【步骤 1】在 Windows "开始" 菜单中选择 ANSYS 19.2 → Workbench 19.2，启动 Workbench。

【步骤 2】双击工具箱 Analysis Systems 中的 Static Structural，创建项目 A，进行结构

静力学分析，如图 2-66 所示。

【步骤 3】双击图 2-66 所示 A2 格的"Engineering Data"项，启动 Engineering Data。将 Workbench 材料库中的材料 Structural Steel（结构钢）添加到当前项目中，如图 2-67 所示。

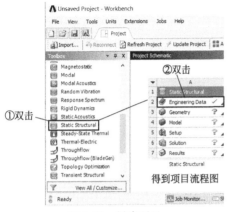

图 2-66　创建项目

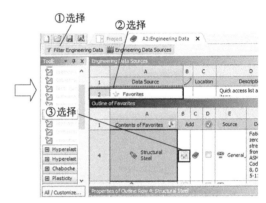

图 2-67　添加材料到项目

【步骤 4】创建几何模型。

① 右键单击图 2-68 所示 A3 格的"Geometry"项，在弹出的快捷菜单中选择"New DesignModeler Geometry"项，启动 DesignModeler 创建几何实体。

② 拾取下拉菜单 Units→Millimeter，选择长度单位为 mm。

③ 创建边长为 50mm 的正方形，并标注尺寸，如图 2-68 所示。

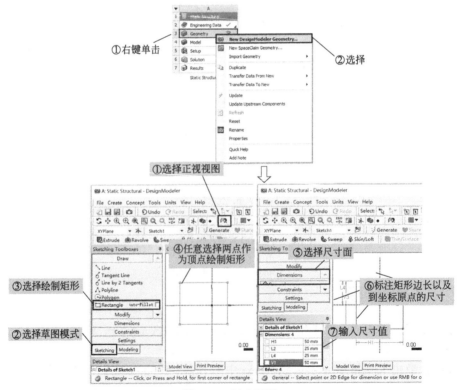

图 2-68　创建矩形

④ 拉伸矩形成立方体，长度为 1000mm，如图 2-69 所示。创建几何实体完毕，退出 DesignModeler。

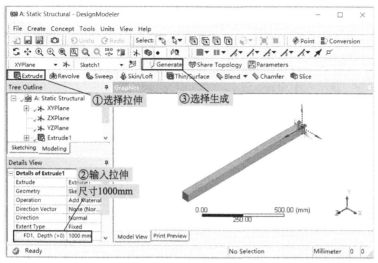

图 2-69　拉伸特征

【步骤 5】建立有限元模型，施加载荷和约束，求解，查看结果。

① 因 A3 格 Geometry 发生变化，需要对 A4 格数据进行刷新操作，如图 2-70 所示。

② 双击图 2-70 所示 A4 格的"Model"项，启动 Mechanical。

③ 选择分析单位制为公制单位制，如图 2-71 所示。如果已指定，则直接进入下一步。

④ 将添加到项目中的材料 Structural Steel 分配给几何体，如图 2-72 所示。

图 2-70　刷新数据

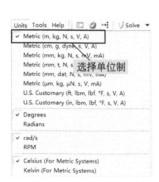

图 2-71　选择单位制

图 2-72　选择材料

⑤ 划分单元，如图 2-73 所示，输入的单元尺寸 Element Size 为全局尺寸控制，用于设置整个几何体的单元尺寸。

⑥ 在悬臂梁的端部施加力载荷，大小为 1000N，如图 2-74 所示。

⑦ 在悬臂梁的另一端施加固定约束，限制该面沿 x、y、z 方向移动，如图 2-75 所示。

⑧ 指定 y 方向变形和等效应力等计算结果，如图 2-76 所示。在 Mechanical 中，欲输出的计算结果通常是在求解前指定的。

⑨ 单击"Solve"按钮，求解。

⑩ 在提纲树（Outline）上选择结果类型，进行结果查看，如图 2-77 和图 2-78 所示。

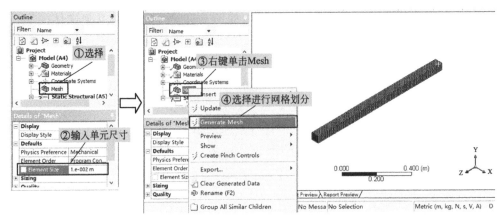

图 2-73 网格划分

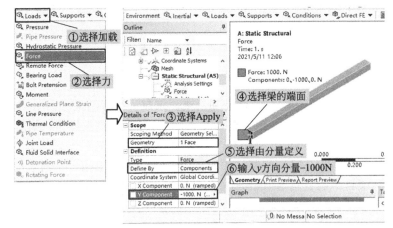

图 2-74 载荷施加

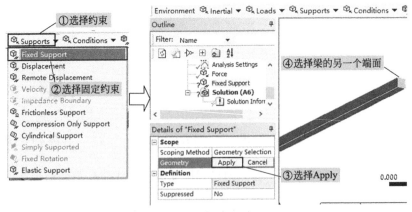

图 2-75 施加固定约束

从图 2-77 可见，梁的最大挠度为 $3.19 \times 10^{-3}\,\mathrm{m}$，发生在悬臂端。从图 2-78 可见，最大等效应力为 49.2MPa，发生在固定端。计算结果与理论结果一致。

⑪ 退出 Mechanical。

【步骤 6】在 ANSYS Workbench 界面保存项目。

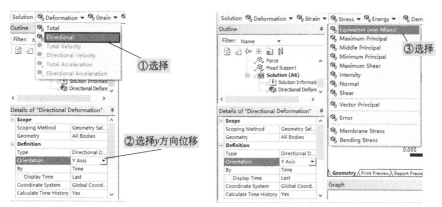

图 2-76　指定计算结果

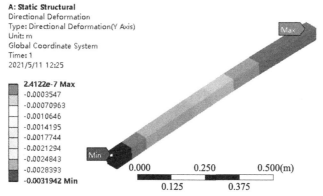

图 2-77　y 方向变形（彩图）

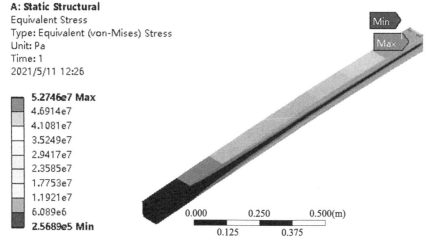

图 2-78　等效应力（彩图）

第3章
创建实体模型

实体模型的创建包括直接从 ANSYS 软件中创建和从外部 CAD 软件创建后导入。对于结构复杂的模型，建议用外部 CAD 软件创建后再导入。

3.1 几何模型与有限元模型创建技术

ANSYS 中的模型分为几何实体模型和有限元模型，通常进行有限元分析的第一步就是建立几何模型，模型几何形状越接近实际情况，越能够合理反应模型的实际力学特性。

对于一些简单的模型，ANSYS 也提供了直接生成有限元模型的方法，但该方法一般只用于比较简单、不需要建立太多单元的情况，更常见的方法是先建立几何模型，然后利用网格划分工具建立有限元模型。

ANSYS 的几何模型建立分为自上而下和自下而上两种方法。

自下而上法：先建立低级实体，然后由低级实体组成高级实体，即先建立关键点，然后由关键点连接成线，由线围成面，由面包裹成体。这种方法的优点是可以组成任意形状的较为复杂的实体，缺点是操作步骤较为烦琐，因而除建立复杂外形实体外，应用不多。

自上而下法：利用 ANSYS 命令直接建立高级实体，其中自然包含相应的低级实体，如建立的体中包含面、线、关键点，建立的面中包含线、关键点等，这种方法的优点是可以直接生成相应模型，比较方便，缺点是只能直接生成一些形状简单的实体，对于一些较为复杂模型来说，需要先建立不同的简单实体，然后通过布尔运算等操作组成目标实体。

3.2 ANSYS 中直接创建实体模型

3.2.1 实例 3-1：直齿圆柱齿轮的创建

（1）齿轮的数据 生成一个模数 $m=10\text{mm}$、齿数 $z=23$ 的渐开线标准直齿圆柱齿轮，并划分网格，其中轴孔的直径 $d=70$mm，键槽的宽度 $b=20$mm（$t_1=4.9$mm）。

（2）原理　齿轮创建的重点和难点在于齿廓曲线的绘制，标准齿轮齿廓曲线为渐开线，直接绘制渐开线较为复杂，一般是采用绘制渐开线上关键点然后用样条曲线模拟的方法，至少需要三个点：渐开线与齿顶圆的交点、渐开线与分度圆的交点、渐开线与基圆的交点。可以通过公式计算在以上三个点间插入更多点，插入的点数越多，得到的渐开线精度就越高。

相关点的坐标可以通过式（3-1）～式（3-6）获得。

$$d=mz \tag{3-1}$$

式中，d 为分度圆直径；m 为模数；z 为齿数。

$$d_a=m(z+2) \tag{3-2}$$

式中，d_a 为齿顶圆直径。

$$d_f=m(z-2.5) \tag{3-3}$$

式中，d_f 为齿根圆直径。

$$d_b=mz\cos\alpha \tag{3-4}$$

式中，d_b 为基圆直径；α 为分度圆压力角（对标准齿轮，为 20°）。

$$s_k=s\frac{r_k}{r}-2r_k(\mathrm{inv}\alpha_k-\mathrm{inv}\alpha) \tag{3-5}$$

式中，s_k 为齿轮任意圆上齿厚，rad；$s=\pi\dfrac{m}{2}$；$\mathrm{inv}\alpha_k=\tan\alpha_k-\alpha$。

$$\phi=\frac{s}{r}-2(\mathrm{inv}\alpha_k-\mathrm{inv}\alpha) \tag{3-6}$$

式中，ϕ 为齿轮任意圆上齿厚 s_k 所对应的圆心角度。

由上述公式可计算出本例题需要绘制的齿轮的齿顶圆、分度圆、基圆在一个齿形上所对应的圆心角分别为 3.2294°、7.8261°、9.5340°。

对于渐开线与齿根圆之间的过渡，分为两种情况。

① 当齿数 $z\leqslant41$ 时，齿根圆半径小于基圆半径，渐开线与齿根圆不相交，此时需要绘制一条与渐开线相切并与齿根圆相交的线条，然后在此线条与齿根圆间绘制过渡圆弧。

② 当齿数 $z\geqslant42$ 时，齿根圆半径大于基圆半径，渐开线与齿根圆相交，此时直接在渐开线与齿根圆间绘制过渡圆弧即可。

（3）创建步骤

【步骤 1】绘制分度圆、齿顶圆、齿根圆、基圆。根据计算公式，模数 $m=10$mm，齿数 $z=23$ 的齿轮分度圆直径 $d=230$mm，齿顶圆直径 $d_a=250$mm，齿根圆直径 $d_f=205$mm，基圆直径 $d_b=216.1292$mm。

选择菜单 Main Menu→Preprocessor→Modeling→Create→Lines→Arcs→Full Circle，弹出如图 3-1 所示选择窗口，在文本框中输入"0，0"后回车，再输入"0.230/2"，然后单击"OK"按钮。

同样的方法，以点"0，0"为圆心，根据所算数据绘制齿顶圆、齿根圆、基圆。

【步骤 2】建立关键点。选择菜单 Main Menu→Preprocessor→Modeling→Create→Keypoints→In Active CS，弹出如图 3-2 所示选择窗口，在"NPT Keypoint number"文本框中输入"17"，再在"X，Y，Z Location in active CS"三个文本框中分别输入 0、0、0，

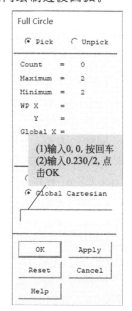

图 3-1　绘制分度圆

然后单击"OK"按钮。

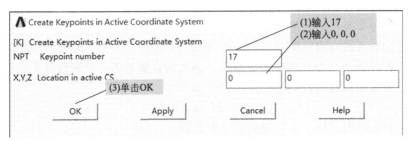

图 3-2　绘制关键点

【步骤 3】显示点、线、面、体的编号。选择菜单 Utility Menu→PlotCtrls→Numbering，弹出如图 3-3 所示对话框，将点号、线号、面号、体号打开，然后单击"OK"按钮。

Plot Numbering Controls

[/PNUM] Plot Numbering Controls

KP	Keypoint numbers	☑ On
LINE	Line numbers	☑ On
AREA	Area numbers	☑ On
VOLU	Volume numbers	☑ On
NODE	Node numbers	☐ Off
	Elem / Attrib numbering	No numbering
TABN	Table Names	☐ Off
SVAL	Numeric contour values	☐ Off
DOMA	Domain numbers	☐ Off
[/NUM] Numbering shown with		Colors & numbers
[/REPLOT] Replot upon OK/Apply?		Replot

OK　Apply　Cancel　Help

图 3-3　图号控制对话框

【步骤 4】绘制分度圆半径。选择菜单 Main Menu→Preprocessor→Modeling→Create→Lines→Lines→Straight Line，弹出选择窗口，用鼠标拾取点 2 与点 17，然后单击"OK"按钮，如图 3-4 所示。

同样的方法，绘制齿顶圆半径（连接点 6 与点 17）、基圆半径（连接点 14 与点 17）。

【步骤 5】改变当前坐标系为极坐标系。选择菜单 Utility Menu→WorkPlane→Change Active CS to→Global Cylindrical，则当前坐标系变为圆柱坐标系，圆柱坐标系编号为 1。

【步骤 6】根据计算的圆心角复制并移动分度圆半径。选择菜单 Main Menu→Preprocessor→Modeling→Copy→Lines，弹出选择窗口，用鼠标拾取线 17（即步骤 4 绘制的分度圆半径），然后单击"OK"按钮，如图 3-5 所示，然后在弹出的"Copy Lines"对话框的"DY Y-offset in active CS"文本框中输入"7.8261/2"，单击"OK"按钮，如图 3-6 所示。

同样的方法，复制并移动齿顶圆半径（即线 18，复制间隔角度为 3.2294/2）、基圆半径（即线 19，复制间隔角度为 9.5340/2）。

【步骤 7】绘制样条曲线。选择菜单 Main Menu→Preprocessor→Modeling→Create→

基于 ANSYS 的
车辆结构有限元分析

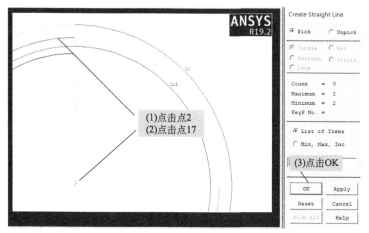

ANSYS
R19.2
L5
L13
(1)点击点2
(2)点击点17
Create Straight Line
Pick
Unpick
Count = 0
Maximum = 2
Minimum = 2
KeyP No. =
List of Items
Min, Max, Inc
(3)点击OK
OK
Apply
Reset
Cancel
Help

图 3-4　绘制分度圆半径

ANSYS
R19.2
L5
L13
(1)点击线17
(2)点击OK
Copy Lines
Pick
Unpick
Single
Box
Polygon
Circle
Loop
Count = 1
Maximum = 19
Minimum = 1
Line No. = 17
List of Items
Min, Max, Inc
OK
Apply
Reset
Cancel
Pick All
Help

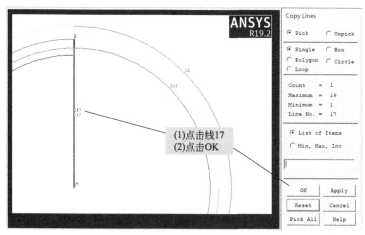

图 3-5　复制分度圆半径（一）

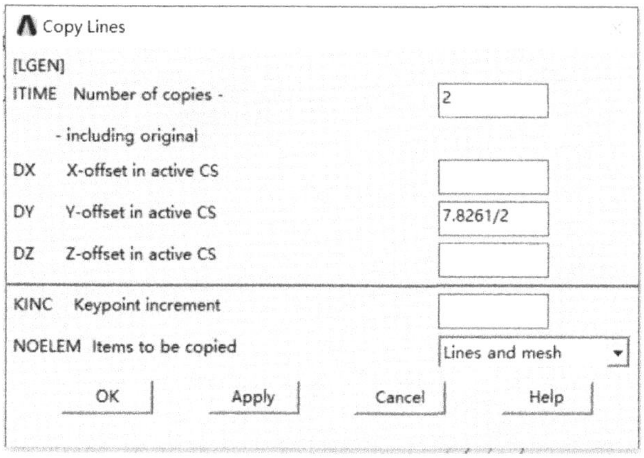

Copy Lines
[LGEN]
ITIME Number of copies -
- including original
2
DX X-offset in active CS
DY Y-offset in active CS
7.8261/2
DZ Z-offset in active CS
KINC Keypoint increment
NOELEM Items to be copied
Lines and mesh
OK
Apply
Cancel
Help

图 3-6　复制分度圆半径（二）

Lines→Splines→Spline thru KPs，弹出选择窗口，用鼠标依次拾取点 20、18、22，然后单击“OK”按钮，如图 3-7 所示。

【步骤 8】做样条曲线的切线。选择菜单 Main Menu→Preprocessor→Modeling→Create→Lines→Tangent to Line，弹出选择窗口，在文本框中输入"23"（或者用鼠标拾取线 23，即上一步绘制的样条曲线），然后单击"OK"按钮，如图 3-8 所示，随后在弹出的选择窗口文本框中输入"22"（即新建线条与已有线条要相切的点，或者用鼠标拾取关键点 22），然后单击"OK"按钮，随后在新弹出的选择窗口文本框中输入"17"（即新建线条上的另外一点，或者用鼠标拾取关键点 17），单击"OK"按钮，在新弹出的"Line Tangent to Line"对话框中，直接单击"OK"按钮。

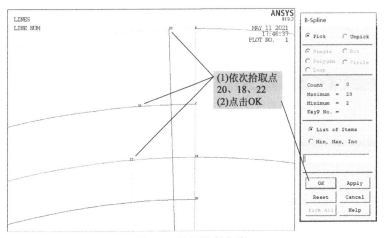

图 3-7　绘制样条曲线　　　　　　　　　　图 3-8　创建圆柱

【步骤 9】制造交点。选择菜单 Main Menu→Preprocessor→Modeling→Operate→Booleans→Partition→Lines，弹出选择窗口，用鼠标拾取线 10、24，然后单击"OK"按钮，如图 3-9 所示。

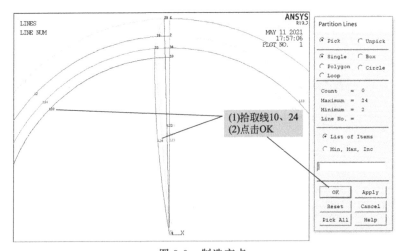

图 3-9　制造交点

【步骤 10】绘制齿廓曲线与齿根圆过渡圆弧。选择菜单 Main Menu→Preprocessor→Modeling→Create→Lines→Line Fillet，弹出选择窗口，用鼠标拾取线 26、28，然后单击"OK"按钮，如图 3-10 所示。随后在弹出的"Line Fillet"对话框中的"RAD Fillet Radius"文本框中输入过渡圆弧半径"0.0038"，然后单击"OK"按钮。

基于 ANSYS 的
车辆结构有限元分析

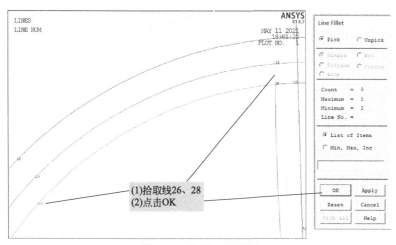

图 3-10　绘制过渡圆弧

【步骤 11】改变当前坐标系为笛卡尔坐标系。选择菜单 Utility Menu→WorkPlane→Change Active CS to→Global Cartesian，则当前坐标系变为笛卡尔坐标系，笛卡尔坐标系编号为 0。

【步骤 12】镜像齿廓曲线。选择菜单 Main Menu→Preprocessor→Modeling→Reflect→Lines，弹出选择窗口，用鼠标拾取线 23、28、10，然后单击"OK"按钮，如图 3-11 所示。然后在弹出的"Reflect Lines"对话框中选择"Y-Z plane X"选项，然后单击"OK"按钮。

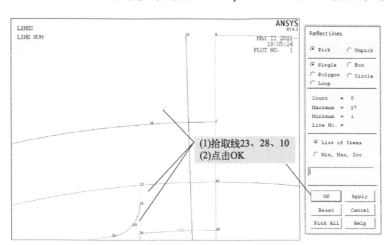

图 3-11　镜像齿廓曲线

【步骤 13】连接线条。选择菜单 Main Menu→Preprocessor→Modeling→Operate→Booleans→Glue→Lines，弹出选择窗口，用鼠标拾取线 24 与线 9，然后单击"OK"按钮，如图 3-12 所示。

同样的方法，在线 23 与线 6 间、线 29 与线 5 间进行连接运算。

【步骤 14】删除不需要的线条。选择菜单 Main Menu→Preprocessor→Modeling→Delete→Line and Below，弹出选择窗口，用鼠标拾取除两侧齿廓曲线、齿廓曲线间的齿顶圆、齿廓曲线外侧的齿根圆外的所有线条，然后单击"OK"按钮，删除线条后的图形如图 3-13 所示。

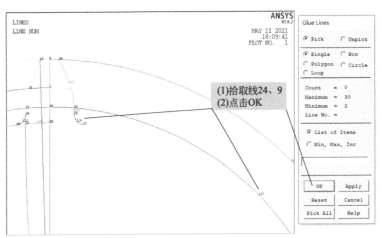

图 3-12　连接线条

【步骤 15】创建面。选择菜单 Main Menu→Preprocessor→Modeling→Create→Areas→Arbitrary→By Lines，弹出选择窗口，用鼠标依次拾取线 10、线 28、线 23、线 9、线 34、线 29、线 30、线 24、线 31、线 12、线 11、线 26，然后单击"OK"按钮。

【步骤 16】改变当前坐标系为极坐标系。选择菜单 Utility Menu→WorkPlane→Change Active CS to→Global Cylindrical，则当前坐标系变为圆柱坐标系，圆柱坐标系编号为 1。

【步骤 17】复制齿形。选择菜单 Main Menu→Preprocessor→Modeling→Copy→Areas，弹出选择窗口，用鼠标拾取面 1，然后单击"OK"按钮，随后在弹出的"Copy Areas"对话框中的"ITIME Number of copies"文本框中输入齿数"23"，在"DY Y-offset in active CS"文本框中输入相邻两齿间隔角度"360/23"，然后单击"OK"按钮，如图 3-14 所示。

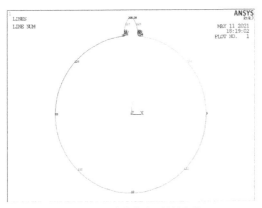

图 3-13　删除线条后的图形

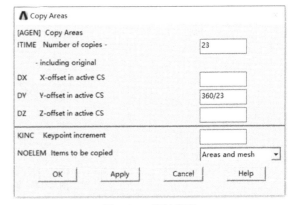

图 3-14　复制齿形

【步骤 18】做布尔加运算。选择菜单 Main Menu→Preprocessor→Modeling→Operate→Booleans→Add→Areas，弹出选择窗口，单击下方"Pick All"按钮。

【步骤 19】面挤出创建体。选择菜单 Main Menu→Preprocessor→Modeling→Operate→Extrude→Areas→Along Normal，弹出选择窗口，用鼠标拾取面 24，然后单击"OK"按钮，随后在弹出的"Extrude Area along Normal"对话框中的"DIST Length of extrusion"文本框中输入齿轮齿宽"0.05"，然后单击"OK"按钮。

【步骤 20】创建圆柱体。选择菜单 Main Menu→Preprocessor→Modeling→Create→Vol-

068　基于 ANSYS 的
车辆结构有限元分析

umes→Cylinder→Solid Cylinder，弹出的对话框，在"WP X""WP Y"文本框中输入新建圆柱体的圆心坐标"0""0"，在"Radius"文本框中输入圆柱体的半径"0.035"，在"Depth"文本框中输入圆柱体的高度"一0.05"，如图3-15所示，然后单击"OK"按钮。

【步骤21】创建立方体。选择菜单 Main Menu→Preprocessor→Modeling→Create→Volumes→Block→By Centr，Cornr，Z，弹出对话框，在"WP X""WP Y"文本框中输入新建立方体的中心坐标"0""0.035"，在"Width"文本框中输入立方体的宽度"0.02"，在"Height"文本框中输入立方体的高度"0.0049＊2"，在"Depth"文本框中输入立方体的长度"一0.05"，如图3-16所示，然后单击"OK"按钮。

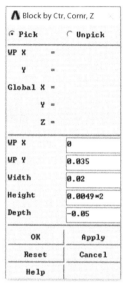

图 3-15　创建圆柱体　　　　　图 3-16　创建立方体

【步骤22】做布尔减运算。选择菜单 Main Menu→Preprocessor→Modeling→Operate→Booleans→Subtract→Volumes，弹出选择窗口，用鼠标拾取体1后单击"OK"按钮，然后用鼠标拾取体2、3，单击"OK"按钮。

【步骤23】重画图形。选择菜单 Utility Menu→Plot→Replot，创建出的体如图 3-17所示。

【步骤24】观察模型。选择控制工具条上的按钮，以改变观察方向、缩放和旋转视图等。

【步骤25】选择单元类型。选择菜单 Main Menu → Preprocessor → Element Type→Add/Edit/Delete，弹出如图 3-18所示对话框，单击"Add"按钮。弹出如图 3-19所示对话框，在左侧列表中选择"Structural Solid"，在右侧列表中选"Tet 10node 187"，然后单击"OK"按钮，返回图 3-18所示对话框，再单击"Close"按钮，完成单元类型的选择。

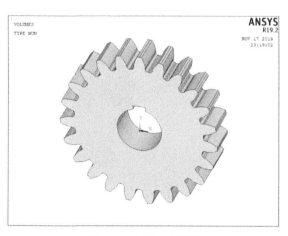

图 3-17　创建出的齿轮

图 3-18　单元类型对话框

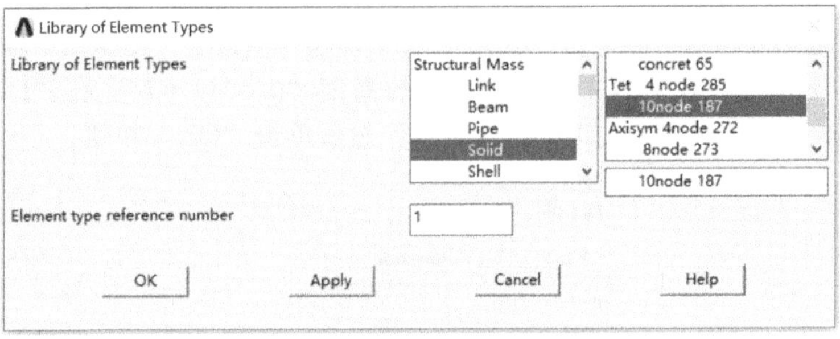

图 3-19　单元类型库对话框

【步骤 26】设置单元尺寸。选择菜单 Main Menu→Preprocessor→Meshing→Size Cntrls→Manual Size→Global→Size，弹出如图 3-20 所示对话框，在 "SIZE Element edge length" 文本框中输入要划分的单元尺寸 "0.003"，然后单击 "OK" 按钮。

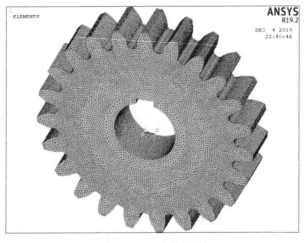

图 3-20　单元尺寸对话框

【步骤 27】划分单元。选择菜单 Main Menu→Preprocessor→Meshing→Mesh→Volumes→Free，弹出选择窗口，用鼠标拾取体 4（即所绘制齿轮），然后单击 "OK" 按钮，生成的网格如图 3-21 所示。

图 3-21　生成的网格

基于 ANSYS 的
车辆结构有限元分析

（4）命令流

```
/PREP7                                          ! 进入预处理器
K,17,0,0,0                                       ! 创建关键点 17,坐标为 (0,0,0)
CIRCLE,17,0.230/2$ CIRCLE,17,0.250/2$ CIRCLE,17,0.205/2$ CIRCLE,17,0.2161292/2
                                                ! 创建整圆,圆心为关键点 17,半径为 0.23 等
/PNUM,KP,1$ /PNUM,LINE,1$ /PNUM,AREA,1$ /PNUM,VOLU,1
                                                ! 显示点、线、面、体编号
LSTR,2,17$ LSTR,6,17$ LSTR,14,17                ! 通过关键点 2、17 创建直线等
CSYS,1                                           ! 改变当前坐标系为柱坐标系
LGEN,2,17,,,,7.8261/2$ LGEN,2,18,,,,3.2294/2$ LGEN,2,19,,,,9.5340/2
                                                ! 复制线 17,数量为 2,偏移角度为 7.8261 等
BSPLIN,20,18,22                                  ! 通过关键点 20、18、22 连接样条曲线
LTAN,23,17                                       ! 过关键点 17 做线 23 的切线
LPTN,10,24                                       ! 做线 10、24 的交点
LFILLT,26,28,0.0038                              ! 在线 26、28 间做圆倒角,半径为 0.0038
CSYS,0                                           ! 改变当前坐标系为笛卡尔坐标系
LSYMM,X,10$ LSYMM,X,23$ LSYMM,X,28              ! 镜像线 10,对称平面为 YZ 坐标平面等
LGLUE,24,9$ LGLUE,23,6$ LGLUE,29,5             ! 黏接线 24、9 等
LDELE,1,4,1,1$ LDELE,6,8,1,1$ LDELE,13,22,1,1$ LDELE,25,27,2,1$ LDELE,32,33,1,1
                                                ! 删除线条
NUMMRG,KP,,,,LOW                                 ! 合并关键点
AL,ALL                                           ! 通过当前所有线创建面
CSYS,1                                           ! 改变当前坐标系为柱坐标系
AGEN,23,1,,,,360/23,,,0                          ! 圆周复制面 1,数量为 23,间隔角度为 360/23
AADD,ALL                                         ! 合并所有面
VOFFST,24,0.05                                   ! 拉伸面 24 形成体,拉伸深度为 0.05
CYL4,0,0,0.035,,,,0.05                          ! 创建圆柱体圆心为原点,半径 0.035,高度 0.05
BLC5,0,0.035,0.02,0.0049*2,0.05               ! 创建立方体,中心坐标 (0,0.035),宽度 0.02,高度
                                                !   0.0049*2,长度 0.05
VSEL,S,,,2,3,1                                   ! 创建体选择集,选择圆柱体和立方体
CM,VV1,VOLU                                      ! 创建体组件 VV1
VSEL,ALL                                         ! 选择所有体
VSBV,1,VV1                                       ! 用体 1 减去体组件 VV1
ET,1,SOLID187                                    ! 定义单元类型 SOLID187
ESIZE,0.003                                      ! 设定单元尺寸为 0.003
VMESH,4                                          ! 对体 4 进行单元划分
FINI                                             ! 退出预处理器
```

3.2.2 实例 3-2：带轮的创建

（1）带轮的视图　如图 3-22 所示为带轮的三视图。

（2）创建步骤

【步骤 1】绘制矩形面。选择菜单 Main Menu→Preprocessor→Modeling→Create→Areas→Rectangle→By 2 Corners，弹出如图 3-23 所示窗口，在 "WP X" "WP Y" 文本框中输入矩形一个顶点坐标（-0.015，0.016），在 "Width" 文本框中输入矩形宽度 "0.03"，在

"Height"文本框中输入矩形高度"－0.0085"，然后单击"OK"按钮。

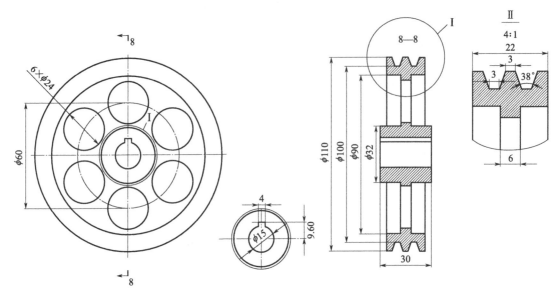

图 3-22　带轮的三视图

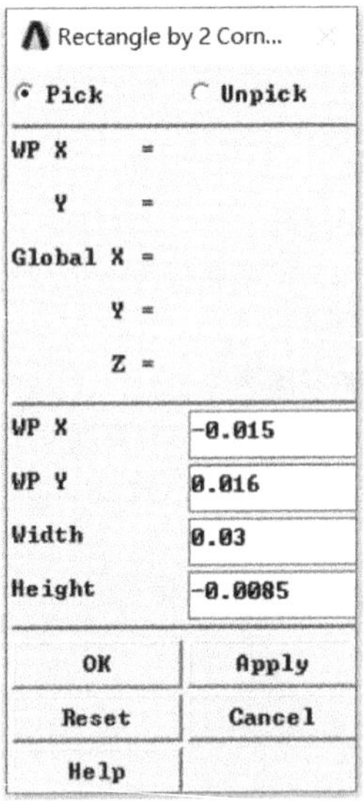

图 3-23　绘制矩形

同样的方法，绘制顶点坐标为（－0.003，0.016）、宽度为"0.006"、高度为"0.029"的矩形。

绘制顶点坐标为（－0.011，0.045）、宽度为"0.022"、高度为"0.01"的矩形。

【步骤2】建立关键点。选择菜单 Main Menu→Preprocessor→Modeling→Create→Keypoints→In Active CS，弹出如图 3-24 所示选择窗口，在"NPT Keypoint number"文本框中输入关键点编号"13"，再在"X，Y，Z Location in active CS"三个文本框中分别输入要建立关键点的 X、Y、Z 坐标 0.0015、0.055、0，然后单击"OK"按钮。

同样的方法，绘制点 14（－0.011，0.05，0），点 15（0.011，0.05，0）。

【步骤3】显示点、线、面、体的编号。选择菜单 Utility Menu→PlotCtrls→Numbering，弹出如图 3-25 所示对话框，将点号、线号、面号、体号打开，然后单击"OK"按钮。

【步骤4】绘制直线。选择菜单 Main Menu→Preprocessor→Modeling→Create→Lines→Lines→Straight Line，弹出选择窗口，用鼠标拾取关键点 14 与关键点 15，然后单击"OK"按钮。

【步骤5】过关键点 13 创建与直线 13 夹角为 109°的直线。选择菜单 Main Menu→Preprocessor→Modeling→Create→Lines→Lines→At Angle to Line，弹出选择窗口，用鼠标拾取线 13，然后单击"OK"按钮，随后弹出新的"Straight line at angle to line"选择窗口，用鼠标拾取关键点 13，然后单击"OK"按钮，弹出"Straight line at angle to line"对话框，在其中的"［LANG］Angle in degrees"文本框中输入新建直线与线 13 的角度"109"，如图 3-26 所示，再单击"OK"按钮。

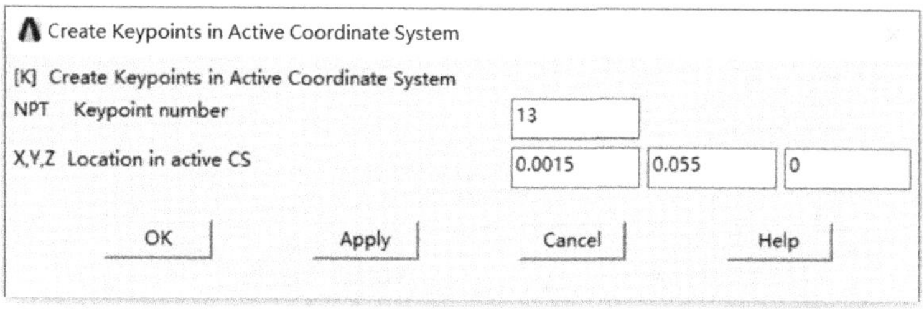

Create Keypoints in Active Coordinate System
[K] Create Keypoints in Active Coordinate System
NPT Keypoint number
13
X,Y,Z Location in active CS
0.0015
0.055
0
OK
Apply
Cancel
Help

图 3-24　建立关键点

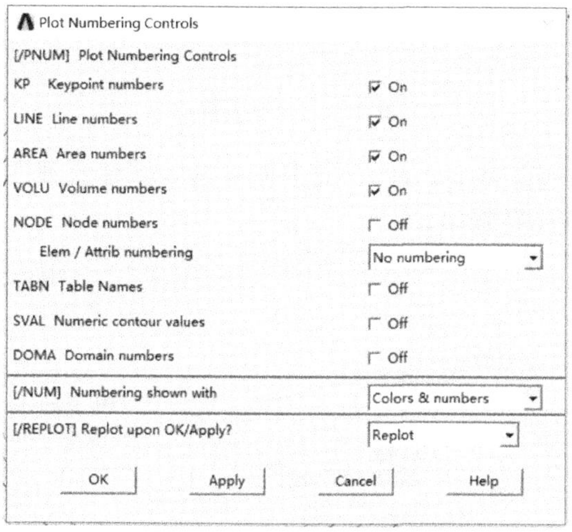

Plot Numbering Controls
[/PNUM] Plot Numbering Controls
KP Keypoint numbers
On
LINE Line numbers
On
AREA Area numbers
On
VOLU Volume numbers
On
NODE Node numbers
Off
Elem / Attrib numbering
No numbering
TABN Table Names
Off
SVAL Numeric contour values
Off
DOMA Domain numbers
Off
[/NUM] Numbering shown with
Colors & numbers
[/REPLOT] Replot upon OK/Apply?
Replot
OK
Apply
Cancel
Help

图 3-25　图号控制对话框

Straight line at angle to li...
(3)拾取点13
(4)点击OK按钮
(5)输入109
(6)点击OK按钮
(1)拾取线13
(2)点击OK按钮
Straight line at angle to line
[LANG] Angle in degrees:
109
OK
Apply
Cancel
Help
ANSYS

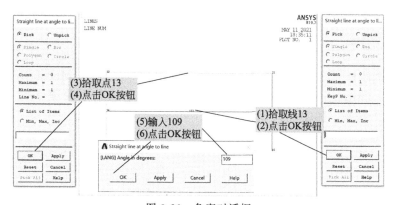

图 3-26　角度对话框

【步骤 6】复制关键点。选择菜单 Main Menu→Preprocessor→Modeling→Copy→Keypoints，弹出选择窗口，用鼠标拾取关键点 16，然后单击“OK”按钮，在新弹出的“Copy Keypoints”对话框中的“DX X-offset in active CS”文本框中输入复制的 X 方向间距“0.003”，然后单击“OK”按钮，如图 3-27 所示。

【步骤 7】过关键点 17 创建与直线 11 夹角为 71°的直线。选择菜单 Main Menu→Preprocessor→Modeling→Create→Lines→Lines→At Angle to Line，弹出选择窗口，用鼠标拾取线 11，然后单击“OK”按钮，随后弹出新的“Straight line at angle to line”选择窗口。用鼠标拾取关键点 17，然后单击“OK”按钮，弹出“Straight line at angle to line”对话框，

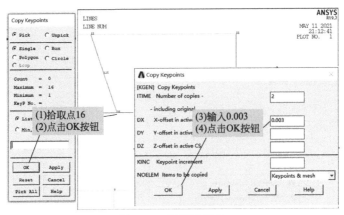

图 3-27　复制关键点

在其中的"［LANG］Angle in degrees"文本框中输入新建直线与线 11 的角度"71"，如图 3-28 所示，再单击"OK"按钮。

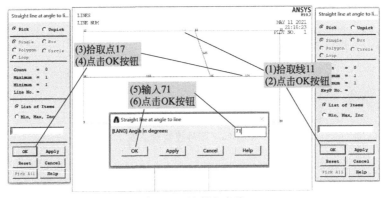

图 3-28　绘制角度线

【步骤 8】创建梯形面。选择菜单 Main Menu→Preprocessor→Modeling→Create→Areas→Arbitrary→Through KPs，弹出选择窗口，用鼠标依次拾取关键点 13、16、17、18，然后单击"OK"按钮，如图 3-29 所示。

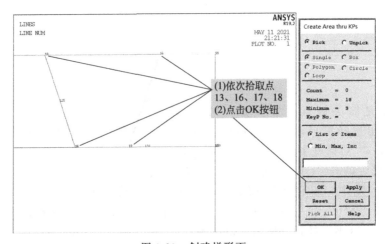

图 3-29　创建梯形面

基于 ANSYS 的
车辆结构有限元分析

【步骤 9】删除不需要的线条，选择菜单 Main Menu→Preprocessor→Modeling→Delete→Line and Below，弹出选择窗口，用鼠标拾取线 13、线 14，然后单击"OK"按钮。

【步骤 10】镜像梯形面。选择菜单 Main Menu→Preprocessor→Modeling→Reflect→Areas，弹出选择窗口，用鼠标拾取面 4（即步骤 8 创建的梯形面），然后单击"OK"按钮。在新弹出的"Reflect Areas"对话框中选择"Y-Z plane X"选项，然后单击"OK"按钮，如图 3-30 所示。

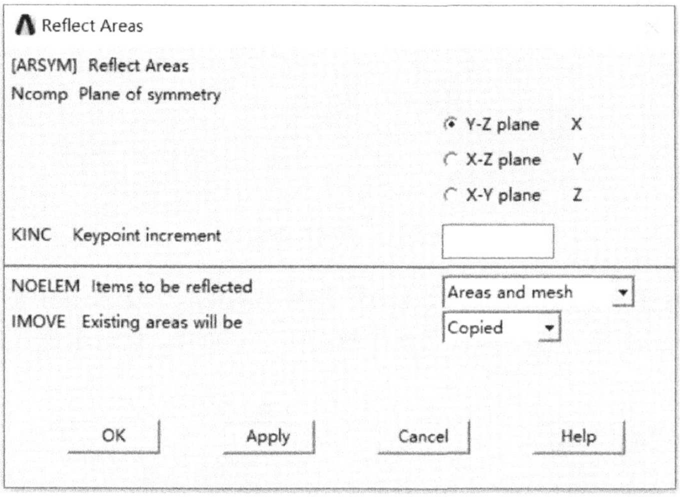

图 3-30　镜像梯形面

【步骤 11】做布尔减运算。选择菜单 Main Menu→Preprocessor→Modeling→Operate→Booleans→Subtract→Areas，弹出选择窗口，用鼠标拾取面 3（即步骤 1 绘制的第三个矩形）后回车，然后用鼠标拾取面 4、5（即两个梯形面），单击"OK"按钮。

【步骤 12】做布尔加运算。选择菜单 Main Menu→Preprocessor→Modeling→Operate→Booleans→Add→Areas，弹出选择窗口，然后单击下方的"Pick All"按钮。

【步骤 13】建立关键点。选择菜单 Main Menu→Preprocessor→Modeling→Create→Keypoints→In Active CS，弹出选择窗口，在"NPT Keypoint number"文本框中输入关键点编号"21"，再在"X, Y, Z Location in active CS"三个文本框中分别输入要建立关键点的 X、Y、Z 坐标−0.015、0、0，然后单击"OK"按钮。

同样的方法，绘制点 22（0.015，0，0）。

【步骤 14】面挤出创建体。选择菜单 Main Menu→Preprocessor→Modeling→Operate→Extrude→Areas→About Axis，弹出选择窗口，用鼠标拾取面 3（即步骤 12 所形成的面），然后单击"OK"按钮，随后弹出新的选择窗口。用鼠标依次拾取关键点 21 和关键点 22，在新弹出的角度对话框的"ARC Arc length in degrees"文本框中输入要旋转的角度"360"，然后单击"OK"按钮，如图 3-31 所示。

【步骤 15】移动、旋转工作平面。选择菜单 Utility Menu→WorkPlane→Offset WP by Increment，弹出如图 3-32 所示对话框。在"X, Y, Z Offsets"文本框中输入工作平面坐标系 X、Y、Z 方向的移动距离"−0.003，0，0"，在"XY，YZ，ZX Angles"文本框中输入 XY、YZ、ZX 三个面的旋转角度"0，0，90"，然后单击"OK"按钮。

【步骤 16】创建圆柱体。选择菜单 Main Menu→Preprocessor→Modeling→Create→Volumes→Cylinder→Solid Cylinder，弹出如图 3-33 所示的对话框，在"WP X""WP Y"文本

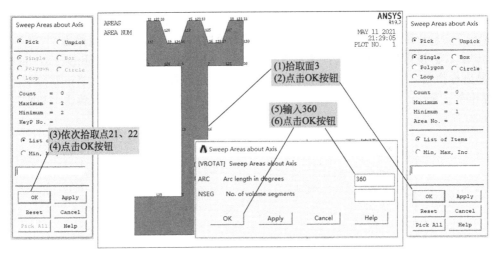

图 3-31　面挤出创建体

框中输入新建圆柱体的圆心坐标（0，0.03），在"Radius"文本框中输入圆柱体的半径
"0.012"，在"Depth"文本框中输入圆柱体的高度"0.006"，然后单击"OK"按钮。

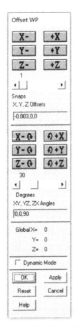

图 3-32　工作平面对话框

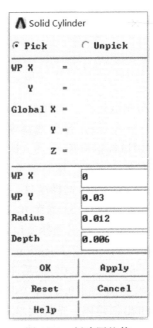

图 3-33　创建圆柱体

【步骤17】改变当前坐标系为工作平面坐标系。选择菜单 Utility Menu→WorkPlane→
Change Active CS to→Working Plane，则当前坐标系变为工作平面坐标系，工作平面坐标
系编号为4。

【步骤18】设置工作平面坐标系为极坐标系。选择菜单 Utility Menu→WorkPlane→WP
Settings，弹出"WP Settings"对话框，选择选项"Polar"，然后单击"OK"按钮，如
图 3-34 所示。

【步骤19】复制圆柱体。选择菜单 Main Menu→Preprocessor→Modeling→Copy→Vol-
umes，弹出选择窗口，用鼠标拾取体5（即步骤16所创建的圆柱体），然后单击"OK"按

钮。在新弹出的"Copy Volumes"对话框的"ITIME Number of copies"文本框中输入要复制体的个数"6"，在"DY Y-offset in active CS"文本框中输入复制的 Y 方向间距即间隔角度"360/6"，然后单击"OK"按钮，如图 3-35 所示。

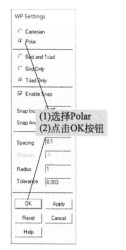

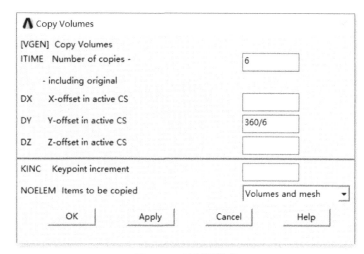

图 3-34　设置工作平面坐标系　　　　　　　　　　　图 3-35　复制圆柱体

【步骤 20】创建立方体。选择菜单 Main Menu→Preprocessor→Modeling→Create→Volumes→Block→By Dimensions，弹出如图 3-36 所示的对话框。在"X1，X2 X-coordinates"文本框中输入新建立方体的两个顶点的 X 坐标"－0.002""0.002"，在"Y1，Y2 Y-coordinates"文本框中输入新建立方体的两个顶点的 Y 坐标"0.0096""0"，在"Z1，Z2 Z-coordinates"文本框中输入新建立方体的两个顶点的 Z 坐标"0.018""－0.012"，然后单击"OK"按钮。

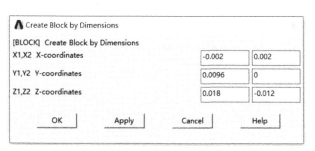

图 3-36　创建立方体

【步骤 21】做布尔减运算。选择菜单 Main Menu→Preprocessor→Modeling→Operate→Booleans→Subtract→Volumes，弹出选择窗口，用鼠标拾取体 1、2、3、4（即步骤 14 所形成的体）后回车，然后用鼠标拾取体 5、6、7、8、9、10、11（即步骤 16、步骤 19、步骤 20 所形成的体），然后单击"OK"按钮。

【步骤 22】重画图形。选择菜单 Utility Menu→Plot→Replot，创建出的体如图 3-37 所示。

【步骤 23】观察模型，选择控制工具条上的按钮，以改变观察方向、缩放和旋转视图等。

【步骤 24】选择单元类型。选择菜单 Main Menu→Preprocessor→Element Type→Add/

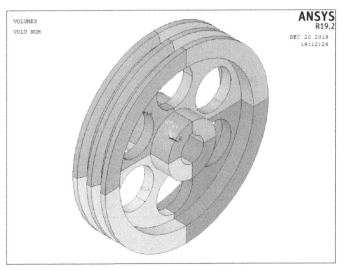

图 3-37　创建出的体

Edit/Delete，弹出如图 3-38 所示对话框。单击"Add"按钮，弹出如图 3-39 所示对话框，在左侧列表中选择"Structural Solid"，在右侧列表中选"Tet 10node 187"，然后单击"OK"按钮，返回图 3-38 所示对话框，再单击"Close"按钮，完成单元类型的选择。

图 3-38　单元类型对话框

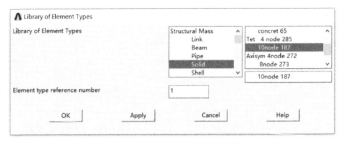

图 3-39　单元类型库对话框

【步骤 25】设置智能尺寸。选择菜单 Main Menu → Preprocessor → Meshing → Mesh Tool，弹出"Mesh Tool"工具栏，选择"Smart Size"选项。

【步骤 26】设置单元尺寸。在"Mesh Tool"工具栏中，点击"Size Controls"栏目下"Global"选项后的"Set"按钮，在弹出的"Global Element Sizes"对话框的"SIZE Element edge length"文本框中输入要划分的单元尺寸"0.003"，然后单击"OK"按钮。

【步骤 27】划分单元。在上一步的"Mesh Tool"工具栏中，点击下方的"Mesh"按钮，弹出选择窗口，点击下方的"Pick All"按钮，生成的网格如图 3-40 所示。

【步骤 25～步骤 27】操作步骤如图 3-41 所示。

基于 ANSYS 的
车辆结构有限元分析

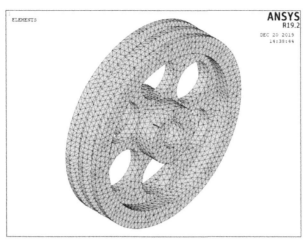

图 3-40　生成的网格

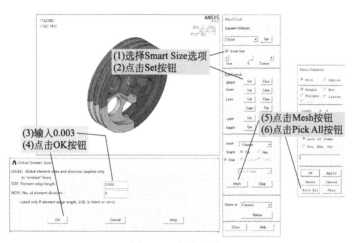

图 3-41　划分网格

（3）命令流

```
/PREP7                            ! 进入预处理器
BLC4,-0.015,0.016,0.03,-0.0085 $ BLC4,-0.003,0.016,0.006,0.029 $ BLC4,-0.011,0.045,
0.022,0.01
                                  ! 创建矩形面,顶点为 -0.015,0.016,宽度为 0.03,高度为
                                    -0.0085 等
K,13,0.0015,0.055,0$ K,14,-0.011,0.05,0$ K,15,0.011,0.05,0
                                  ! 创建关键点 13,坐标为 (0.0015,0.055,0) 等
/PNUM,KP,1$/PNUM,LINE,1$/PNUM,AREA,1$/PNUM,VOLU,1
                                  ! 显示点、线、面、体编号
LSTR,14,15                        ! 在关键点 14、15 间创建直线
LANG,13,13,109                    ! 过点关键点 13 创建与直线 13 夹角为 109°的直线
KGEN,2,16,,,0.003                 ! 复制关键点 16,数量为 2,X 方向距离增量为 0.003
LANG,11,17,71                     ! 过点关键点 17 创建与直线 11 夹角为 71°的直线
A,13,16,17,18                     ! 通过关键点 13、16、17、18 创建面
LDELE,13,14,,1                    ! 删除线 13、14
```

```
ARSYM,X,4                           ! 镜像面 4 对称平面为 YZ 坐标平面
ASEL,S,,,4,5,1                       ! 创建面选择集,选择两个梯形面
CM,SS1,AREA                          ! 创建面组件 SS1
ASEL,ALL                            ! 选择所有面
ASBA,3,SS1                          ! 用面 3 减去面组件 SS1
AADD,ALL                            ! 合并所有面
K,21,-0.015,0,0$ K,22,0.015,0,0     ! 创建关键点 21,坐标为 (-0.015,0,0) 等
VROTAT,3,,,,,,21,22,360             ! 旋转面 3 形成体,旋转轴线为过点 21、21 的直线,旋转角
                                       度为 360°
WPOFF,-0.003,0,0$ WPROT,0,0,90      ! 移动、旋转工作平面
CYL4,0,0.03,0.012,,,,0.006          ! 创建圆柱体,圆心坐标为 (0,0.03),半径为 0.012,高度
                                       为 0.006
CSYS,4                              ! 改变当前坐标系为工作平面坐标系
WPSTYL,0.05,0.1,-1,1,0.003,1,2,,5   ! 设置工作平面坐标系为极坐标系
VGEN,6,5,,,,360/6                   ! 圆周复制圆柱体,数量为 6,间隔角度为 360/6
BLOCK,-0.002,0.002,0.0096,0,0.018,-0.012
                                    ! 创建立方体,X 方向宽度为 -0.002~0.002,Y 方向宽度为
                                       0.0096~0,Z 方向宽度为 0.018~-0.012
VSEL,S,,,1,4,1                      ! 创建体选择集,选择带轮主体
CM,VV1,VOLU                         ! 创建体组件 VV1
VSEL,INVE                          ! 反向选择
CM,VV2,VOLU                         ! 创建体组件 VV2
VSEL,ALL                           ! 选择所有体
VSBV,VV1,VV2                        ! 用体组件 VV1 减去体组件 VV2
/VIEW,1,1,1,1                       ! 改变视角
/REPLOT                            ! 重新显示
ET,1,SOLID187                       ! 创建单元类型 SOLID187
SMRT,6                             ! 打开智能尺寸
ESIZE,0.003                        ! 设定单元尺寸为 0.003
VMESH,ALL                          ! 划分单元
FINI                              ! 退出预处理器
```

3.2.3 / 实例 3-3：棘轮的创建

（1）棘轮的视图　如图 3-42 所示为棘轮的三视图。

（2）创建步骤

【步骤 1】改变当前坐标系为极坐标系。选择菜单 Utility Menu→WorkPlane→Change Active CS to→Global Cylindrical，则当前坐标系变为圆柱坐标系，圆柱坐标系编号为 1。

【步骤 2】建立关键点。选择菜单 Main Menu→Preprocessor→Modeling→Create→Keypoints→In Active CS，弹出如图 3-43 所示选择窗口，在 "NPT Keypoint number" 文本框中输入关键点编号 "1"，再在 "X, Y, Z Location in active CS" 三个文本框中分别输入要建立关键点的 X、Y、Z 坐标 "0" "0" "0"，然后单击 "OK" 按钮。

同样的方法，绘制点 2（0.038，45，0）和点 3（0.038，90，0）。

【步骤 3】显示点、线、面、体的编号。选择菜单 Utility Menu→PlotCtrls→Numbering，弹出如图 3-44 所示对话框，将点号、线号、面号、体号打开，然后单击 "OK" 按钮。

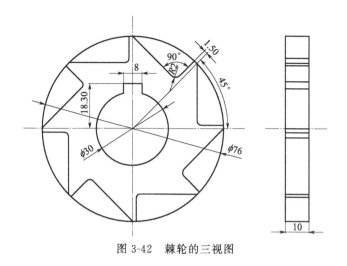

图 3-42　棘轮的三视图

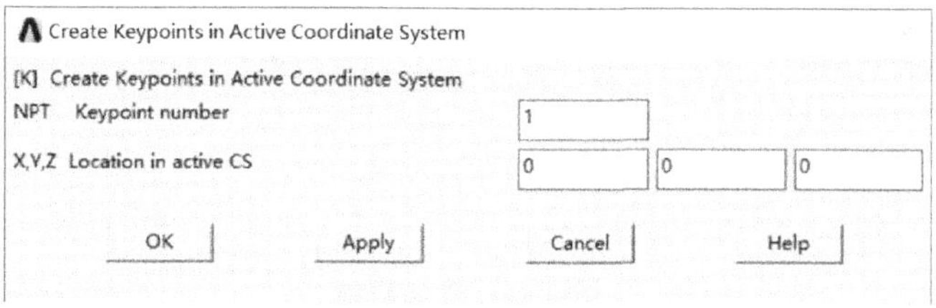

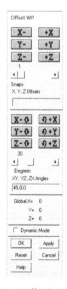

图 3-43　建立关键点

【步骤 4】绘制直线。选择菜单 Main Menu→Preprocessor→Modeling→Create→Lines→Lines→Straight Line，弹出选择窗口，用鼠标拾取关键点 1 与关键点 2，然后单击 "OK" 按钮。

【步骤 5】旋转工作平面。选择菜单 Utility Menu→WorkPlane→Offset WP by Increment，弹出如图 3-45 所示对话框，在 "XY，YZ，ZX Angles" 文本框中输入 XY、YZ、ZX 三个面的旋转角度 "45，0，0"，然后单击 "OK" 按钮。

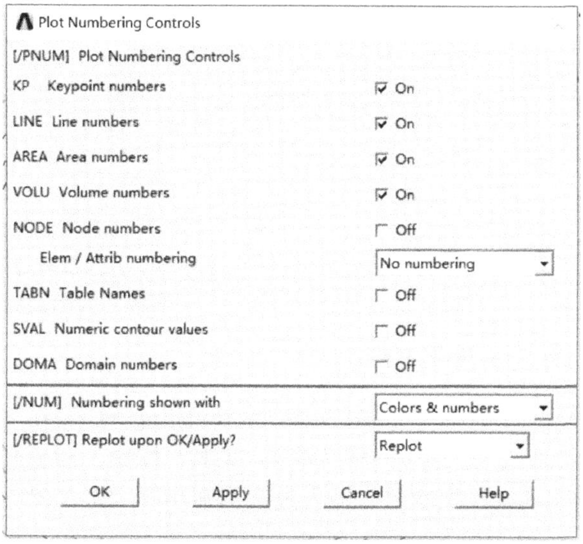

图 3-44　图号控制对话框　　　　　　图 3-45　工作平面对话框

【步骤 6】激活工作平面坐标系。选择菜单 Utility Menu→WorkPlane→Change Active CS to→Working Plane，工作平面坐标系编号为 4。

【步骤 7】复制直线。选择菜单 Main Menu→Preprocessor→Modeling→Copy→Lines，弹出选择窗口，用鼠标拾取线 1，然后单击"OK"按钮，在新弹出的"Copy Lines"对话框中的"DY Y-offset in active CS"文本框中输入复制的 Y 方向间距"0.0015"，然后单击"OK"按钮，如图 3-46 所示。

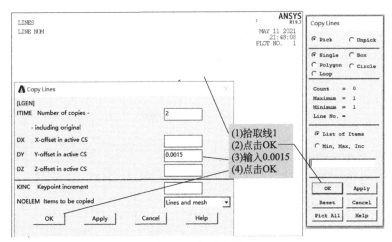

图 3-46　复制直线

【步骤 8】过点关键点 3 创建与直线 2 垂直的直线。选择菜单 Main Menu→Preprocessor→Modeling→Create→Lines→Lines→Normal to Line，弹出选择窗口，用鼠标拾取线 2，然后单击"OK"按钮，随后弹出新的选择窗口，用鼠标拾取关键点 3，然后单击"OK"按钮，如图 3-47 所示。

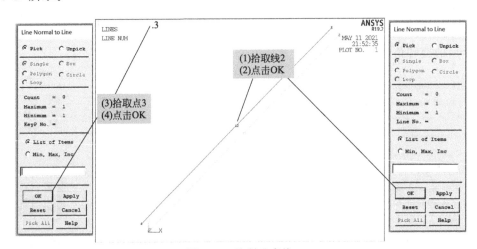

图 3-47　绘制垂直线

【步骤 9】绘制圆角。选择菜单 Main Menu→Preprocessor→Modeling→Create→Lines→Line Fillet，弹出选择窗口，用鼠标拾取线 3、线 4，然后单击"OK"按钮。随后在弹出的"Line Fillet"对话框的"RAD Fillet radius"文本框中输入过渡圆弧半径"0.002"，然后单击"OK"按钮，如图 3-48 所示。

基于 ANSYS 的
车辆结构有限元分析

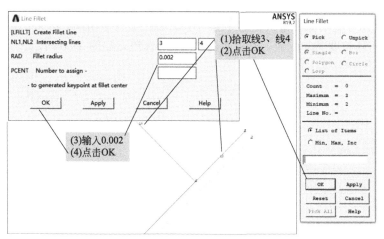

图 3-48　绘制圆角

【步骤 10】创建圆弧线。选择菜单 Main Menu→Preprocessor→Modeling→Create→Lines→Arcs→By End KPs & Rad，弹出如图 3-49 所示的选择窗口，用鼠标依次拾取创建圆弧的起始和终结点：关键点 5、关键点 2，然后单击 "OK" 按钮，弹出新的选择窗口。用鼠标拾取关键点 1，然后单击 "OK" 按钮，弹出新的对话框，在 "RAD Radius of the arc" 文本框中输入要创建的圆弧线的半径 "0.038" （即棘轮最外侧的半径），然后单击 "OK" 按钮。

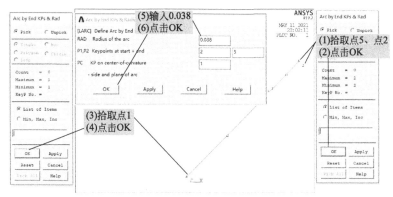

图 3-49　创建圆弧线

【步骤 11】绘制直线。选择菜单 Main Menu→Preprocessor→Modeling→Create→Lines→Lines→Straight Line，弹出选择窗口，用鼠标拾取关键点 1 与关键点 3，然后单击 "OK" 按钮。

【步骤 12】删除不需要的线条。选择菜单 Main Menu→Preprocessor→Modeling→Delete→Line and Below，弹出选择窗口，用鼠标拾取线 2，然后单击 "OK" 按钮。

【步骤 13】创建面。选择菜单 Main Menu→Preprocessor→Modeling→Create→Areas→Arbitrary→By Lines，弹出选择窗口，用鼠标依次拾取线 1、线 6、线 3、线 5、线 4、线 7，然后单击 "OK" 按钮。

【步骤 14】改变当前坐标系为极坐标系。选择菜单 Utility Menu→WorkPlane→Change Active CS to→Global Cylindrical，则当前坐标系变为圆柱坐标系，圆柱坐标系编号为 1。

【步骤 15】复制面。选择菜单 Main Menu→Preprocessor→Modeling→Copy→Areas，弹

出选择窗口，单击"Pick All"按钮，随后在弹出的"Copy Areas"对话框的"ITIME Number of copies"文本框中输入复制个数"8"，在"DY Y-offset in active CS"文本框中输入相邻两齿间隔角度"360/8"，然后单击"OK"按钮，如图 3-50 所示。

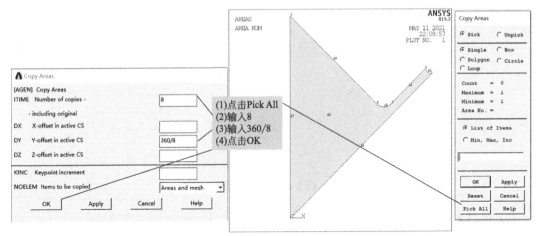

图 3-50　复制面

【步骤 16】做布尔加运算。选择菜单 Main Menu→Preprocessor→Modeling→Operate→Booleans→Add→Areas，弹出选择窗口，然后单击下方的"Pick All"按钮。

【步骤 17】面挤出创建体。选择菜单 Main Menu→Preprocessor→Modeling→Operate→Extrude→Areas→Along Normal，弹出选择窗口，用鼠标拾取面 9，然后单击"OK"按钮。随后在弹出的"Extrude Area along Normal"对话框的"DIST Length of extrusion"文本框中输入棘轮宽度"0.01"，然后单击"OK"按钮，如图 3-51 所示。

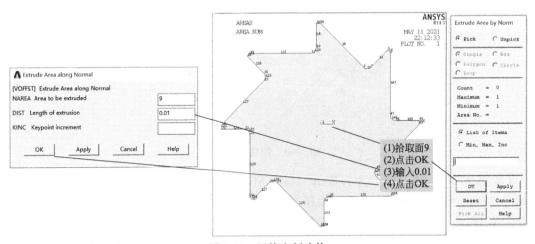

图 3-51　面挤出创建体

【步骤 18】旋转工作平面。选择菜单 Utility Menu→WorkPlane→Offset WP by Increment，弹出"Offset WP"对话框，在"XY，YZ，ZX Angles"文本框中输入 XY、YZ、ZX 三个面的旋转角度"−45，0，0"，然后单击"OK"按钮。

【步骤 19】创建圆柱体。选择菜单 Main Menu→Preprocessor→Modeling→Create→Volumes→Cylinder→Solid Cylinder，弹出对话框，在"WP X""WP Y"文本框中输入新建圆柱体的圆心坐标（0，0），在"Radius"文本框中输入圆柱体的半径"0.015"，在"Depth"

文本框中输入圆柱体的高度"0.01",如图 3-52 所示,然后单击"OK"按钮。

【步骤 20】创建立方体。选择菜单 Main Menu→Preprocessor→Modeling→Create→Volumes→Block→By Centr, Cornr, Z,弹出对话框,在"WP X""WP Y"文本框中输入新建立方体的中心坐标(0,0.015),在"Width"文本框中输入立方体的宽度"0.008",在"Height"文本框中输入立方体的高度"0.0066",在"Depth"文本框中输入立方体的长度"0.01",如图 3-53 所示,然后单击"OK"按钮。

图 3-52 创建圆柱体   图 3-53 创建立方体

【步骤 21】做布尔减运算。选择菜单 Main Menu→Preprocessor→Modeling→Operate→Booleans→Subtract→Volumes,弹出选择窗口,用鼠标拾取体 1 后单击"OK"按钮,然后用鼠标拾取体 2、3,然后单击"OK"按钮。

【步骤 22】重画图形。选择菜单 Utility Menu→Plot→Replot,创建出的体如图 3-54 所示。

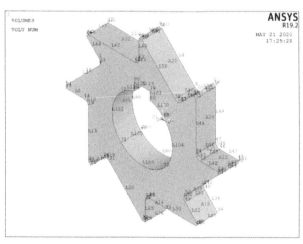

图 3-54 创建出的体

【步骤 23】观察模型。选择控制工具条上的按钮,改变观察方向、缩放和旋转视图等。

【步骤 24】选择单元类型。选择菜单 Main Menu→Preprocessor→Element Type→Add/

Edit/Delete，弹出如图 3-55 所示对话框。单击"Add"按钮，弹出如图 3-56 所示对话框，在左侧列表中选择"Structural Solid"，在右侧列表中选"Tet 10node 187"，然后单击"OK"按钮。返回图 3-55 所示对话框，然后单击"Close"按钮，完成单元类型的选择。

图 3-55　单元类型对话框

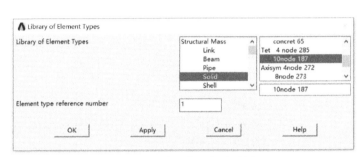

图 3-56　单元类型库对话框

【步骤 25】设置智能尺寸。选择菜单 Main Menu → Preprocessor → Meshing → Mesh Tool，弹出"Mesh Tool"工具栏，选择"Smart Size"选项。

【步骤 26】设置单元尺寸。在上一步的"Mesh Tool"工具栏中，点击"Size Controls"栏目下"Global"选项后的"Set"按钮，在弹出的"Global Element Sizes"对话框的"SIZE Element edge length"文本框中输入要划分的单元尺寸"0.003"，然后单击"OK"按钮。

【步骤 27】划分单元。在上一步的"Mesh Tool"工具栏中，点击下方的"Mesh"按钮，弹出选择窗口，点击下方的"Pick All"按钮，生成的网格如图 3-57 所示。

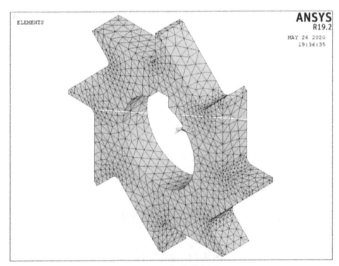

图 3-57　生成的网格

【步骤 25～步骤 27】操作步骤如图 3-58 所示。

基于 ANSYS 的
车辆结构有限元分析

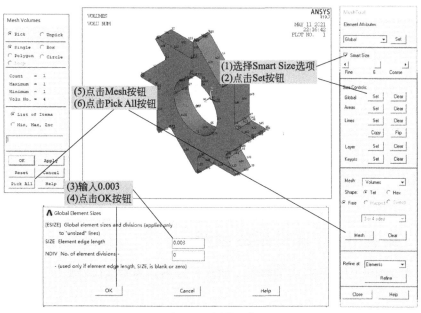

图 3-58　划分网格

（3）命令流

CSYS,1	! 改变当前坐标系为柱坐标系
/PREP7	! 进入预处理器
K,1,0,0,0$ K,2,0.038,45,0$ K,3,0.038,90,0	
	! 创建关键点 1,坐标为(0,0,0)等
/PNUM,KP,1$/PNUM,LINE,1$/PNUM,AREA,1$/PNUM,VOLU,1	
	! 显示点、线、面、体编号
LSTR,1,2	! 在关键点 1、2 间创建直线
WPROT,45,0,0	! 旋转工作平面
CSYS,4	! 改变当前坐标系为工作平面坐标系
LGEN,2,1,,,,0.0015	! 复制直线 1,数量为 2,Y 方向偏移距离为 0.0015
LANG,2,3,90	! 过点关键点 3 创建与直线 2 垂直的直线
LFILLT,3,4,0.002	! 在线 3、4 间绘制圆倒角,半径为 0.002
LARC,5,2,1,0.038	! 以关键点 1 为圆心,在关键点 2、5 间绘制半径为 0.038 的圆弧
LSTR,1,3	! 在关键点 1、3 间创建直线
LDELE,2,,,1	! 删除线 2
AL,1,6,3,5,4,7	! 通过线 1、6、3、5、4、7 创建面
CSYS,1	! 改变当前坐标系为柱坐标系
AGEN,8,1,,,,360/8	! 圆周复制面 1,数量为 8,间隔角度为 360/8
AADD,ALL	! 合并所有面
VOFFST,9,0.01	! 拉伸面 9 创建体,拉伸高度为 0.01
WPROT,-45,0,0	! 旋转工作平面
CYL4,0,0,0.015,,,,0.01	! 创建圆柱体,圆心坐标为(0,0),半径为 0.015,高度为 0.01
BLC5,0,0.015,0.008,0.0066,0.01	! 创建立方体,中心坐标为(0,0.015),宽度为 0.008,高度

```
                                           为 0.0066,宽度为 0.01
VSEL,S,,,2,3,1                             ! 创建体选择集,选择圆柱体和立方体
CM,VV1,VOLU                                ! 创建体组件 VV1
VSEL,ALL                                   ! 选择所有体
VSBV,1,VV1                                 ! 用体 1 减去体组件 VV1
/VIEW,1,1,1,1                              ! 改变视角
/REPLOT                                    ! 重画图形
ET,1,SOLID187                              ! 创建单元类型 SOLID187
SMRT,6                                     ! 打开智能尺寸
ESIZE,0.003                                ! 设定单元尺寸为 0.003
VMESH,ALL                                  ! 划分单元
FINI                                       ! 退出预处理器
```

3.2.4 实例 3-4:保持架的创建

(1) 深沟球轴承 6315 保持架的视图　如图 3-59 所示为轴承保持架的三视图。

(2) 创建步骤

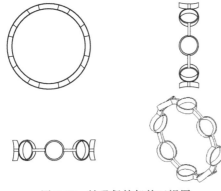

图 3-59　轴承保持架的三视图

【步骤 1】创建圆柱体。选择菜单 Main Menu→Preprocessor→Modeling→Create→Volumes→Cylinder→By Dimensions,弹出如图 3-60 所示窗口,在 "RAD1 Outer radius" 文本框中输入圆柱体半径 "0.08",在 "Z1,Z2 Z-coordinates" 文本框中输入圆柱体深度 "－0.0015" "0.0015",然后单击 "OK" 按钮。

【步骤 2】绘制球体。选择菜单 Main Menu→Preprocessor→Modeling→Create→Volumes→Sphere→Solid Sphere,弹出如图 3-61 所示窗口,在 "WP X" "WP Y" 文本框中输入新建球体的球心坐标 (0.05875,0),再在 "Radius" 文本框中输入球体的半径 "0.015",然后单击 "OK" 按钮。

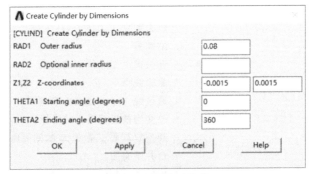

图 3-60　创建圆柱体

【步骤 3】显示体的编号。选择菜单 Utility Menu→PlotCtrls→Numbering,弹出如图 3-62 所示对话框,将体号打开,然后单击 "OK" 按钮。

【步骤 4】改变当前坐标系为极坐标系。选择菜单 Utility Menu→WorkPlane→Change Active CS to→Global Cylindrical，则当前坐标系变为圆柱坐标系，圆柱坐标系编号为 1。

【步骤 5】复制并移动球体。选择菜单 Main Menu→Preprocessor→Modeling→Copy→Volumes，弹出选择窗口，用鼠标拾取体 2（即步骤 2 绘制的球体），然后单击"OK"按钮，然后在弹出的"Copy Volumes"对话框的"ITIME Number of copies"文本框中输入复制数量"8"，在"DY Y-offset in active CS"文本框中输入复制间隔角度"360/8"，如图 3-63 所示，然后单击"OK"按钮。

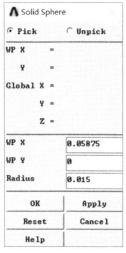

图 3-61 绘制球体

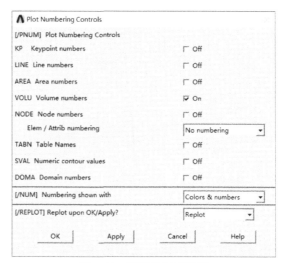

图 3-62 图号控制对话框

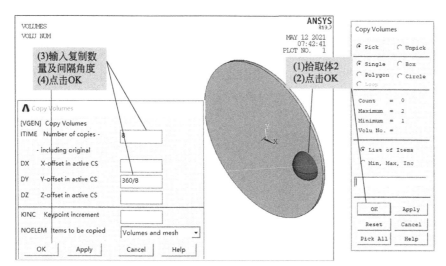

图 3-63 复制并移动球体

【步骤 6】做布尔加运算。选择菜单 Main Menu→Preprocessor→Modeling→Operate→Booleans→Add→Volumes，弹出选择窗口，单击下方"Pick All"按钮。

【步骤 7】绘制球体。选择菜单 Main Menu→Preprocessor→Modeling→Create→Volumes→Sphere→Solid Sphere，弹出如图 3-64 所示窗口，在"WP X""WP Y"文本框中输入新建球体的球心坐标（0.05875，0），再在"Radius"文本框中输入球体的半径"0.014"，

然后单击"OK"按钮。

【步骤8】复制并移动球体。选择菜单 Main Menu→Preprocessor→Modeling→Copy→Volumes，弹出选择窗口，用鼠标拾取体1（即步骤7绘制的球体），然后单击"OK"按钮，在弹出的"Copy Volumes"对话框的"ITIME Number of copies"文本框中输入复制数量"8"，在"DY Y-offset in active CS"文本框中输入复制间隔角度"360/8"，如图3-65所示，然后单击"OK"按钮。

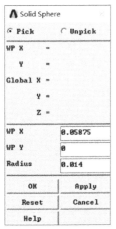

图 3-64　绘制球体

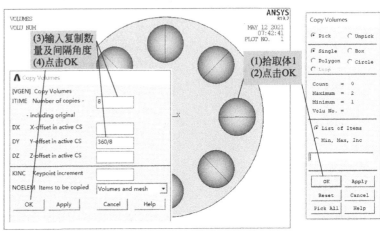

图 3-65　复制并移动球体

【步骤9】创建圆柱体。选择菜单 Main Menu→Preprocessor→Modeling→Create→Volumes→Cylinder→By Dimensions，弹出如图3-66所示窗口，在"RAD1 Outer radius"文本框中输入圆柱体半径"0.055"，在"Z1，Z2 Z-coordinates"文本框中输入圆柱体深度"－0.016""0.016"，然后单击"OK"按钮。

【步骤10】创建圆环体。选择菜单 Main Menu→Preprocessor→Modeling→Create→Volumes→Cylinder→By Dimensions，弹出如图3-67所示窗口，在"RAD1 Outer radius"文本框中输入圆环体外半径"0.085"，在"RAD2 Optional inner radius"文本框中输入圆环体内半径"0.0625"，在"Z1，Z2 Z-coordinates"文本框中输入圆环体深度"－0.016""0.016"，然后单击"OK"按钮。

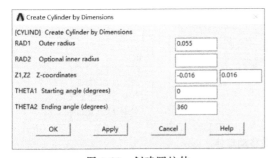

图 3-66　创建圆柱体

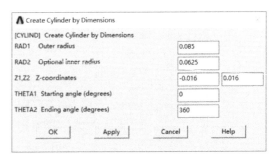

图 3-67　绘制圆环体

【步骤11】做布尔减运算。选择菜单 Main Menu→Preprocessor→Modeling→Operate→Booleans→Subtract→Volumes，弹出选择窗口，用鼠标拾取体10（即步骤6绘制的实体）后按"回车"键，然后用鼠标拾取体1～9以及体11（即步骤8复制的球体，以及步骤9、步骤10绘制的圆柱体、圆环体），然后单击"OK"按钮。

【步骤 12】重画图形。选择菜单 Utility Menu→Plot→Replot，创建出的保持架如图 3-68 所示。

【步骤 13】观察模型。选择控制工具条上的按钮，以改变观察方向、缩放和旋转视图等。

【步骤 14】选择单元类型。选择菜单 Main Menu→Preprocessor→Element Type→Add/Edit/Delete，弹出如图 3-69 所示对话框。单击"Add"按钮，弹出如图 3-70 所示对话框，在左侧列表中选择"Structural Solid"，在右侧列表中选"Tet 10node 187"，单击"OK"按钮，返回图 3-69 所示对话框，然后单击"Close"按钮，完成单元类型的选择。

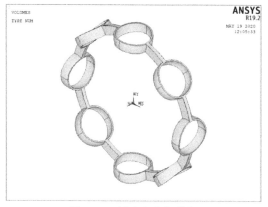

图 3-68　创建出的保持架

图 3-69　单元类型对话框

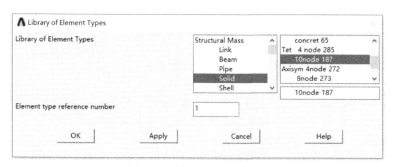

图 3-70　单元类型库对话框

【步骤 15】设置单元尺寸。选择菜单 Main Menu→Preprocessor→Meshing→Size Cntrls→Manual Size→Global→Size，弹出如图 3-71 所示对话框，在"SIZE Element edge length"文本框中输入要划分的单元尺寸"0.005"，然后单击"OK"按钮。

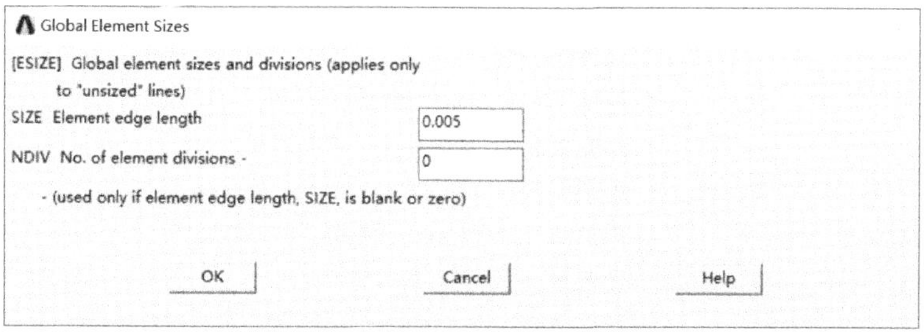

图 3-71　设置单元尺寸

【步骤16】划分单元。选择菜单 Main Menu→Preprocessor→Meshing→Mesh→Volumes→Free，弹出选择窗口，用鼠标拾取体 12（即所绘制保持架），然后单击"OK"按钮，生成的网格如图 3-72 所示。

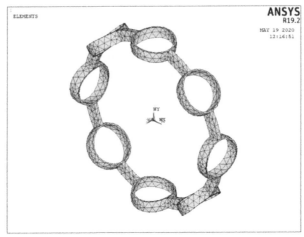

图 3-72　生成的网格

（3）命令流

```
/PREP7                              ! 进入预处理器
CYLIND,0.08,,-0.0015,0.0015,0,360
                                    ! 创建圆柱体,圆心在原点,半径为 0.08,Z 方向位置为 - 0.0015~0.0015
SPH4,0.05875,0,0.015                ! 创建球体,球心坐标为 (0.05875,0),半径为 0.015
CSYS,1                              ! 改变当前坐标系为柱坐标系
/PNUM,VOLU,1                        ! 显示体编号
VGEN,8,2,,,,360/8                   ! 圆周复制体 2,数量为 8,间隔角度为 360/8
VADD,ALL                            ! 合并所有体
SPH4,0.05875,0,0.014                ! 创建球体,球心坐标为 (0.05875,0),半径为 0.014
VGEN,8,1,,,,360/8                   ! 圆周复制体 1,数量为 8,间隔角度为 360/8
CYLIND,0.055,,-0.016,0.016,0,360
                                    ! 创建圆柱体,圆心在原点,半径为 0.08,Z 方向位置为 - 0.0015~0.0015
CYLIND,0.085,0.0625,-0.016,0.016,0,360
                                    ! 创建圆环体,圆心在原点,外半径为 0.085,内半径为 0.0625,Z 方向
                                      位置为 - 0.0015~0.0015
VSEL,S,,,10                         ! 创建体选择集,选择体 10
VSEL,INVE                           ! 反向选择
CM,VV1,VOLU                         ! 创建体组件 VV1
VSEL,ALL                            ! 选择所有体
VSBV,10,VV1                         ! 用体 10 减去体组件 VV1
/VIEW,1,1,1,1                       ! 改变视角
/REPLOT                             ! 重画图形
ET,1,SOLID187                       ! 创建单元类型 SOLID187
ESIZE,0.005                         ! 设置单元尺寸为 0.005
VMESH,12                            ! 划分单元
FINI                                ! 退出预处理器
```

3.2.5 / 实例 3-5：螺母的创建

（1）螺母的尺寸 绘制一个 M20（GB/T 41—2000）螺母。

尺寸分析：螺母作为标准件，其尺寸可以查表得出，根据国家标准，所要求绘制的
M20 螺母相关尺寸如图 3-73 所示。

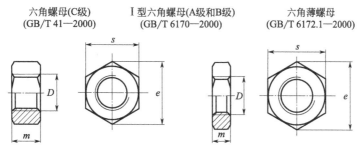

	螺纹规格D	M3	M4	M5	M6	M8	M10	M12	M16	M20	M24	M30	M36	M42
e	GB/T 41—2000			8.63	10.89	14.20	17.59	19.85	26.17	32.95	39.55	50.85	60.79	72.07
	GB/T 6170—2000	6.01	7.66	8.79	11.05	14.38	17.77	20.03	26.75	32.95	39.55	50.85	60.79	72.02
	GB/T 6172.1—2000	6.01	7.66	8.79	11.05	14.38	17.77	20.03	26.75	32.95	39.55	50.85	60.79	72.02
s	GB/T 41—2000			8	10	13	16	18	24	30	36	46	55	65
	GB/T 6170—2000	5.5	7	8	10	13	16	18	24	30	36	46	55	65
	GB/T 6172.1—2000	5.5	7	8	10	13	16	18	24	30	36	46	55	65
m	GB/T 41—2000			5.6	6.1	7.9	9.5	12.2	15.9	18.7	22.3	25.4	31.5	34.9
	GB/T 6170—2000	2.4	3.2	4.7	5.2	6.8	8.4	10.8	14.8	18	21.5	25.6	31	34
	GB/T 6172.1—2000	1.8	2.2	2.7	3.2	4	5	6	8	10	12	15	18	21

图 3-73　M20 螺母相关尺寸

根据国家标准，M20 螺母螺纹相关尺寸为：螺距 $P=2.5\text{mm}$，小径 $d_1=17.296\text{mm}$、中径 $d_2=18.376\text{mm}$。

（2）创建步骤

【步骤1】激活全局圆柱坐标系。选择菜单 Utility Menu→WorkPlane→Change Active CS to→Global Cylindrical，圆柱坐标系编号为1。

【步骤2】创建关键点。选择菜单 Main Menu→Preprocessor→Modeling→Create→Keypoints→In Active CS，弹出如图 3-74 所示对话框，在 "NPT Keypoint number" 文本框中输入关键点编号 "1"，在 "X，Y，Z Location in active CS" 文本框中分别输入此点的 X、Y、Z 坐标 "0.01" "0" "−0.0025"，然后单击 "OK" 按钮。

同样的方法，创建关键点 2（0.01，90，−0.001875）、点 3（0.01，180，−0.00125）、点 4（0.01，270，−0.000625）、点 5（0.01，0，0）。

【步骤3】改变观察方向，单击图形窗口右侧显示控制工具条上的 "Isometric View" 按钮，显示正等轴测图。

【步骤4】绘制螺旋线。选择菜单 Main Menu → Preprocessor → Modeling → Create →

图 3-74　创建关键点

Lines→Lines→In Active Coord，弹出选择窗口，用鼠标拾取点 1 与点 2，这样就在点 1、2 间创建了螺旋线，同样的方法，依次在点 2 与点 3、点 3 与点 4、点 4 与点 5 间创建螺旋线，然后单击"OK"按钮，如图 3-75 所示。

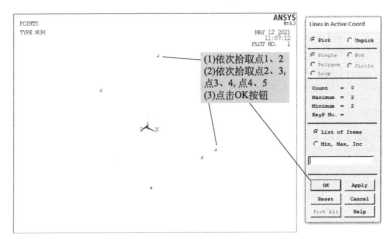

图 3-75　绘制螺旋线

【步骤 5】做布尔加运算。选择菜单 Main Menu→Preprocessor→Modeling→Operate→Booleans→Add→Lines，弹出选择窗口，单击下面的"Pick All"按钮，然后在弹出的"Add Lines"对话框中单击"OK"按钮，对所有线条求和，得到一条新的螺旋线。

【步骤 6】激活全局直角坐标系。选择菜单 Utility Menu→WorkPlane→Change Active CS to→Global Cartesian，全局直角坐标系编号为 0。

【步骤 7】创建关键点。选择菜单 Main Menu→Preprocessor→Modeling→Create→Keypoints→In Active CS，弹出对话框，在"NPT Keypoint number"文本框中输入关键点编号"90"，然后在"X，Y，Z Location in active CS"文本框中分别输入此点的 X、Y、Z 坐标"0.01""0""−0.001875"，然后单击"OK"按钮。

同样的方法，创建关键点 91（0.008648，0，−0.005）、点 92（0.008648，0，0）。

【步骤 8】显示关键点、线、面的编号。选择菜单 Utility Menu→PlotCtrls→Numbering，弹出如图 3-76 所示对话框，将关键点号、线号、面号打开，然后单击"OK"按钮。

【步骤 9】在图形窗口显示关键点和线。选择菜单 Utility Menu→Plot→Multi-Plots，显示已绘

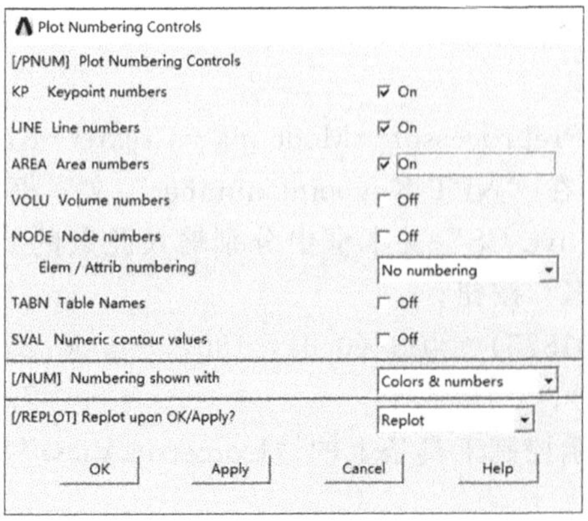

图 3-76　图号控制对话框

制好的图形。

【步骤 10】绘制直线。选择菜单 Main Menu→Preprocessor→Modeling→Create→Lines→Lines→Straight Line，弹出选择窗口，用鼠标拾取点 1、点 90，在这两点间绘制直线，同样的方法，在点 91、点 92 间绘制直线，然后单击"OK"按钮。

【步骤 11】分别过点关键点 1、点 90 创建与直线 3 夹角为 60°和 120°的直线。选择菜单 Main Menu→Preprocessor→Modeling→Create→Lines→Lines→At Angle to Line，弹出选择窗口，用鼠标拾取线 3，单击"OK"按钮，随后弹出新的"Straight line at angle to line"选择窗口，用鼠标拾取关键点 90 后单击"OK"按钮，弹出"Straight line at angle to line"对话框，在其中的"[LANG] Angle in degrees"文本框中输入新建直线与线 3 的角度"120"，如图 3-77 所示，然后单击"OK"按钮。

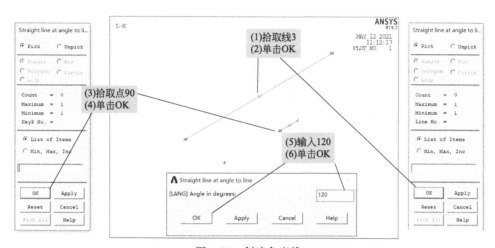

图 3-77　创建角度线

同样的方法，做直线 3 的角度线，过关键点 1，角度为 60°。

【步骤 12】删除不需要的线条。选择菜单 Main Menu→Preprocessor→Modeling→Delete→Line and Below，弹出选择窗口，用鼠标拾取线 3、线 4，然后单击"OK"按钮。

【步骤 13】创建面。选择菜单 Main Menu→Preprocessor→Modeling→Create→Areas→Arbitrary→By Lines，弹出选择窗口，用鼠标依次拾取线 2、线 5、线 6、线 7，然后单击"OK"按钮。

【步骤 14】由面沿路径扫掠得到螺旋体。选择菜单 Main Menu→Preprocessor→Modeling→Operate→Extrude→Areas→Along Lines，弹出选择窗口，用鼠标拾取面 1（即步骤 13 创建的等腰梯形面），单击"OK"按钮，在弹出新的"Sweep Areas along Lines"拾取窗口中用鼠标拾取线 1（即螺旋线），然后单击"OK"按钮，如图 3-78 所示。

【步骤 15】关闭关键点、线编号，显示面、体的编号。选择菜单 Utility Menu→PlotCtrls→Numbering，将关键点号和线号关闭，打开面、体的编号。

【步骤 16】复制螺旋体。选择菜单 Main Menu→Preprocessor→Modeling→Copy→Volumes，弹出选择窗口，用鼠标拾取体 1（即步骤 14 创建的螺旋体），弹出"Copy Volumes"对话框，在"ITIME Number of copies"文本框中输入需要复制的螺旋体个数"9"，在"DZ Z-offset in active CS"文本框中输入复制体在 Z 方向上的间隔距离即螺距 P "0.0025"，然后单击"OK"按钮，如图 3-79 所示。

【步骤 17】做布尔加运算。选择菜单 Main Menu→Preprocessor→Modeling→Operate→

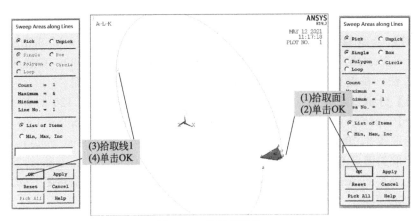

图 3-78　绘制螺旋体

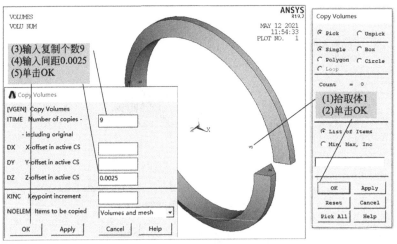

图 3-79　复制螺旋体

Booleans→Add→Volume，弹出选择窗口，单击下面的"Pick All"按钮，对所有螺旋体求和，得到螺纹沟槽对应的体。

【步骤 18】创建圆柱体。选择菜单 Main Menu→Preprocessor→Modeling→Create→Volumes→Cylinder→By Dimension，弹出如图 3-80 所示对话框，在"RAD1 Outer radius"文本框中输入圆柱半径"0.008648"（即螺纹小径半径），在"Z1，Z2 Z-coordinates"文本框中输入圆柱厚度的起始和终结 Z 坐标（0，0.0187）（即螺母的厚度），然后单击"OK"按钮。

【步骤 19】创建棱柱体。选择菜单 Main Menu→Preprocessor→Modeling→Create→Volumes→Prism→By Inscribed Rad，弹出如图 3-81 所示对话框，在"Z1，Z2 Z-coordinates"文本框中输入棱柱厚度的起始和终结 Z 坐标（0，0.0187）（即螺母的厚度），在"NSIDES Number of sides"文本框中输入棱柱边数"6"，在"MINRAD Minor（inscribed）radius"文本框中输入棱柱内切圆半径"0.015"，然后单击"OK"按钮。

【步骤 20】做布尔减运算。选择菜单 Main Menu→Preprocessor→Modeling→Operate→Booleans→Subtract→Volumes，弹出选择窗口，用鼠标拾取体 2（即步骤 19 创建的棱柱体）后按"回车"键，然后用鼠标拾取体 1（即步骤 18 创建的圆柱体），然后单击"OK"按钮。

同样的方法，用体 3（即刚刚经布尔减运算得到的体）减去体 10（即步骤 17 得到的螺旋体）。

基于 ANSYS 的
车辆结构有限元分析

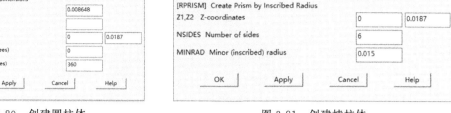

| 图 3-80　创建圆柱体 | 图 3-81　创建棱柱体 |

【步骤 21】创建圆锥体。选择菜单 Main Menu→Preprocessor→Modeling→Create→Volumes→Cone→By Dimension，弹出如图 3-82 所示对话框，在"RBOT Bottom radius"文本框中输入圆锥体底部半径"0.015"，在"RTOP Optional top radius"文本框中输入圆锥体顶部半径"0.047389"，在"Z1，Z2 Z-coordinates"文本框中输入圆锥体厚度的起始和终结 Z 坐标（0，0.0187）（即螺母的厚度），然后单击"OK"按钮。

图 3-82　创建圆锥体

【步骤 22】做布尔交运算。选择菜单 Main Menu→Preprocessor→Modeling→Operate→Booleans→Intersect→Common→Volume，弹出选择窗口，单击下面的"Pick All"按钮，对所有体求交集，得到螺母一侧的倒角。

【步骤 23】重复步骤 21 和步骤 22 的过程，创建底部半径为"0.047389"、顶部半径为"0.015"、起始和终结 Z 坐标为（0，0.0187）的圆锥体，然后对所有体求交集，得到螺母另一侧的倒角。

【步骤 24】重画图形。选择菜单 Utility Menu→Plot→Replot，创建出的 M20 螺母如图 3-83 所示。

【步骤 25】观察模型。选择控制工具条上的按钮，以改变观察方向、缩放和旋转视图等。

【步骤 26】选择单元类型。选择菜单 Main Menu→Preprocessor→Element Type→Add/Edit/Delete，弹出如图 3-84 所示对话框。单击"Add"按钮，弹出如图 3-85 所示对话框，在左侧列表中选择"Structural Solid"，在右侧列表中选"Tet 10node 187"，然后单击"OK"按钮，返回图 3-84 所示对话框，再单击"Close"按钮，完成单元类型的选择。

【步骤 27】设置单元尺寸。选择菜单 Main Menu→Preprocessor→Meshing→Size Cntrls→Manual Size→Global→Size，弹出如图 3-86 所示对话框，在"SIZE Element edge length"文本框中输入要划分的单元尺寸"0.0025"，然后单击"OK"按钮。

【步骤 28】划分单元。选择菜单 Main Menu→Preprocessor→Meshing→Mesh→Volumes→Free，弹出选择窗口，单击下方的"Pick All"按钮，生成的网格如图 3-87 所示。

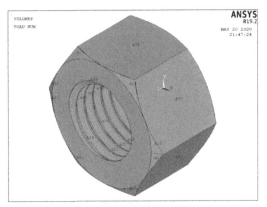

图 3-83　创建出的 M20 螺母

图 3-84　单元类型对话框

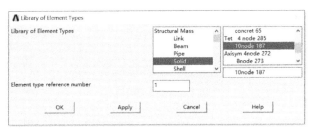

图 3-85　单元类型库对话框

图 3-86　单元尺寸对话框

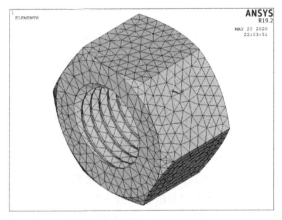

图 3-87　生成的网格

（3）命令流

```
CSYS,1                                          ! 改变当前坐标系为柱坐标系
/PREP7                                          ! 进入预处理器
K,1,0.01,0,-0.0025 $ K,2,0.01,90,-0.001875 $ K,3,0.01,180,-0.00125 $ K,4,0.01,270,
-0.000625$ K,5,0.01,0,0                         ! 创建关键点 1,坐标为 (0.01,0,-0.0025) 等
/VIEW,1,1,1,1                                   ! 改变视角
L,1,2$ L,2,3$ L,3,4$ L,4,5                      ! 连接关键点 1、2 创建螺旋线等
lcomb,all,,0                                    ! 合并所有线
CSYS,0                                          ! 改变当前坐标系为笛卡尔坐标系
K,90,0.01,0,-0.001875$ K,91,0.008648,0,-0.005$ K,92,0.008648,0,0
                                                ! 创建关键点 90,坐标为 (0.01,0,-0.001875) 等
/PNUM,KP,1$/PNUM,LINE,1$/PNUM,AREA,1
                                                ! 显示点、线、面、体编号
GPLOT                                           ! 显示图形
LSTR,1,90$ LSTR,91,92                           ! 用关键点 1、90 创建直线等
LANG,3,90,120                                   ! 过点关键点 90 创建与直线 3 夹角为 120°的直线等
LANG,3,1,60
LDELE,3,4,1,1                                   ! 删除线条
AL,2,5,6,7                                       ! 用线 2、5、6、7 创建面
VDRAG,1,,,,,,1                                   ! 由面 1 沿线 1 扫掠得到螺旋体
/PNUM,KP,0$/PNUM,LINE,0$/PNUM,AREA,1$/PNUM,VOLU,1
                                                ! 关闭关键点、线编号
VGEN,9,1,,,,,0.0025                              ! 复制体 1,数量为 9,Z 方向间隔为 0.0025
VADD,all                                         ! 合并所有体
CYLIND,0.008648,,0,0.0187                        ! 创建圆柱体,圆心在原点,半径为 0.008648,Z 方向距离为
                                                   0~0.0187
RPRISM,0,0.0187,6,,,0.015                        ! 创建棱柱体,圆心在原点,边数为 6,内切圆半径为 0.015,Z
                                                   方向距离为 0~0.0187
VSBV,2,1                                         ! 用体 2 减去体 1 等
VSBV,3,10
CONE,0.015,0.047389,0,0.0187                     ! 创建圆锥体,底部半径为 0.015,顶部半径为 0.047389,Z
                                                   方向距离为 0~0.0187
VINV,ALL                                         ! 对所有体做交运算
CONE,0.047389,0.015,0,0.0187
VINV,ALL
/REPLOT                                          ! 重画图形
ET,1,SOLID187                                    ! 创建单元类型 SOLID187
ESIZE,0.0025                                     ! 定义单元尺寸 0.0025
VMESH,ALL                                        ! 划分单元
FINI                                             ! 退出预处理器
```

3.2.6 实例 3-6: 斜齿圆柱齿轮的创建

（1）问题描述　如图 3-88 所示为实心式标准渐开线斜齿圆柱齿轮,已知: 齿轮的模数 $m = 2\text{mm}$,齿数 $z = 24$,螺旋角 $\beta = 10°$,其他尺寸如图所示,试建立该斜齿圆柱齿轮

的几何模型。

（2）创建步骤

【步骤1】在 Windows "开始"菜单执行菜单命令 ANSYS→Workbench。

【步骤2】创建项目A，并启动 DesignModeler 创建几何实体，如图 3-89 所示。

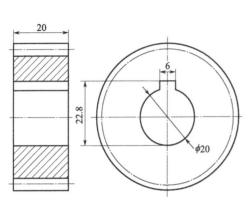

图 3-88　实心式标准渐开线斜齿圆柱齿轮　　图 3-89　创建项目并启动 DesignModeler

【步骤3】拾取菜单命令 Units→Millimeter，选择长度单位为 mm。

【步骤4】在 XYPlane 上创建草图 Sketch1，画多段线近似渐开线齿廓并标注尺寸，如图 3-90 所示。

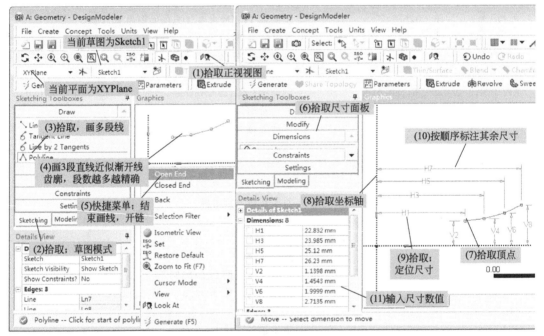

图 3-90　画多段线和标注尺寸

【步骤5】复制并镜像直线，如图 3-91 所示。

【步骤6】对直线进行对称约束，保证模型的齿槽两齿廓始终对称，如图 3-92 所示。

【步骤7】绘制齿顶圆弧和齿根圆弧，如图 3-93 所示。

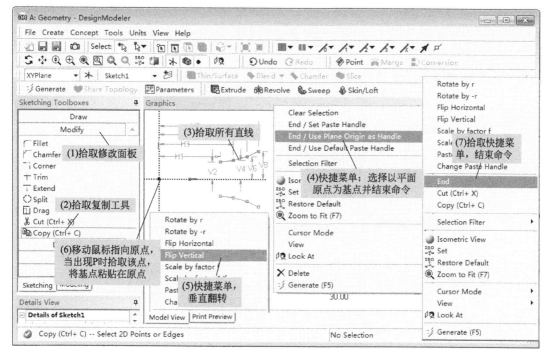

图 3-91 复制并镜像直线

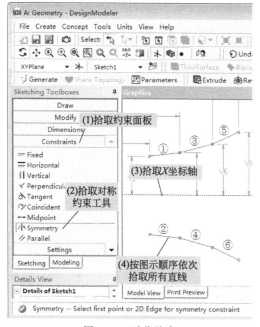

图 3-92 对称约束

图 3-93 绘制圆弧

【步骤 8】在 XYPlane 上创建新草图 Sketch2，绘制圆和矩形，如图 3-94 所示。基于 Sketch1 和 Sketch2 进行不同的拉伸特征，前者扩展类型为 Add Material，后者扩展类型为 Cut Material。

【步骤 9】对直线进行对称约束，使键槽两侧面对称于平面 Y 轴，如图 3-95 所示。

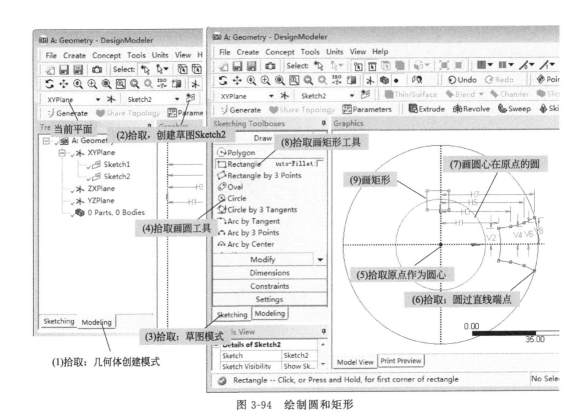

图 3-94 绘制圆和矩形

【步骤 10】修剪掉图形中多余部分，形成内孔和键槽形状，如图 3-96 所示。

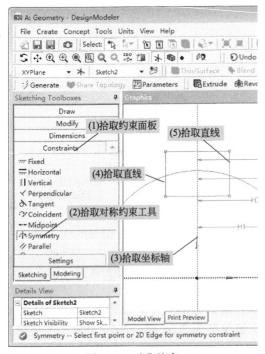

图 3-95 对称约束

图 3-96 修剪

基于 ANSYS 的
车辆结构有限元分析

【步骤11】标注尺寸，如图 3-97 所示。

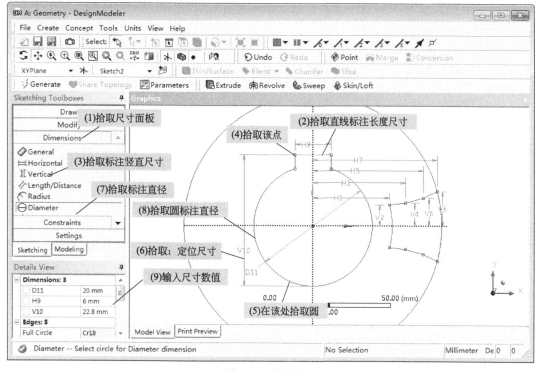

图 3-97　标注尺寸

【步骤12】在 ZXPlane 上创建新草图 Sketch3，画直线并标注尺寸作为扫略路径，如图 3-98 所示。

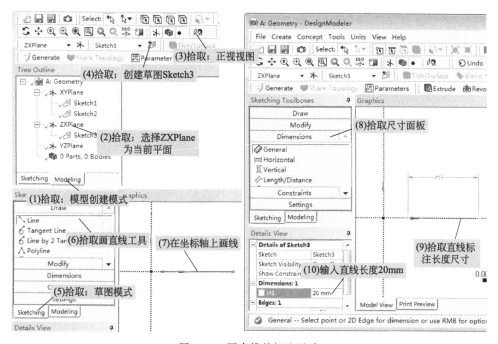

图 3-98　画直线并标注尺寸

【步骤 13】拉伸草图 Sketch2 成柱体，如图 3-99 所示。

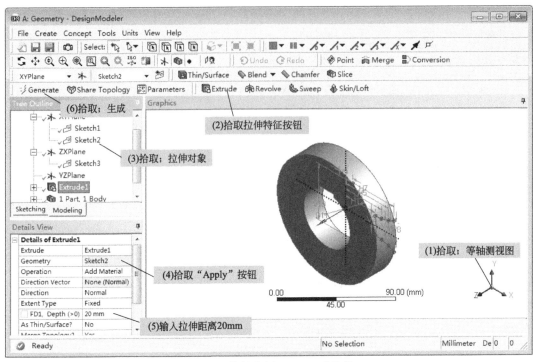

图 3-99　拉伸草图 Sketch2 成柱体

【步骤 14】扫略草图 Sketch1 成齿槽，如图 3-100 所示。

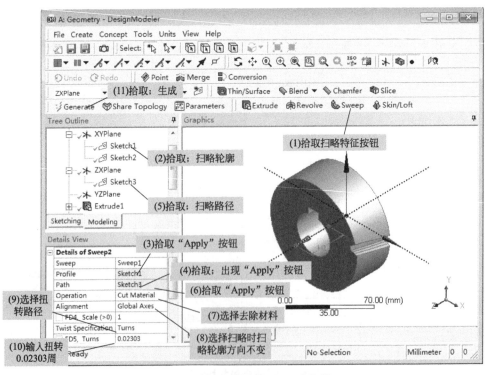

图 3-100　扫略草图 Sketch1 成齿槽

基于 ANSYS 的
车辆结构有限元分析

【步骤 15】阵列齿槽成齿轮，如图 3-101 所示。

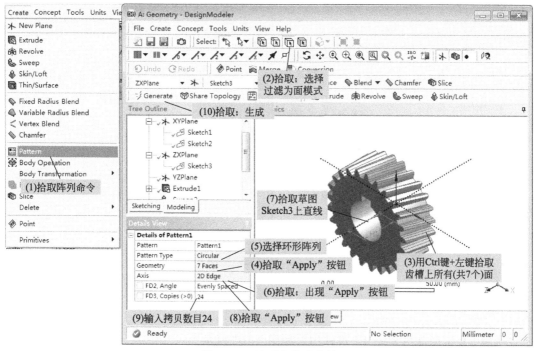

图 3-101　阵列齿槽成齿轮

3.2.7 实例 3-7：管道接头的创建

（1）问题描述　管道接头的形状和尺寸如图 3-102 所示，建立其几何模型。

（2）创建步骤

【步骤 1】在 Windows "开始" 菜单执行命令 ANSYS→Workbench。

【步骤 2】创建项目 A，并启动 DesignModeler 创建几何实体，如图 3-103 所示。

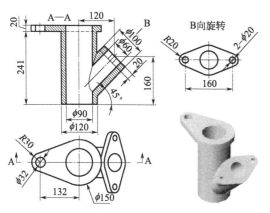

图 3-102　管道接头的形状和尺寸

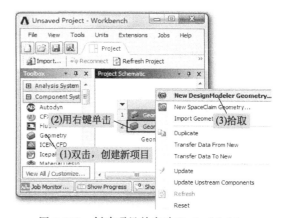

图 3-103　创建项目并启动 DesignModeler

【步骤 3】拾取菜单命令 Units→Millimeter，选择长度单位为 mm。

【步骤 4】在绘图平面 ZXPlane 上创建草图 Sketch1 并标注尺寸，如图 3-104 所示。

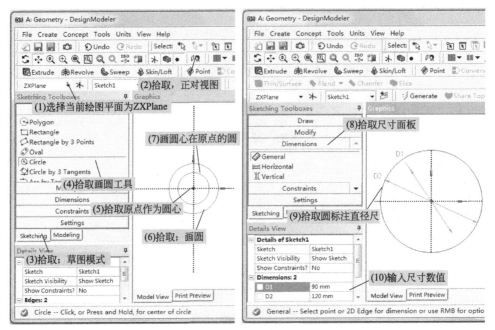

图 3-104　绘制圆

【步骤 5】拉伸草图 Sketch1 成柱体，如图 3-105 所示。

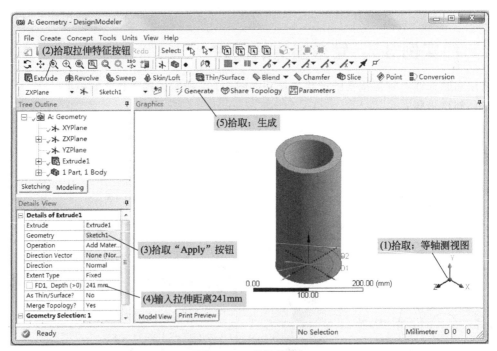

图 3-105　拉伸特征

【步骤 6】以绘图平面 ZXPlane 为基面，新建绘图平面 Plane4，如图 3-106 所示。

【步骤 7】在绘图平面 Plane4 上绘制修建草图 Sketch2 并标注尺寸，如图 3-107～图 3-109 所示。

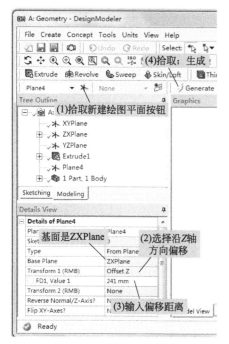

图 3-106　新建绘图平面

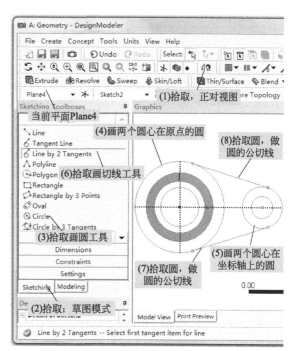

图 3-107　画草图

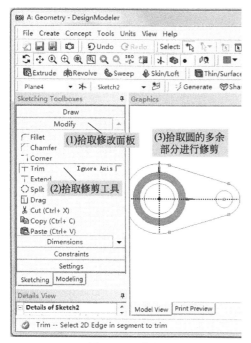

图 3-108　修剪

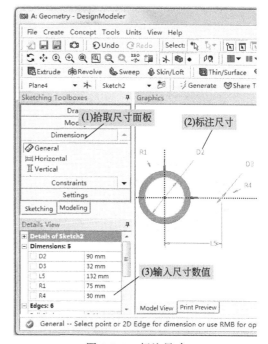

图 3-109　标注尺寸

【步骤 8】拉伸草图 Sketch1 成柱体，如图 3-110 所示。

【步骤 9】以绘图平面 ZXPlane 为基面，新建绘图平面 Plane5，如图 3-111 所示。

【步骤 10】在绘图平面 Plane5 上绘制和修剪草图 Sketch3 并标注尺寸，如图 3-112 所示。

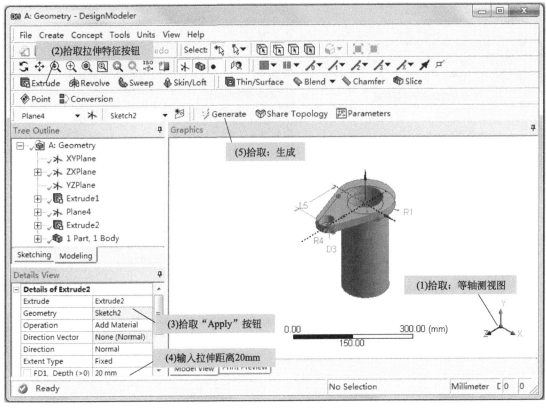

图 3-110 拉伸特征

图 3-111 新建绘图平面

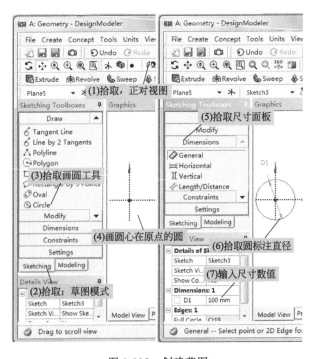

图 3-112 创建草图

基于 ANSYS 的
车辆结构有限元分析

【步骤 11】拉伸草图 Sketch3 成柱体，如图 3-113 所示。

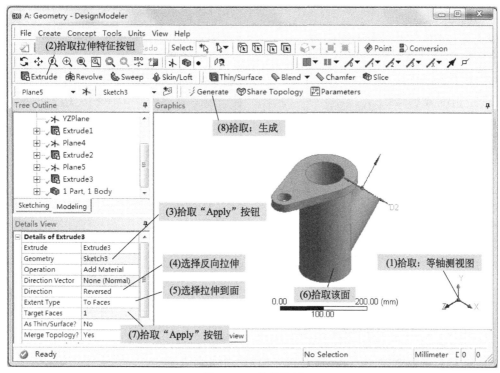

图 3-113　拉伸特征

【步骤 12】在绘图平面 Plane5 上绘制草图 Sketch4，并修剪、施加约束和标注尺寸，如图 3-114～图 3-117 所示。

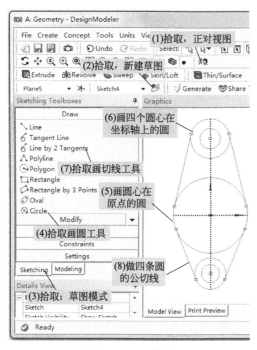

图 3-114　画草图

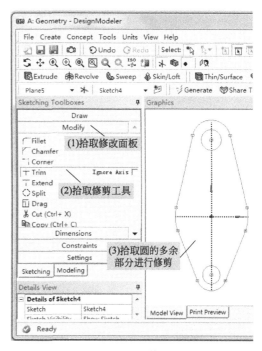

图 3-115　修剪

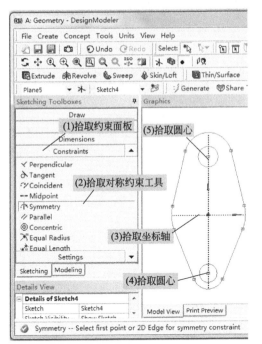

图 3-116　对称约束

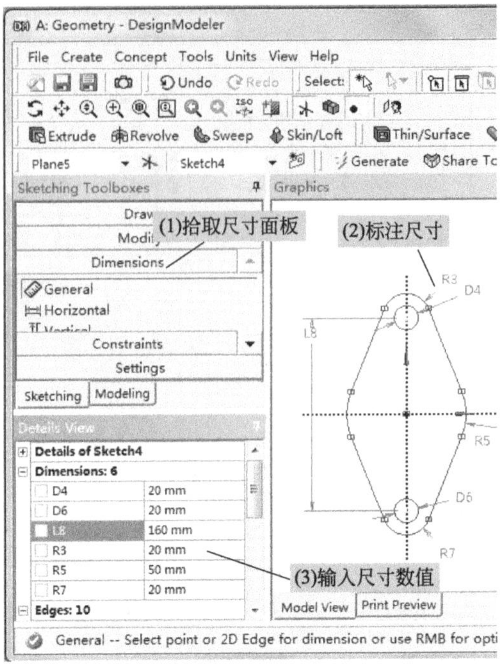

图 3-117　标注尺寸

【步骤 13】拉伸草图 Sketch4 成柱体，如图 3-118 所示。

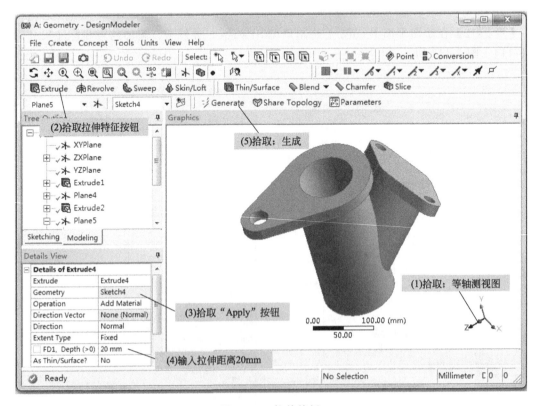

图 3-118　拉伸特征

基于 ANSYS 的
车辆结构有限元分析

【步骤 14】以绘图平面 Plane5 为基面，新建绘图平面 Plane6，如图 3-119 所示。

【步骤 15】在绘图平面 Plane6 上绘制草图 Sketch5 并标注尺寸，如图 3-120 所示。

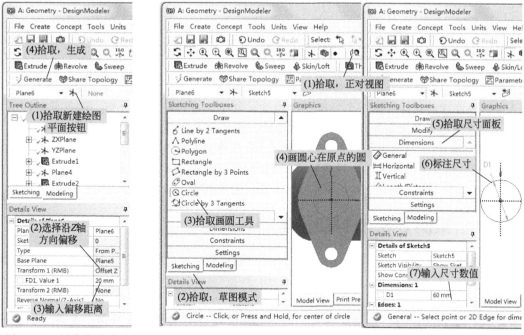

图 3-119 新建绘图平面   图 3-120 绘制草图并标注尺寸

【步骤 16】拉伸草图 Sketch5 成内孔，如图 3-121 所示。

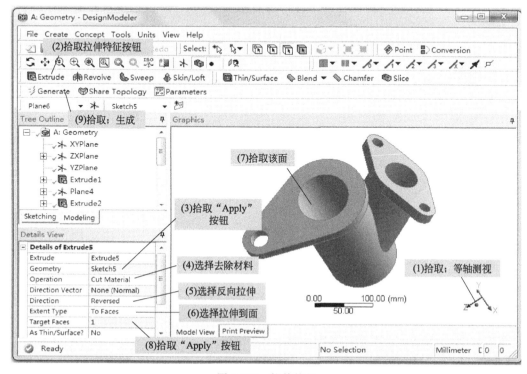

图 3-121 拉伸特征

3.3 / 复杂实体导入 ANSYS 中创建有限元模型

3.3.1 / ANSYS 实体建模简介

目前市场上有很多专业的三维模型软件，如 Solidworks、CATIA 等，很多情况下，分析人员已经在这些软件下建立了三维实体模型，这时再进行有限元分析，就不需要在 ANSYS 中再次建模，只需要保存成特定文件格式，直接导入即可。

ANSYS 提供了目前市场上主流的三维 CAD 软件进行数据交换的接口，可以准确地识别 CAD 软件建立的三维模型，只需要将 CAD 转件建立的模型另存为相应的文件格式，然后在 ANSYS 中使用 Import 命令导入即可，常用的格式有 IGES、Parasolid。

3.3.2 / 实例 3-8: 出料口模型的导入

（1）建立出料口三维模型　利用 Solidworks 软件建立某搅拌车出料口模型，如图 3-122 所示。

（2）创建步骤

【步骤 1】将文件另存为制定格式。以 Solidworks 软件为例，选择菜单文件→另存为，弹出对话框，点击下方"保存类型（T）"右侧的下拉箭头，选择"Parasolid（＊.x＿t）"选项，选择保存位置，命名保存名称，然后点击下方的"保存"按钮。

【步骤 2】使用 ANSYS 打开保存的文件。打开 ANSYS 软件，选择 Utility Menu→Import→PARA…，选择上一步保存的文件，然后单击"OK"按钮。导入的模型如图 3-123 所示。

图 3-122　某搅拌车出料口模型

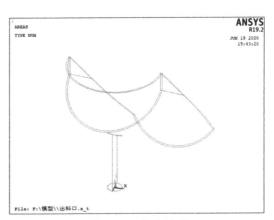

图 3-123　导入模型

【步骤 3】改变模型显示样式。选择 Utility Menu→PlotCtrls→Style→Solid Model Facets…，弹出如图 3-124 所示对话框，单击右侧的下拉箭头，选择"Normal Faceting"选项，然后单击"OK"按钮，改变后的模型如图 3-125 所示。

【步骤 4】选择单元类型。选择菜单 Main Menu→Preprocessor→Element Type→Add/Edit/Delete，弹出如图 3-126 所示对话框；单击"Add"按钮，弹出如图 3-127 所示对话框。

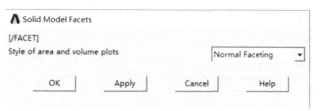

图 3-124　选择显示样式对话框

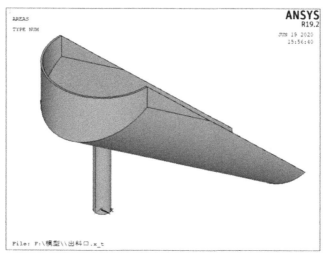

图 3-125　改变后的模型

在左侧列表中选择 "Structural Solid"，在右侧列表中选 "Tet 10node 187"，单击 "OK" 按钮，返回如图 3-126 所示对话框，然后单击 "Close" 按钮，完成单元类型的选择。

图 3-126　单元类型对话框

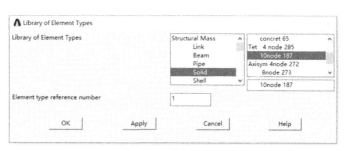

图 3-127　单元类型库对话框

【步骤 5】设置单元尺寸。选择菜单 Main Menu → Preprocessor → Meshing → Size Cntrls→Manual Size→Global→Size，弹出如图 3-128 所示对话框，在 "SIZE Element edge length" 文本框中输入要划分的单元尺寸 "0.03"，然后单击 "OK" 按钮。

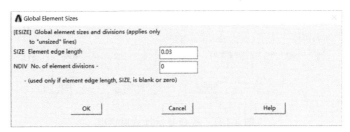

图 3-128　单元尺寸对话框

【步骤 6】划分单元。选择菜单 Main Menu→Preprocessor→Meshing→Mesh→Volumes→Free，弹出选择窗口，单击下方的"Pick All"按钮，生成的网格如图 3-129 所示。

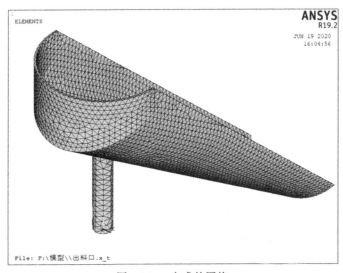

图 3-129　生成的网格

基于 ANSYS 的
车辆结构有限元分析

第4章
车辆结构静力学分析

静力学分析用于对结构在恒定载荷作用下的相应分析，一般包括结构的变形、应力、应变等的研究，通常不考虑惯性和阻尼的影响，但也可用于固定不变的惯性载荷或阻尼效应对结构响应不明显的动力学问题。静力学分析在实际研究中应用广泛，是其他分析类型的基础。

在车辆结构设计中，静力学分析应用也较为普遍，包括车架、车桥的强度、刚度分析，轴类零件、传动零件的强度校核等。对于一些复杂零件，难以进行结构简化，只能对其进行有限元建模分析。

ANSYS 主要提供了两种有限元分析平台，即 ANSYS APDL 平台和 ANSYS Workbench 平台，两种平台的应用都较为广泛，各有优缺点，因此，本章分别从两个平台进行 ANSYS 静力学分析的介绍。

4.1 / ANSYS APDL 平台进行静力学分析

4.1.1 / 静力学分析步骤

ANSYS APDL 平台进行静力学分析主要有以下步骤。

（1）前处理（本步骤主要在前处理器中进行）

① 改变任务名和标题（本步骤可省略）。改变当前工作任务名，方便后续保存文件等操作。

② 设定单元类型。不同的结构适用不同单元类型，常用的结构单元有杆单元、梁单元、平面单元、空间单元、壳单元等，选用合适的单元可以简化分析的资源和时间。

③ 定义单元实常数（部分单元类型可省略本步骤）。不同的单元需要不同的实常数类

型，根据定义的单元进行具体设定。

④ 设定材料特性。不同的分析需要不同的材料特性参数，如结构分析必须定义的材料属性为弹性模量和泊松比，如果需要施加惯性载荷，还需要添加能求出质量的参数，如密度。

⑤ 设定横截面（部分单元类型可省略本步骤）。只有部分单元类型需要横截面设定，如杆、梁等。

⑥ 建立几何模型。可以利用平台本身命令创建，也可在其他 CAD 软件建立后导入，具体见第 3 章内容。

⑦ 建立有限元模型。对几何模型进行单元划分，建立有限元模型，主要方法有映射、自由划分等，如果建立模型时直接建立节点单元，则本步骤可省略。

（2）求解（本步骤主要在求解器中进行）

① 指定分析类型、分析选项等，默认分析类型为静态分析。

② 施加约束。静力学分析常用的约束包括位移约束、转角约束、翘曲。

③ 施加载荷。静力学分析常用的载荷包括集中力、力矩、面力（即压力）、惯性载荷等。

④ 求解。

（3）查看结果（本步骤主要在通用后处理器中进行）

① 选择查看结果的方式。如云图显示、列表查看、矢量图、路径图等。

② 查看结果。在静力学分析中，可以查看节点解和单元解，可以查看变形、应力、应变、支反力等结果，根据需要选择结果进行查看。

4.1.2 实例 4-1：车桥静力学分析

（1）问题描述　驱动桥壳是汽车上的重要零部件，是车辆主要承载结构之一，由于其外形通常较为复杂，应力计算困难，故而有限元法是较为理想的计算工具。在本例中，运用 ANSYS APDL 进行有限元分析，假设车桥两端受力为面载荷，每一端受力大小为 3MPa。

（2）创建步骤

【步骤 1】导入模型文件。打开 ANSYS 软件，选择 Utility Menu→Import→PARA…，选择绘制好的车桥模型的文件，然后单击 "OK" 按钮。导入的车桥模型如图 4-1 所示。

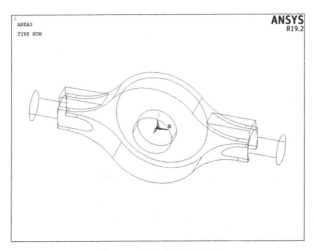

图 4-1　导入的车桥模型

【步骤 2】改变模型显示样式。选择 Utility Menu→PlotCtrls→Style→Solid Model Facets，弹出如图 4-2 所示对话框，单击右侧的下拉箭头，选择"Normal Faceting"选项，然后单击"OK"按钮，改变后的模型如图 4-3 所示。

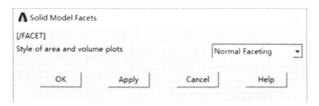

图 4-2　选择显示样式对话框

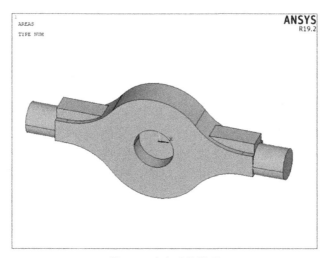

图 4-3　改变后的模型

【步骤 3】选择单元类型。选择菜单 Main Menu→Preprocessor→Element Type→Add/Edit/Delete，弹出如图 4-4 所示对话框，单击"Add"按钮，弹出如图 4-5 所示对话框，在左侧列表中选择"Structural Solid"，在右侧列表中选"Tet 10node 187"，单击"OK"按钮，返回如图 4-4 所示对话框，然后单击"Close"按钮，完成单元类型的选择。

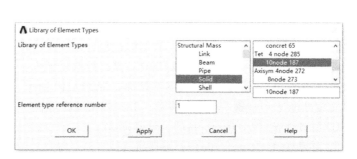

图 4-4　单元类型对话框　　　　　　　　　图 4-5　单元类型库对话框

【步骤 4】设置材料模型。选择菜单 Main Menu→Preprocessor→Material Props→Material Models，弹出如图 4-6 所示对话框，点击右侧 Structural→Linear→Elastic→Isotropic，弹出如图 4-7 所示对话框，在 EX 文本框中输入材料的弹性模量 2e11，在 PRXY 文本框中输入材料的泊松比 0.3，然后单击"OK"按钮。

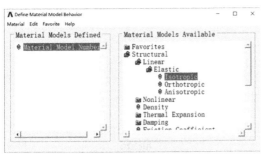

图 4-6　材料模型对话框

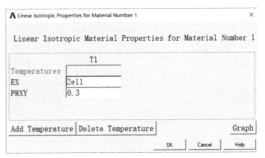

图 4-7　材料属性对话框

【步骤 5】显示面的编号。选择菜单 Utility Menu→PlotCtrls→Numbering，弹出如图 4-8 所示对话框，将面号打开，然后单击"OK"按钮。

【步骤 6】移动、旋转工作平面。选择菜单 Utility Menu→WorkPlane→Offset WP by Increment，弹出如图 4-9 所示对话框，在"X，Y，Z Offsets"文本框中输入工作平面坐标系 X、Y、Z 方向的移动距离"−0.572，0，0"，在"XY，YZ，ZX Angles"文本框中输入 XY、YZ、ZX 三个面的旋转角度"0，0，90"，然后单击"OK"按钮。

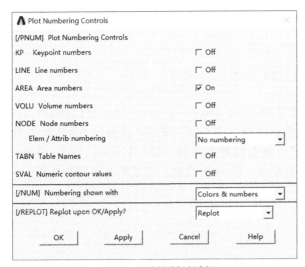

图 4-8　图号控制对话框

图 4-9　工作平面对话框

【步骤 7】分割面。选择菜单 Main Menu→Preprocessor→Modeling→Operate→Booleans→Divide→Areas by Wrkplane，弹出拾取对话框，用鼠标拾取面 2、面 35（即端头圆柱的上下表面），然后单击"OK"按钮，如图 4-10 所示。

重复步骤 6 和步骤 7，分别移动、分割以下距离和面：

① 移动距离"0，0，0.087"，分割面 37；

② 移动距离"0，0，0.1"，分割面 2；

③ 移动距离"0，0，0.77"，分割面 8；

基于 ANSYS 的
车辆结构有限元分析

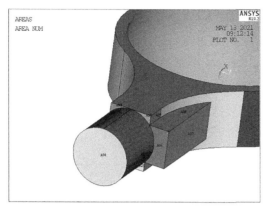

图 4-10　分割面

④ 移动距离 "0，0，0.1"，分割面 2；

⑤ 移动距离 "0，0，0.087"，分割面 3、面 5。

分割后的模型如图 4-11 所示。

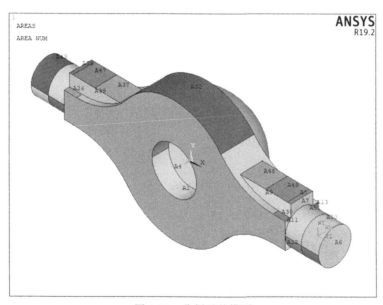

图 4-11　分割后的模型

【步骤 8】设置单元尺寸。选择菜单 Main Menu→Preprocessor→Meshing→Size Cntrls→Manual Size→Global→Size，弹出如图 4-12 所示对话框，在 "SIZE Element edge length" 文本框中输入要划分的单元尺寸 "0.03"，然后单击 "OK" 按钮。

【步骤 9】划分单元。选择菜单 Main Menu→Preprocessor→Meshing→Mesh→Volumes→Free，弹出选择窗口，单击下方的 "Pick All" 按钮，生成的网格如图 4-13 所示。

【步骤 10】显示面。选择菜单 Utility Menu→Plot→Areas，显示模型的面。

【步骤 11】施加约束。选择菜单 Main Menu→Solution→Define Loads→Apply→Structural→Displacement→On Areas，弹出选择窗口，用鼠标拾取面 43、面 44、面 50、面 2，然后单击 "OK" 按钮，在弹出的对话框中的 "Lab2 DOFs to be constrained" 列表框中选

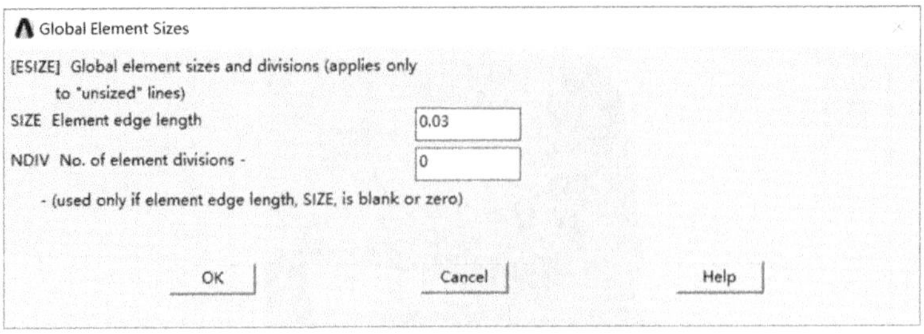

图 4-12 单元尺寸对话框

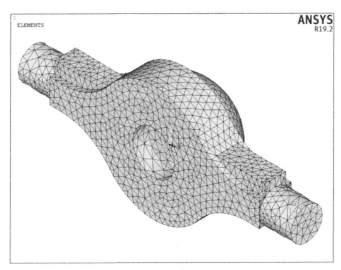

图 4-13 生成的网格

"ALL DOF",然后单击 "OK" 按钮,如图 4-14 所示。

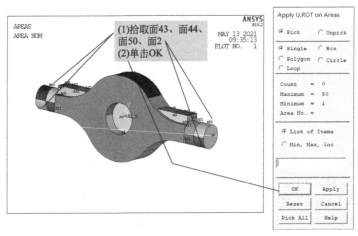

图 4-14 施加约束

【步骤 12】施加载荷。选择菜单 Main Menu→Solution→Define Loads→Apply→Structural→Pressure→On Areas,弹出选择窗口,用鼠标拾取面 47、面 49,然后单击 "OK" 按钮,在弹出对话框 "VALUE Load PRES value" 的文本框中输入 "3e6",然后单击 "OK" 按钮,如图 4-15 所示。

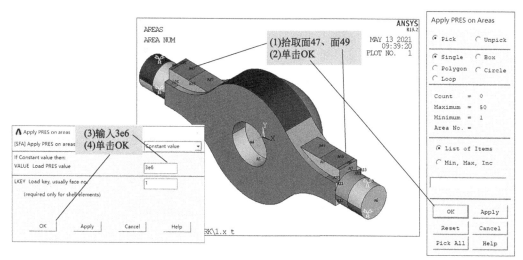

图 4-15　施加载荷

【步骤 13】求解。选择菜单 Main Menu→Solution→Solve→Current LS，单击"Solve Current Load Step"对话框中的"OK"按钮，再单击随后弹出的"Verify"对话框中的"Yes"按钮。出现"Solution is done!"提示时，求解结束，可以查看结果。

【步骤 14】显示变形。选择菜单 Main Menu→General Postproc→Plot Results→Deformed Shape，在弹出的对话框中选中"Def＋undeformed"（变形＋未变形的单元边界），单击"OK"按钮，结果如图 4-16 所示。

【步骤 15】显示 Von Mises 等效应力云图。选择菜单 Main Menu→General Postproc→Plot Results→Contour Plot→Nodal Solu，弹出如图 4-17 所示对话框，在列表中依次选择"Nodal Solution→Stress→Von Mises stress"（Von Mises 应力即第四强度理论的当量应力），单击"OK"按钮，结果如图 4-18 所示。

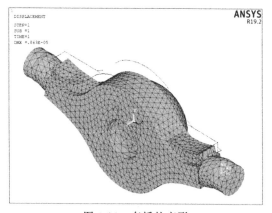

图 4-16　车桥的变形

图 4-17　用云图显示结果对话框

4.1.3 ╱ 实例 4-2：轴的扭转分析

（1）问题描述　假设某等直圆轴截面半径 $R＝10\text{mm}$，长度 $L＝100\text{mm}$，受到转矩 $M_n＝400\text{N·m}$ 的作用，分析此轴受到的应力和位移。

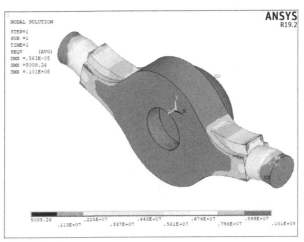

图 4-18　应力云图（彩图）

（2）创建步骤

【步骤 1】选择单元类型。选择菜单 Main Menu→Preprocessor→Element Type→Add/Edit/Delete，弹出如图 4-19 所示对话框，单击"Add"按钮，弹出如图 4-20 所示对话框，在左侧列表中选择"Structural Solid"，在右侧列表中选"Quad 8 node 183"，单击"OK"按钮，返回如图 4-19 所示对话框，然后单击"Close"按钮，完成单元类型的选择。

同样的方法，添加单元类型"Brick 20node 186"。

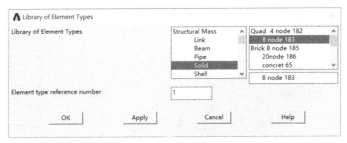

图 4-19　单元类型对话框　　　　　图 4-20　单元类型库对话框

【步骤 2】定义材料模型。选择菜单 Main Menu→Preprocessor→Material Props→Material Models，在弹出对话框的右侧列表框中依次选择 Structural→Linear→Elastic→Isotropic，如图 4-21 所示。在新弹出的对话框中的"EX"文本框中输入材料的弹性模量"2e11"，在"PRXY"文本框中输入材料的泊松比"0.3"，如图 4-22 所示，然后单击"OK"按钮关闭材料特性对话框，单击右上角的"×"关闭材料模型对话框。

【步骤 3】绘制矩形面。选择菜单 Main Menu→Preprocessor→Modeling→Create→Areas→Rectangle→By 2 Corners，弹出如图 4-23 所示窗口，在"WP X""WP Y"文本框中输入矩形一个顶点坐标（0，0），在"Width"文本框中输入矩形宽度"0.01"，在"Height"

文本框中输入矩形高度"0.1"然后单击"OK"按钮。

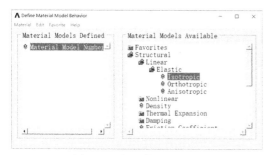

图 4-21　材料模型对话框

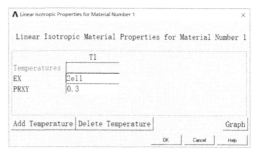

图 4-22　材料特性对话框

【步骤 4】设定单元数量。选择菜单 Main Menu→Preprocessor→Meshing→MeshTool，点击弹出窗口"Size Controls"区域中"Lines"后的"Set"按钮，弹出拾取窗口后，用鼠标拾取矩形面的任一短边，单击"OK"按钮，在新弹出的对话框"NDIV No. of element divisions"的文本框中输入要划分的单元数量"5"，然后单击"OK"按钮，如图 4-24 所示。

同样的方法，设定矩形面任一长边要划分的单元数量为"50"。

图 4-23　绘制矩形面

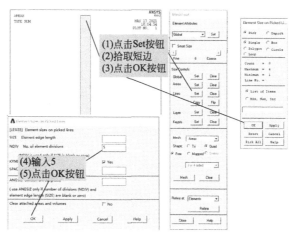

图 4-24　设定单元数量

【步骤 5】划分单元，选择菜单 Main Menu→Preprocessor→Meshing→MeshTool，选择弹出窗口"Mesh"区域中"Shape"后的"Quad"和"Mapped"选项，点击下方的"Mesh"按钮，弹出拾取窗口后，选择矩形面，然后单击"OK"按钮，如图 4-25 所示。

【步骤 6】设定挤出选项。选择菜单 Main Menu→Preprocessor→Modeling→Operate→Extrude→Elem Ext Opts，弹出对话框，在"VAL1 No. Elem divs"文本框中输入每 90°要挤压出的单元数量"5"，勾中下方"ACLEAR Clear area（s）after ext"选项的"Yes"，然后单击"OK"按钮，如图 4-26 所示。

【步骤 7】面挤出创建体。选择菜单 Main Menu→Preprocessor→Modeling→Operate→Extrude→Areas→About Axis，弹出选择窗口，用鼠标拾取矩形面，单击"OK"按钮，随后弹出新的选择窗口。用鼠标依次拾取关键点 1 和关键点 4（即矩形面在 Y 轴上的两个端点），在新弹出的角度对话框"ARC Arc length in degrees"的文本框中输入要旋转的角度"360"，然后单击"OK"按钮，如图 4-27 所示。

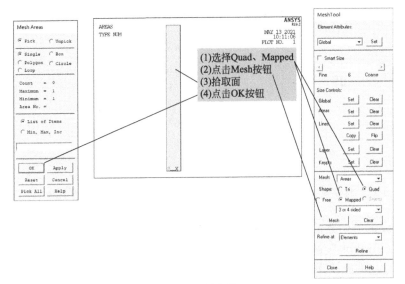

图 4-25　划分单元

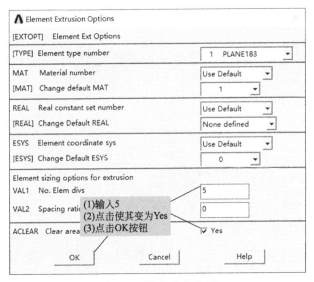

图 4-26　设定挤出选项

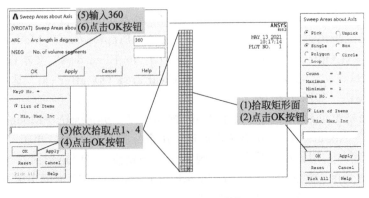

图 4-27　面挤出创建体

基于 ANSYS 的
车辆结构有限元分析

【步骤 8】显示单元。选择菜单 Utility Menu→Plot→Elements，创建出的模型如图 4-28 所示。

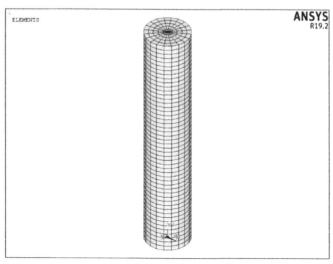

图 4-28　创建出的模型

【步骤 9】观察模型。选择控制工具条上的按钮，以改变观察方向、缩放和旋转视图等。

【步骤 10】旋转工作平面。选择菜单 Utility Menu→WorkPlane→Offset WP by Increment，弹出如图 4-29 所示对话框，在"XY，YZ，ZX Angles"文本框中输入 XY、YZ、ZX 三个面的旋转角度"0，−90"，然后单击"OK"按钮。

【步骤 11】设置工作平面坐标系为极坐标系。选择菜单 Utility Menu→WorkPlane→WP Settings，弹出"WP Settings"对话框，选择选项"Polar"，然后单击"OK"按钮，如图 4-30 所示。

【步骤 12】改变当前坐标系为工作平面坐标系。选择菜单 Utility Menu→WorkPlane→Change Active CS to→Working Plane，则当前坐标系变为工作平面坐标系，工作平面坐标系编号为 4。

【步骤 13】选择圆柱表面所有节点。选择菜单 Utility Menu→Select→Entities，弹出对话框，在上方的两个下拉菜单依次选择"Nodes""By Location"，选择下方的"X coordinates"选项，在下方文本框中输入要选择节点的 X 坐标（即圆柱半径）"0.01"，选择下方的"From Full"选项，然后单击"OK"按钮，如图 4-31 所示。

【步骤 14】改变节点坐标系。选择菜单 Main Menu→Preprocessor→Modeling→Move/Modify→Rotate Node CS→To Active CS，弹出选择窗口，点击下方的"Pick All"按钮，则圆柱表面节点坐标系被改变为当前坐标系。

【步骤 15】施加径向约束。选择菜单 Main Menu→Solution→Define Loads→Apply→Structural→Displacement→On Nodes，弹出选择窗口，点击下方的"Pick All"按钮，在弹出对话框的"Lab2 DOFs to be constrained"列表框中选择"UX"（即极坐标中的半径方向），然后单击"OK"按钮，如图 4-32 所示。

【步骤 16】施加面约束。选择菜单 Main Menu→Solution→Define Loads→Apply→Structural→Displacement→On Areas，弹出选择窗口，用鼠标拾取面 2、6、10、14（即圆柱底部的四个面），点击"OK"按钮，在弹出对话框的"Lab2 DOFs to be constrained"列表框中选择"All DOF"，然后单击"OK"按钮，如图 4-33 所示。

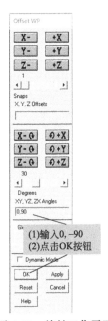
图 4-29 旋转工作平面

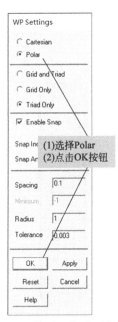
图 4-30 设置工作平面坐标系

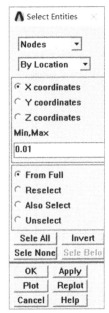
图 4-31 选择圆柱表面节点

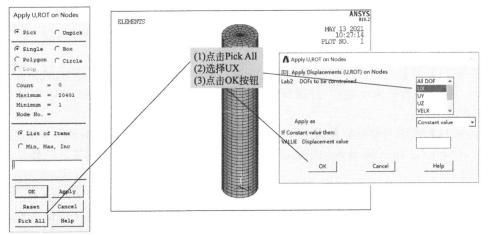
图 4-32 施加径向约束

【步骤 17】选择圆柱最上端边沿节点。选择菜单 Utility Menu→Select→Entities，弹出对话框，在上方的两个下拉菜单依次选择 "Nodes" "By Location"，选择下方的 "Z coordinates" 选项，在下方文本框中输入要选择节点的 Z 坐标（即圆柱半径）"0.1"，选择下方的 "Reselect" 选项，然后单击 "OK" 按钮，如图 4-34 所示。

【步骤 18】施加载荷。选择菜单 Main Menu→Solution→Define Loads→Apply→Structural→Force/Moment→On Nodes，弹出选择窗口，点击下方的 "Pick All" 按钮，弹出如图 4-35 所示对话框，在 "Lab Direction of force/mom" 右侧下拉列表框中选择 "FY"，在下方 "VALUE Force/moment value" 文本框中输入 "1000"，即在每个节点上，延切线方向施加 1000N 的力，这样就可以在一周 40 个节点上形成 20 对力偶，每对力偶大小为 $1000 \times 0.02 = 20(\text{N} \cdot \text{m})$，总的力矩大小即 $20 \times 20 = 400(\text{N} \cdot \text{m})$。

【步骤 19】选择所有。Utility Menu→Select→Everything。

基于 ANSYS 的
车辆结构有限元分析

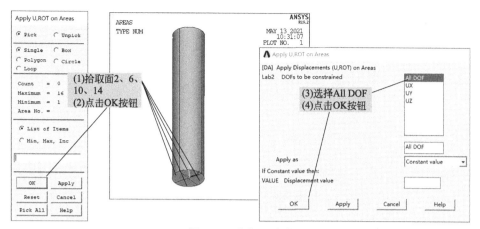

图 4-33　施加面约束

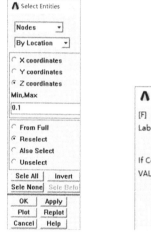

图 4-34　选择边沿节点

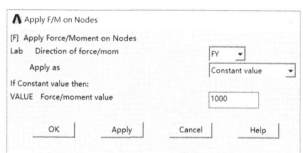

图 4-35　施加载荷

【步骤 20】显示单元。选择菜单 Utility Menu→Plot→Elements。

【步骤 21】选择菜单 Main Menu→Solution→Solve→Current LS，单击"Solve Current Load Step"对话框中的"OK"按钮，再单击随后弹出对话框中的"Yes"按钮。出现"Solution is done!"提示时，求解结束，可以查看结果。

【步骤 22】显示变形。选择菜单 Main Menu → General Postproc → Plot Results → Deformed Shape，在弹出的对话框选中"Def＋undeformed"（变形＋未变形的单元边界），单击"OK"按钮，结果如图 4-36 所示。

【步骤 23】创建局部坐标系。选择菜单 Utility Menu→WorkPlane→Local Coordinate System→Create Local CS→At WP Origin，在弹出对话框的"KCN Ref number of new coord sys"文本框中输入要建立的局部坐标系编号"11"，选择"KCS Type of coordinate

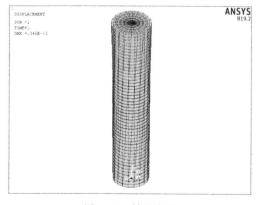

图 4-36　轴的变形

system"右侧下拉箭头选项为"Cylindrical 1"（即柱坐标系），然后单击"OK"按钮，如图 4-37 所示。

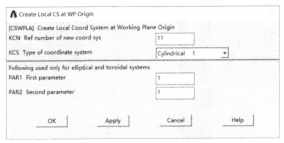

图 4-37　创建局部坐标系

【步骤 24】改变结果坐标系为局部坐标系。选择菜单 Main Menu→General Postproc→Options for Output，弹出如图 4-38 所示对话框，选择"［RSYS］Results coord system"右侧下拉箭头选项为"Local system"，在下方"Local system reference no."右侧文本框输入坐标系编号"11"，然后单击"OK"按钮。

【步骤 25】显示剪应力云图。选择菜单 Main Menu→General Postproc→Plot Results→Contour Plot→Elements Solu，弹出如图 4-39 所示对话框，在列表中依次选择"Element Solution→Stress→YZ Shear stress"，单击"OK"按钮，结果如图 4-40 所示。

图 4-38　改变结果坐标系　　　　　图 4-39　用云图显示结果对话框

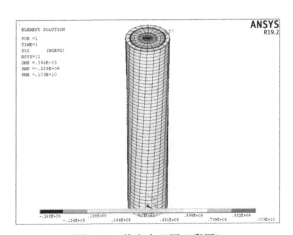

图 4-40　剪应力云图（彩图）

4.2 / ANSYS Workbench 平台进行静力学分析

4.2.1 / 静力学分析步骤

ANSYS Workbench 平台进行静力学分析主要有以下步骤。

（1）建立工程项目　在 ANSYS Workbench 平台中，不同的分析对应不同的项目，将要建立的项目拖动到项目规划区，平台会生成完成项目需要设定的步骤。

（2）定义材料属性　双击项目栏中的 Engineering Data 进入材料属性编辑界面，在此处可以进行添加新材料、编辑已有材料属性等操作，ANSYS Workbench 平台有默认材料，如果采用默认设定，本步骤可以略过。

（3）建立几何模型　右键单击项目栏中的 Geometry 选项，选择 GM 命令，可进入模型编辑界面，与 ANSYS APDL 平台一样，可以直接建立模型，也可以利用其他 CAD 软件建立模型后导入。

（4）建立有限元模型并分析　双击项目栏中的 Model 命令，可以进入 Mechanical 界面。

① 设定模型材料：将前面定义好的材料属性赋值给模型，如不操作，则默认材料为结构钢。

② 设定网格属性：设定划分网格方法并定义划分网格的尺寸。

③ 建立有限元模型：对几何模型划分网格，生成有限元模型。

④ 施加载荷、约束：根据需要定义分析需要的约束、载荷，约束、载荷种类与 ANSYS APDL 类似。

⑤ 求解。

⑥ 查看结果：设定查看结果的类型与方式，查看最终结果。

4.2.2 / 实例 4-3：车桥静力学分析

（1）问题分析　在前面的例子中，运用 ANSYS APDL 对车桥进行了有限元分析，下面运用 ANSYS Workbench 进行分析，假设车桥两端受力为集中力载荷，每一端受力大小为 30000N。

（2）创建步骤

【步骤 1】建立分析项目。打开 ANSYS Workbench 软件，选择左侧 Toolbox→Analysis Systems，鼠标左键点击其中的 "Static Structural" 不放，移动鼠标，将其拖拽到右侧 "Project Schematic" 窗口中的虚线框中，如图 4-41 所示。

【步骤 2】导入模型。右键点击 A3 栏的 "Geometry"，在弹出的菜单中依次选择 Import Geometry→Browse，然后选择 "example4-3. x _ t" 文件，打开，如图 4-42 所示。

【步骤 3】生成模型。右键点击 A3 栏的 "Geometry"，在弹出的菜单中选择 "Edit Geometry in DesignModeler"，进入 DesignModeler 界面，如图 4-43 所示。单击 DesignModeler 界面中的 "Generate" 按钮，生成模型，如图 4-44 所示，然后点击右上角的 "×" 关闭界面。

图 4-41　建立分析项目

图 4-42　导入模型

图 4-43　进入 DesignModeler

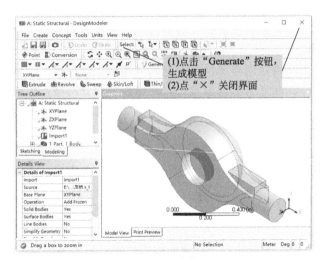

图 4-44　生成模型

【步骤 4】定义材料模型。双击项目 A 中的 A2 栏 "Engineering Data"，进入材料参数设置界面，单击 "Click here to add a new material"，输入要添加的材料名称 "cheqiaocailiao" 后按回车，然后双击左侧工具栏中 "Linear Elastic" 下的 "Isotropic Elasticity"，然后左键单击 "Young's Modulus" 输入材料弹性模量 2e11，单击 "Poisson's Ratio" 输入泊松比 0.3，然后单击工具栏中的 "Project" 按钮，返回 Workbench 主界面，如图 4-45 所示。

【步骤 5】进入 Mechanical 界面。双击项目 A 中的 A4 栏 "Model"，进入 Mechanical 界面，在该界面下，可进行网格划分、分析设置、结果观察等操作，如图 4-46 所示。

【步骤 6】指定材料。选择 Mechanical 界面左侧 "Outline" 中的 Project→Model（A4）→Geometry→Solid，然后选择下方 "Details of 'Solid'" 中 "Material" 下 "Assignment" 区域后的按钮，选择刚刚添加的材料 "cheqiaocailiao"，即可将其添加到模型中，如图 4-47 所示。

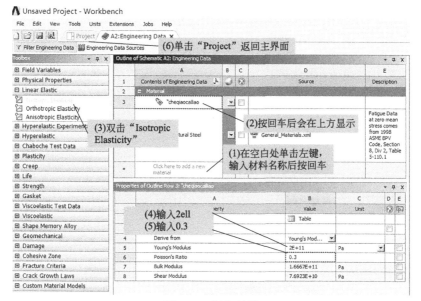

图 4-45 添加材料

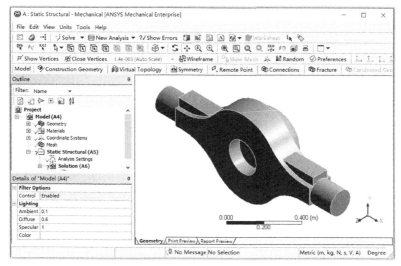

图 4-46 Mechanical 界面

【步骤 7】设定单元尺寸。选择 Mechanical 界面左侧 "Outline" 中的 "Mesh" 选项，单击下方 "Details of'Mesh'" 中 "Element Size" 后的输入框，输入要划分的网格尺寸 "0.03"，如图 4-48 所示。

【步骤 8】划分单元。右键单击 Mechanical 界面左侧 "Outline" 中的 "Mesh" 选项，在弹出的菜单中选择 "Generate Mesh" 命令，如图 4-49 所示。划分好的单元如图 4-50 所示。

【步骤 9】施加约束。左键选择 Mechanical 界面左侧 "Outline" 中的 "Static Structural（A5）" 选项，然后选择 "Environment" 工具栏中的 Supports→Cylindrical Support，按住 "Ctrl" 键后，用鼠标左键选择模型中的两端轴面，然后单击左侧下方 "Details of'Cylindrical Support'" 窗口中的 "Apply" 按钮，并点击下方 "Axial" 栏右侧选项的下拉箭头，将其改为 "Free"，如图 4-51 所示。

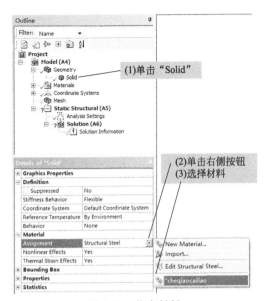

图 4-47　指定材料

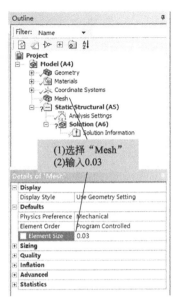

图 4-48　设定单元尺寸

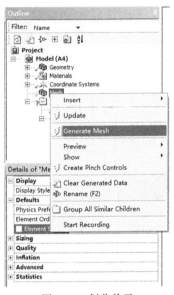

图 4-49　划分单元

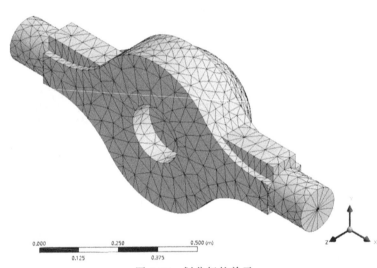

图 4-50　划分好的单元

【步骤 10】施加轴向约束。左键选择 Mechanical 界面左侧 "Outlines" 中的 "Static Structural（A5）" 选项，然后选择 "Environment" 工具栏中的 Supports→Fixed Support，再选择模型的一端端面，单击左侧下方 "Details of 'Fixed Support'" 窗口中的 "Apply" 按钮，如图 4-52 所示。

【步骤 11】施加载荷。左键选择 Mechanical 界面左侧 "Outline" 中的 "Static Structural（A5）" 选项，然后选择 "Environment" 工具栏中的 Loads→Remote Force，再选择模型的左侧平面，单击左侧下方 "Details of 'Remote Force'" 窗口中的 "Apply" 按钮，在下方 "X Coordinate" 栏右侧单击左键输入受力点 X 坐标 "−0.435"，选择下方

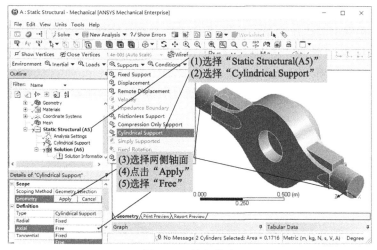

图 4-51　施加约束

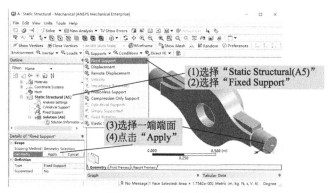

图 4-52　施加轴向约束

Definition→Define By 栏右侧选项，选择载荷类型为"Components"，在下方"Y Component"栏右侧输入力大小"－30000"，如图 4-53 所示。

同样的方法，在右侧对称平面施加 X 坐标为"0.435"、Y 方向力大小为"－30000"的载荷。

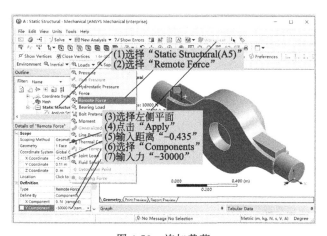

图 4-53　施加载荷

【步骤 12】求解。右键单击 Mechanical 界面左侧"Outline"中的"Static Structural（A5）"选项，在弹出的快捷菜单中选择"Solve"命令，如图 4-54 所示。

【步骤 13】结果后处理，左键选择 Mechanical 界面左侧"Outline"中的"Solution（A6）"选项，然后选择"Solution"工具栏中的 Stress→Equivalent（von-Mises），此时，在左侧分析树中会出现"Equivalent Stress"选项，如图 4-55 所示。

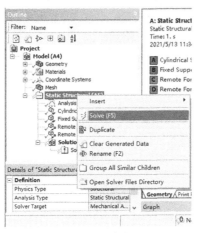

图 4-54　求解　　　　　　　　　　图 4-55　选择等效应力

同样的步骤，选择"Solution"工具栏中的 Deformation→Total，此时，在左侧分析树中会出现"Total Deformation"选项，如图 4-56 所示。

【步骤 14】显示结果。右键单击 Mechanical 界面左侧"Outline"中的"Solution（A6）"选项，在弹出的快捷菜单中选择"Evaluate All Results"命令，如图 4-57 所示。

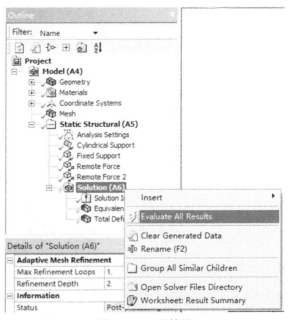

图 4-56　选择总变形　　　　　　　图 4-57　显示结果

【步骤 15】显示应力云图。左键选择 Mechanical 界面左侧"Outline"中的"Solution

（A6）"选项下的"Evaluate Stress"选项，此时会出现应力分析云图，如图 4-58 所示。

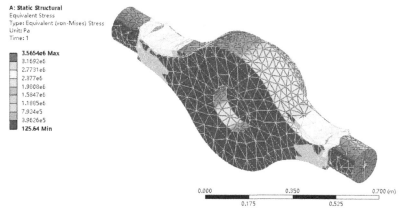

图 4-58　应力分析云图（彩图）

【步骤 16】显示总变形，左键选择 Mechanical 界面左侧"Outline"中的"Solution（A6）"选项下的"Total Deformation"选项，此时会出现总变形分析云图，如图 4-59 所示。

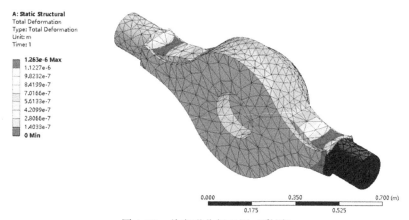

图 4-59　总变形分析云图（彩图）

4.2.3 / 实例 4-4：支架静力学分析

（1）支架分析　在车辆中，支架应用非常广泛，通常用于支撑油箱、散热器、工具箱等零部件，支架与车架通常通过螺栓来连接，因为螺栓外形较为复杂，如果进行建模、分析，过程比较烦琐，并且对计算机资源消耗较大，因此，ANSYS Workbench 提供了模拟螺栓连接的方法。

（2）创建步骤

【步骤 1】建立分析项目。打开 ANSYS Workbench 软件，选择左侧 Toolbox→Analysis Systems，鼠标左键点击其中的"Static Structural"不放，移动鼠标，将其拖拽到右侧"Project Schematic"窗口中的虚线框中，如图 4-60 所示。

【步骤 2】导入模型。右键点击 A3 栏的"Geometry"，在弹出的菜单中依次选择 Import Geometry→Browse，然后找到并选择"example4-4.x_t"文件，打开，如图 4-61 所示。

图 4-60　建立分析项目　　　　　　　　　　　　　图 4-61　导入模型

【步骤 3】生成模型。右键点击 A3 栏的"Geometry"，在弹出的菜单中选择"Edit Geometry in DesignModeler"，进入 DesignModeler 界面，如图 4-62 所示。单击 DesignModeler 界面中的"Generate"按钮，生成模型，如图 4-63 所示，可以看出，模型中共有两个实体。

图 4-62　进入 DesignModeler

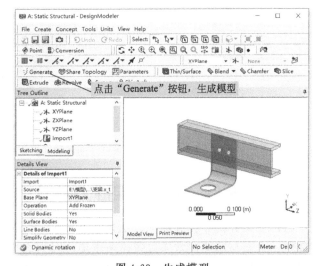

图 4-63　生成模型

【步骤 4】设置中间面参数，单击 DesignModeler 界面主菜单 Tools→Mid-surface，然后单击模型树中新添加的"Midsurf1"选项，点击下方"Details View"窗口的"Selection Method"右侧选项下拉箭头，将其改为"Automatic"。在下方的"Minimum Threshold"右侧输入窗口输入模型最薄厚度"0.003"，在下方的"Maximum Threshold"右侧输入窗口输入模型最厚厚度"0.008"，点击下方"Find Face Pairs Now"右侧选项下拉箭头，选择"Yes"，如图 4-64 所示，设置后的细节栏如图 4-65 所示，显示有 6 个面对。

A: Static Structural - DesignModeler
File Create Concept Tools Units View Help
Freeze
Unfreeze
Named Selection
Attribute
Mid-Surface
Joint
Generate
Tree Outline
A: Static Structu
XYPlane
ZXPlane
YZPlane
Import1
MidSurf1
Surface Extension
Surface Patch
Surface Flip
Solid Extension (Beta)
Merge
Sketching Modeling
Details View
Details of MidSurf1
Mid-Surface MidSurf1
Face Pairs 0
Selection Method Automatic
Bodies To Search Visible Bodies
Minimum Thresh... 0.003 m
Maximum Thresh... 0.008 m
Find Face Pairs N... No
FD3, Selection ... No
FD1, Thickness... Yes
Mid Surface Creation -- Set Find Face Pa
(1)选择“Mid-surface”
(2)点击“Midsurf1”
(3)选择“Automatic”
(4)输入“0.003”
(5)输入“0.008”
(6)选择“Yes”

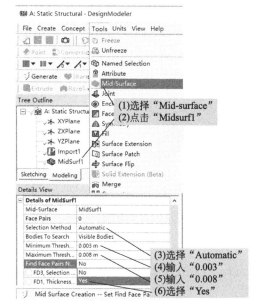

图 4-64　设置中间面参数

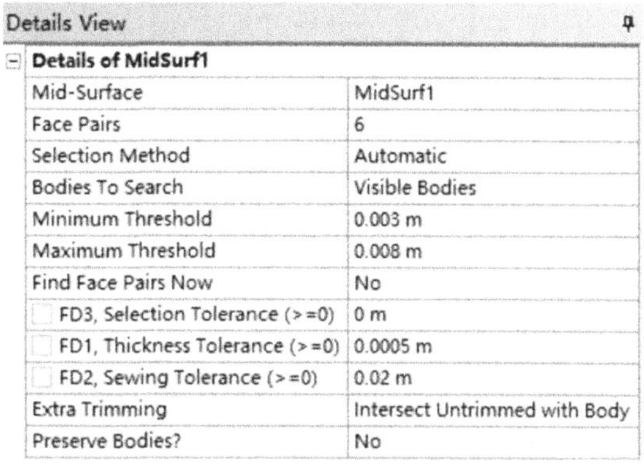

Details View
Details of MidSurf1
Mid-Surface MidSurf1
Face Pairs 6
Selection Method Automatic
Bodies To Search Visible Bodies
Minimum Threshold 0.003 m
Maximum Threshold 0.008 m
Find Face Pairs Now No
FD3, Selection Tolerance (>=0) 0 m
FD1, Thickness Tolerance (>=0) 0.0005 m
FD2, Sewing Tolerance (>=0) 0.02 m
Extra Trimming Intersect Untrimmed with Body
Preserve Bodies? No

图 4-65　设置后的细节栏

【步骤 5】生成中间面。单击 DesignModeler 界面中的“Generate”按钮，生成模型，然后点击右上角的“×”关闭界面，如图 4-66 所示。

A: Static Structural - DesignModeler
File Create Concept Tools Units View Help
Generate Share Topology Parameters Thin/Surface Blend Chamfer Slice
Extrude Revolve Sweep Skin/Loft
Tree Outline
Graphics
A: Static Structural
XYPlane
ZXPlane
YZPlane
Import1
MidSurf1
Sketching Modeling
Details View
Details of MidSurf1
Mid-Surface MidSurf1
Face Pairs 6
Selection Method Automatic
Minimum Threshold 0.003 m
Maximum Threshold 0.008 m
FD3, Selection Toleranc... 0 m
FD1, Thickness Toleran... 0.0005 m
FD2, Sewing Tolerance ... 0.02 m
Extra Trimming Intersect Untrim...
(1)点击“Generate”按钮，生成中间面
(2)点“×”退出DesignModeler界面
0.000 0.100 (m)
0.050
Model View Print Preview
Ready
No Selection
Meter Degr 0 0

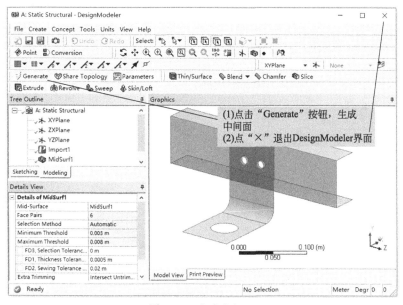

图 4-66　生成中间面

【步骤 6】定义材料模型。在本例中，采用软件的默认材料，即结构钢，因此，不需要再另外定义，如需定义新材料，参考实例 4-3。

【步骤 7】进入 Mechanical 界面。双击项目 A 中的 A4 栏“Model”，进入 Mechanical 界面，在该界面下，可进行网格划分、分析设置、结果观察等操作，如图 4-67 所示。

【步骤 8】添加螺栓。选择 Mechanical 界面左侧“Outline”中的 Project→Connections，

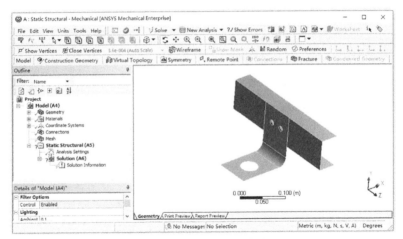

图 4-67 Mechanical 界面

然后选择"Connections"工具栏中的 Body-Body→Beam，然后在下方的"Details of 'Circular-No Selection To No Selection'"窗口中做如下设置：

① 在 Definition→Radius 右侧的文本框输入半径 0.006；

② 点击 Reference→Scope 右侧文本框，当出现"Apply"和"Cancel"按钮时，点击上方工具栏的"Edge"命令，然后选择车架纵梁上的一个连接孔，然后点击"Apply"按钮，如图 4-68 所示。

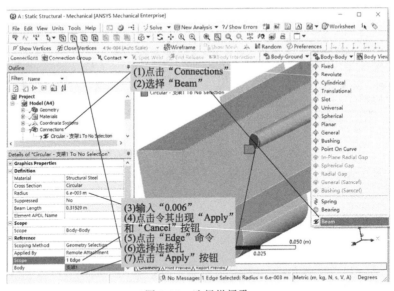

图 4-68 选择纵梁孔

③ 将窗口的滚动条向下划，点击 Mobile→Scope 右侧文本框，当出现"Apply"和"Cancel"按钮时，选择与上一步选取的孔相对应的支架上的连接孔，然后点击"Apply"按钮，如图 4-69 所示。

同样的方法，在另一对孔间建立连接。

【步骤9】划分单元。右键单击 Mechanical 界面左侧"Outline"中的"Mesh"选项，在弹出的菜单中选择"Generate Mesh"命令，如图 4-70 所示，划分好的单元如图 4-71 所示。

基于 ANSYS 的
车辆结构有限元分析

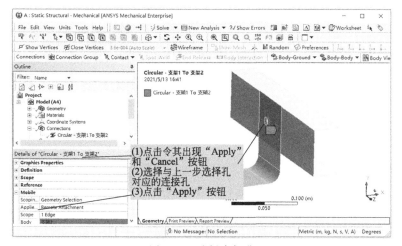

图 4-69　选择支架孔

图 4-70　划分单元

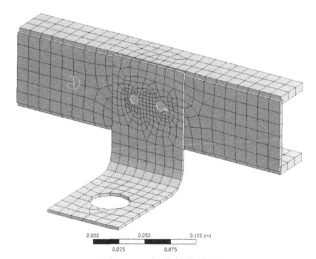

图 4-71　划分好的单元

【步骤 10】施加约束。左键选择 Mechanical 界面左侧 "Outline" 中的 "Static Structural（A5）" 选项，选择 "Environment" 工具栏中的 Supports→Fixed Support，按住 "Ctrl"键后，用鼠标左键选择模型的两侧边线，然后单击左侧下方 "Details of 'Fixed Support'"窗口中的 "Apply" 按钮，如图 4-72 所示。

【步骤 11】施加载荷。左键选择 Mechanical 界面左侧 "Outline" 中的 "Static Structural（A5）" 选项，选择 "Environment" 工具栏中的 Loads→Force，然后选择支架下侧孔的边缘，再单击左侧下方 "Details of 'Force'" 窗口中 "Geometry" 右侧的 "Apply" 按钮，选择下方 Definition→Define By 栏右侧选项，选择载荷类型为 "Components"，在下方 "YComponent" 栏右侧输入力大小 "-100"，如图 4-73 所示。

【步骤 12】求解。右键单击 Mechanical 界面左侧 "Outline" 中的 "Static Structural（A5）" 选项，在弹出的快捷菜单中选择 "Solve" 命令，如图 4-74 所示。

【步骤 13】结果后处理。左键选择 Mechanical 界面左侧 "Outline" 中的 "Solution

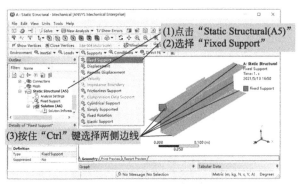

图 4-72　施加约束

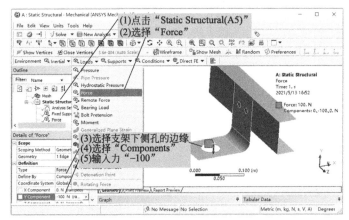

图 4-73　施加载荷

（A6）"选项，然后选择"Solution"工具栏中的 Stress→Equivalent（von-Mises），此时，在左侧分析树中会出现"Equivalent Stress"选项，如图 4-75 所示。

图 4-74　求解

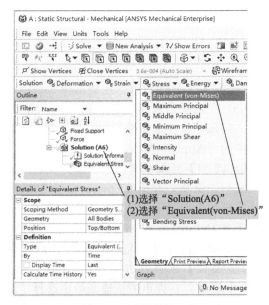

图 4-75　选择等效应力

　基于 ANSYS 的
车辆结构有限元分析

同样的步骤，选择"Solution"工具栏中的 Deformation→Total，此时，在左侧分析树中会出现"Total Deformation"选项，如图 4-76 所示。

【步骤 14】显示结果。右键单击 Mechanical 界面左侧"Outline"中的"Solution（A6）"选项，在弹出的快捷菜单中选择"Evaluate All Results"命令，如图 4-77 所示。

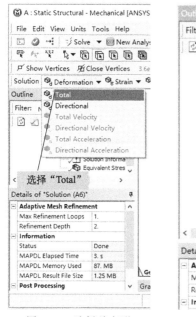

图 4-76　选择总变形

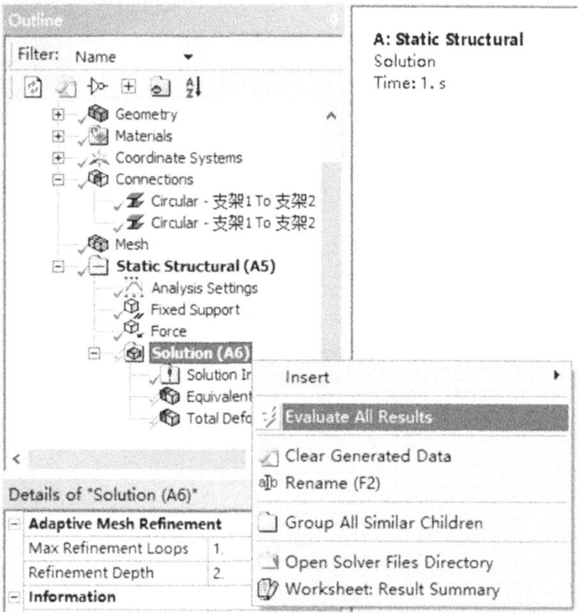

图 4-77　显示结果

【步骤 15】显示应力云图。左键选择 Mechanical 界面左侧"Outline"中的"Solution（A6）"选项下的"Evaluate Stress"选项，此时会出现应力分析云图，如图 4-78 所示。

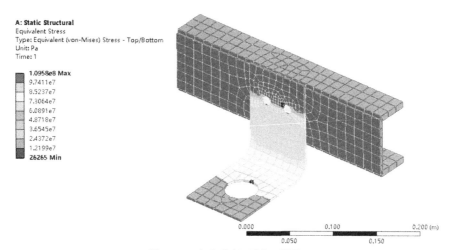

图 4-78　应力分析云图（彩图）

【步骤 16】显示总变形。左键选择 Mechanical 界面左侧"Outline"中的"Solution（A6）"选项下的"Total Deformation"选项，此时会出现总变形分析云图，如图 4-79所示。

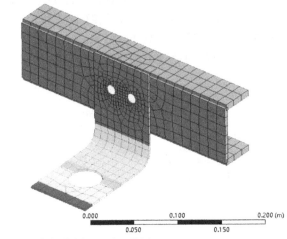

A: Static Structural
Total Deformation
Type: Total Deformation
Unit: m
Time: 1

0.0021475 Max
0.0019089
0.0016703
0.0014317
0.001193
0.00095444
0.00071583
0.00047722
0.00023861
0 Min

图 4-79　总变形分析云图（彩图）

基于 ANSYS 的
车辆结构有限元分析

第5章
车辆结构的
模态分析

车辆结构的模态分析是根据结构的固有特征（包括频率、阻尼和模态振型等动力学属性）去描述结构的过程。

模态分析（Modal Analysis）是分析物体在激励状态下的动力响应，是动力分析的一种。比如测量汽车在电磁振动器激励下的振动，或者室内空间在扩音器下的噪声特性等都属于模态分析的范畴。采用计算机进行仿真模态分析与实物测试的方法相比，具有节约时间、节省成本等有点，广泛应用与汽车辅助设计和辅助制造行业。汽车在实际行驶过程中，除了需要保证总成和零部件的静强度及刚度外，还需要考虑振动情况。

5.1 / ANSYS Workbench 模态分析简介

（1）模态分析的原理 模态分析是最基本的线性动力学分析，用于分析结构的自振频率特性，包括固有频率和振型及振型参与系数。模态分析的好处在于可以使结构设计避免共振或者以特定的频率进行振动；工程师从中可以认识到结构对不同类型的动力载荷是如何响应的；有助于在其他动力分析中估算求解控制参数。

（2）ANSYS Workbench 模态分析步骤

① 创建 Modal（模态分析）分析项目。

② 右击 Geometry 输入几何模型。

③ 选择项目中的 Engineering Data 选项进行添加材料。

④ 双击 Model 选项，在该界面下即可进行网格的划分、分析设置、结果观察等操作。

⑤ 选择 Mechanical 界面左侧 Outline（分析树）中的 Solution 选项，进行结果解读。

⑥ 保存并退出。

5.2 / 实例 5-1：边梁式车架模态分析

（1）问题描述　进入 21 世纪，随着汽车制造市场竞争的日益激烈，汽车设计和制造技术也越来越先进，对于缩短产品研发周期，减少整车研发成本，提高产品质量有着越来越高的要求。汽车作为一种便利的交通工具，在人们的日常生活中更是发挥着无可替代的作用。因此需要提供更多结构轻、质量高，性能优越，用途广泛的汽车。作为汽车的主要承载结构——车架，其质量和结构形式直接影响着整车的性能及寿命。车架作为汽车的承重组件，支撑着发动机离合器、变速器、转向器、货厢和非承载式车身等有关部件和总成，承受着传给它的各种力和力矩，因此车架的强度和刚度尤为重要，同时还需要避免车架与其余部件因频率耦合发生共振，影响乘坐舒适性与操控稳定性。

某商用车边梁式车架如图 5-1 所示。由于结构模态分析是线性的，且在 ANSYS Workbench 中对车架结构进行模态求解时，忽略了系统阻尼对其自身振动特性的影响，因此任何施加的力的载荷在分析中都不予考虑。由于结构的各阶振型是通过特定的线性组合生成的，并且低阶振型决定结构的动态特性，所以只需分析出边梁式车架的前六阶模态的固有频率和振型。在进行车架模态分析时，对车架与车桥主要连接的八个位置进行全约束。在 Modal 中设置模态提取阶数，设置 Max Mode To Find 为

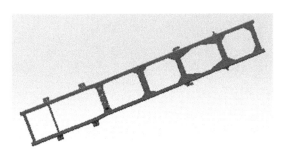

图 5-1　某商用车边梁式车架

6，将模态分析求解器 Solver Type 设置为程序控制 Program Controlled。

（2）求解步骤

【步骤 1】在 Windows "开始" 菜单执行 ANSYS→Workbench。

【步骤 2】创建分析项目 A，进行结构模态分析。

① 创建项目 A，如图 5-2 所示。

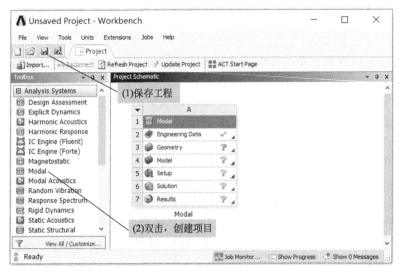

图 5-2　创建项目 A

② 先双击图 5-2 所示项目流程图 A2 格的 "Engineering Data" 项，然后如图 5-3 所示，从 Workbench 材料库中选择材料模型，将材料库中已有材料添加到当前分析项目中。

③ 导入几何模型，如图 5-4 所示。

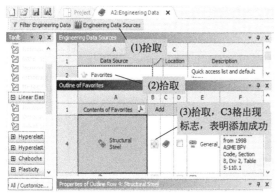

图 5-3　选择材料

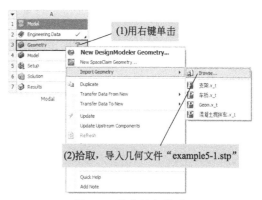

图 5-4　导入几何模型

④ 因上格数据（A3 格 Geometry）发生变化，需刷新数据，如图 5-5 所示。

⑤ 双击图 5-5 所示项目流程图 A4 格的 "Model" 项，启动 Mechanical，以下操作均在 Mechanical 窗口中进行。

⑥ 为几何体指定材料属性，如图 5-6 所示。

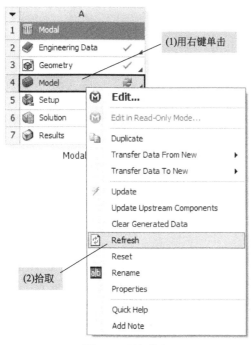

图 5-5　刷新数据

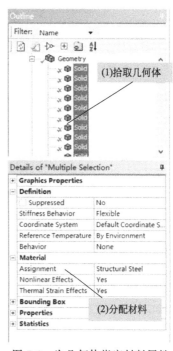

图 5-6　为几何体指定材料属性

⑦ 划分网格、建立有限元模型，如图 5-7 所示。

⑧ 施加固定约束，如图 5-8 所示。

⑨ 选择模态提取阶数为前八阶，单击 " Solve ▾" 按钮，求解前导项目，如图 5-9 所示。

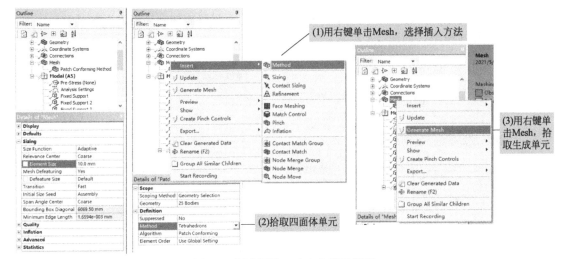

图 5-7　划分网格、建立有限元模型

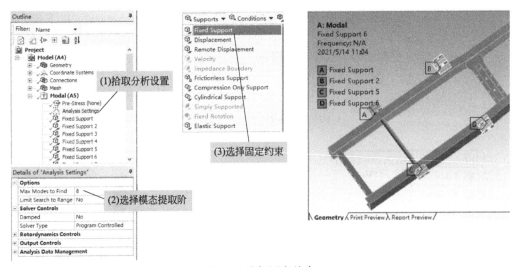

图 5-8　施加固定约束

⑩ 结果解读。

⑪ 保存并退出。

（3）结果解读　由以上步骤得出边梁式车架前六阶阵型图，如图 5-10～图 5-15 所示。

一阶频率为 86.509Hz，阵型为车架中部侧向弯曲，车架中间部位变形最大，最大变形量为 3.3958mm；二阶频率为 98.748Hz，阵型为车架前部侧向弯曲，车架前面部位变形最大，最大变形量为 7.2737mm；三阶频率为 113.05Hz，阵型为车架后部侧向弯曲，车架后面部位变形最大，最大变形量为 6.1234mm；四阶频率为 138.43Hz，阵型为车架前部侧向弯曲，车架中前部位变形最大，最大变形量为 7.2126mm。五阶频率为 145.25Hz，阵型为车架第三根横梁在 Z 方向上下俯仰，车架第三根横梁变形最大，最大变形量为 13.982mm；六阶频率为 154.29Hz，阵型为车架后部向坐标轴 Z 方向上下仰俯，车架后面部位变形最大，最大变形量为 8.0417mm。

基于 ANSYS 的
车辆结构有限元分析

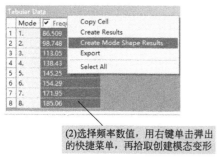

(2)选择频率数值，用右键单击弹出的快捷菜单，再拾取创建模态变形

(3)求解模态形状

(1)拾取，求解

图 5-9　施加力载荷

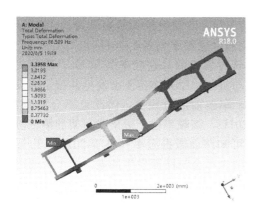

图 5-10　一阶自由模态振型

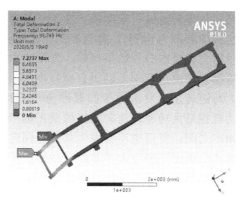

图 5-11　二阶自由模态振型

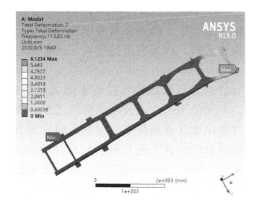

图 5-12　三阶自由模态振型

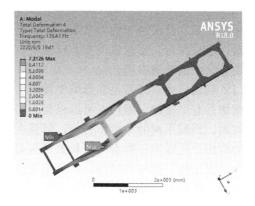

图 5-13　四阶自由模态振型

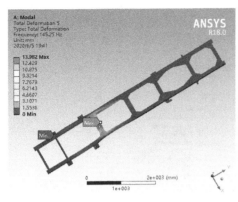

图 5-14　五阶自由模态振型

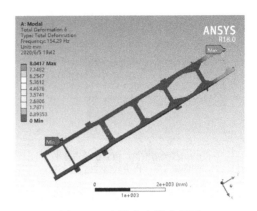

图 5-15　六阶自由模态振型

发动机与路面激励计算：引起边梁式车架发生共振有发动机产生的激励和路面产生的激励，其中发动机产生的激励计算公式为

$$F=\frac{20nz}{60\tau}\tag{5-1}$$

式中，n 为发动机转速，r/min；z 为发动机缸数；τ 为发动机冲程数。

通过查找发动机数据参数，该发动机为四缸四冲程发动机，该车的发动机怠速为 800r/min 左右，所以发动机的怠速频率在 26Hz 左右。发动机最大功率转速为 3600r/min，当发动机处于最大功率转速时，发动机产生激振频率为 120Hz。发动机最大转矩转速为 1800r/min，发动机激振频率为 60Hz，并且我们知道路面产生的激振频率大多在 20Hz 以下。

根据上述模态分析结果可知，发动机怠速运转时发出的怠速频率是 26Hz，边梁式车架的一阶模态频率远高于发动机怠速频率，因此发动机与边梁式车架不会发生共振。当发动机在最大转矩转速时发出的激振频率为 60Hz，低于车架前八阶频率，因此也不会发生共振。当发动机在最大功率转速时发出的激振频率为 120Hz，该频率位于边梁式车架的第三阶和第四阶频率之间，所以也不会发生共振。同时我们可知路面激振频率都小于 20Hz，边梁式车架的前八阶模态频率皆大于该路面激励，所以车架也不会与路面发生共振。综上所述可以得知车架不会与其余部件发生共振。

5.3 ／实例 5-2：车辆螺旋弹簧模态分析

螺旋弹簧广泛应用于独立悬架，特别是前轮独立悬架中。螺旋弹簧和钢板弹簧相比，无需润滑，不忌泥污，所需纵向安装空间小，且弹簧自重轻。因其突出的优点，近年来在轿车的后轮悬架中也普遍采用。

（1）问题描述　弹簧是在悬架中常用的弹性元件，可以吸收由车轮传来的大量机械能，悬架弹簧具有丰富的可塑性，可以根据不同情况、不同使用条件以及不同使用工况，选择合理的材料，调配不同的参数。另外，弹簧在汽车行驶中承受着高频率的往复运动，起着缓冲减振的作用，所以对于弹簧的质量要求很高，弹簧质量影响着驾驶员及乘车人的安全、汽车行驶中的安全性、操纵稳定性，并且起着很大的作用。弹簧材料的强度也是保证悬架使用稳定的关键，我国的弹簧材料主要为 60Si2MnA、60Si2CrVAT、50CrVA 和 45CrNiMoV，本书不一一介绍各弹簧钢的属性，主要分析 45CrNiMoV，这是一种低合金并且强度超高的弹簧钢，具有屈强比高、韧性好等优点，但是可焊性较差。这种钢的屈服强度为 1374MPa，抗拉强度为 1553MPa，这种合金结构钢的弹性模量为 2.14GPa，泊松比为 0.29，密度 7.83g/cm^3。将材料导入 Workbench 中的材料库并应用。

为保证弹簧符合强度，单独更换材料是不可以的，还要改变弹簧的结构尺寸，将弹簧加粗处理，加粗值为 1mm。

螺旋弹簧模型如图 5-16 所示。由于结构模态分析是线性的，且在 ANSYS Workbench 中对螺旋弹簧进行模态求解时，在两端分别添加薄板，一个目的是为了更加接近弹簧上下两端的真实情况，以便进行准确的受力分析，另一个目的是为了约束方便，所以本书弹簧的所有分析均是在两端添加两个 5mm 的圆形盖板的情况下分析的。由于是薄板较薄，所以不会对弹簧的整体受力产生很大影响。施加两个圆形薄板之后，只要对弹簧一端全约束即可。在 Modal 中设置模态提取阶数，设置 Max Mode To Find 为 6，将模态分析求解器 Solver Type 设置为程序控制 Program Controlled。

图 5-16　螺旋弹簧模型

（2）求解步骤

【步骤 1】在 Windows "开始" 菜单执行 ANSYS→Workbench。

【步骤 2】创建分析项目 A，进行结构模态分析。

① 创建项目 A，如图 5-17 所示。

图 5-17　创建项目 A

② 先双击如图 5-17 所示项目流程图 A2 格的 "Engineering Data" 项，如图 5-18 所示，从 Workbench 材料库中选择材料模型，将材料库中已有材料添加到当前分析项目中。

③ 导入几何模型文件，如图 5-19 所示。

④ 双击如图 5-20 所示项目流程图 A4 格的 "Model" 项，启动 Mechanical，以下操作均在 Mechanical 窗口中进行。

⑤ 为几何体指定材料属性，如图 5-21 所示。

⑥ 划分网格、建立有限元模型，如图 5-21 所示。

⑦ 施加固定约束，如图 5-22 所示。

⑧ 选择提取阶数为前六阶，如图 5-23 所示，单击 "Solve ▼" 按钮，求解前导项目。

⑨ 结果解读。

⑩ 保存并退出。

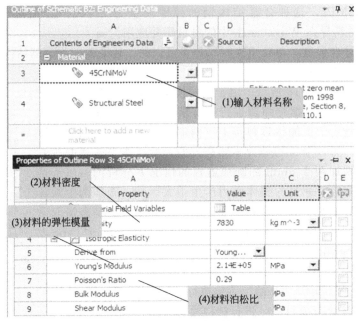

图 5-18　设置材料属性

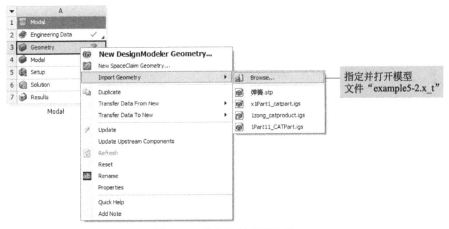

图 5-19　导入几何模型文件

图 5-20　打开模型文件

基于 ANSYS 的
车辆结构有限元分析

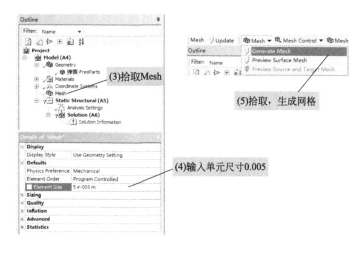

图 5-21　定义材料与网格

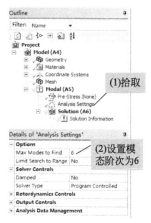

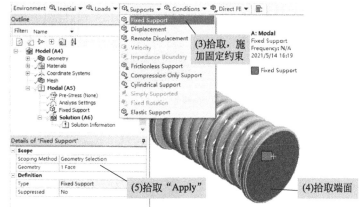

图 5-22　施加固定约束

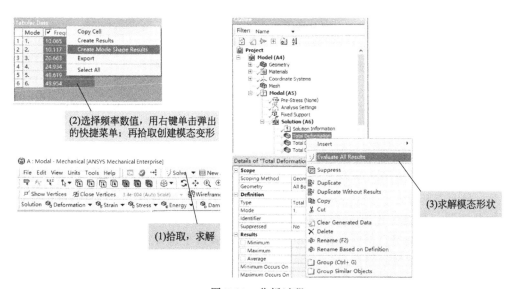

图 5-23　分析过程

（3）结果解读　由以上步骤得出螺旋弹簧前六阶模态阵型，如图 5-24 所示。模态分析前六阶频率见表 5-1。

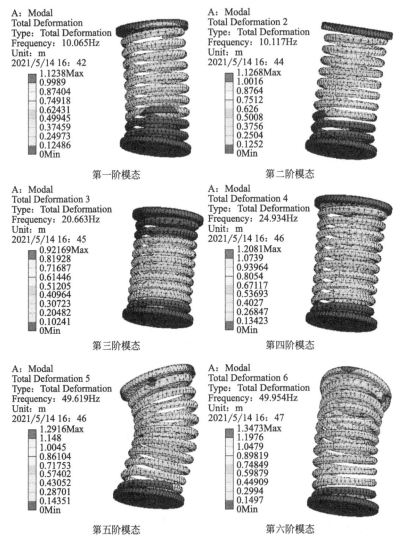

图 5-24　螺旋弹簧前六阶模态阵型（彩图）

表 5-1　模态分析前六阶频率　　　　　　　　　　　　　　单位：Hz

第一阶模态频率	第二阶模态频率	第三阶模态频率	第四阶模态频率	第五阶模态频率	第六阶模态频率
10.065	10.117	20.663	24.934	49.619	49.954

第一阶模态频率为 10.065Hz，阵型为弹簧中部向坐标轴 X 方向拉伸，弹簧中间部位变形最大，最大变形量为 1.1238mm，第二阶模态频率为 10.117Hz，阵型为弹簧前部向坐标轴 Y 方向拉伸，弹簧上面部位变形最大，最大变形量为 1.1268mm；第三阶模态频率为 20.663Hz，阵型为弹簧后部向坐标轴 Z 方向拉伸，弹簧下面部位变形最大，最大变形量为 0.92169mm；第四阶模态频率为 24.934Hz，阵型为弹簧上面向坐标轴 UX 方向扭转，最大变形量为 1.2081mm；第五阶模态频率为 49.619Hz，阵型为弹簧在坐标轴 UY 方向上扭转，最大变形量为 1.2916mm；第六阶模态频率为 49.954Hz，阵型为弹簧向坐标轴 UZ 方向扭

转，最大变形量为 1.3473mm。

5.4 实例 5-3：车辆钢板弹簧模态分析

钢板弹簧是汽车悬架中应用最为广泛的一种弹性组件，它是由若干片等宽但不等长（厚度可以相等，也可以不相等）的合金弹簧片组合而成的一根近似等强度的弹性梁（图 5-25）。在汽车行驶过程中，悬架中的钢板弹簧要承受地面传递而来的各种力，并且在钢板弹簧中产生拉应力、压应力、切应力等。因此钢板弹簧在各种变应力作用下需要拥有足够的寿命，以保证汽车的行驶安全。

图 5-25　钢板弹簧的三维模型

① 在 Windows "开始" 菜单执行 ANSYS→Workbench，选择 Static Structural。

② 双击 Engineering Data，设置材料参数，新建一个名为 60Si2Mn 的材料，在左侧菜单栏选择 Density 和 Isotropic Elasticity 等命令，选择之后在正下方输入密度、弹性模量以及泊松比。输入完毕，关闭菜单，回到原始界面。

a. 创建项目 A，如图 5-26 所示。

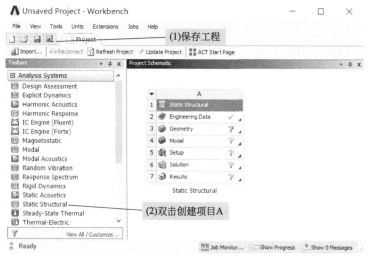

图 5-26　创建项目 A

b. 双击如图 5-26 所示项目流程图 A2 格的 "Engineering Data" 项。如图 5-27 所示，从 Workbench 材料库中选择材料模型，将材料库中已有材料添加到当前分析项目中。

③ 右击 Geometry，右击选择输入模型，如图 5-28 所示。

④ 模型输入之后，双击 Model，弹出新的页面。点击 Geometry，把材料设置为 60Si2Mn，如图 5-29 所示。

⑤ 插入坐标系，按如图 5-30 所示在钢板弹簧左右端中点插入一个临时坐标系。

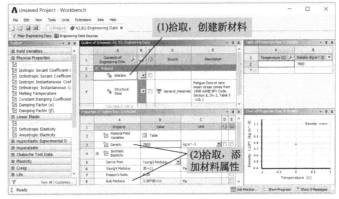

图 5-27　设置材料参数

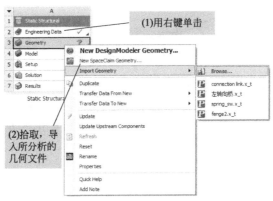

图 5-28　输入模型

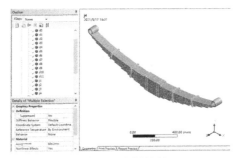

图 5-29　选择材料

图 5-30　插入坐标系

基于 ANSYS 的
车辆结构有限元分析

将坐标系原点设在如图 5-31 所示钢板弹簧左右两端的中点。

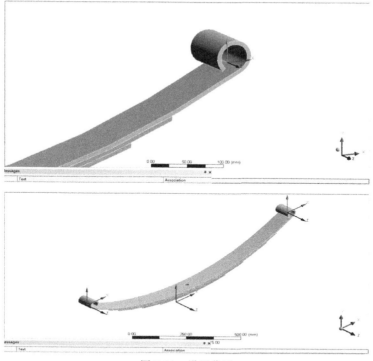

图 5-31　设置位置

⑥ 点击 Connection，分别设置 Connection Region1-37 中的主从接触面以及接触类型。模型中一共存在三十七对接触面，这三十七对接触面定义是相同的。以主片簧与第二片簧之间的接触为例，把面积大的曲面（主片簧的下表面）定义为目标面（Target Body），面积较小的曲面（第二片簧的上表面）为接触面（Contact Body），定义接触面的类型为绑定（Bonded）类型，如图 5-32 所示。

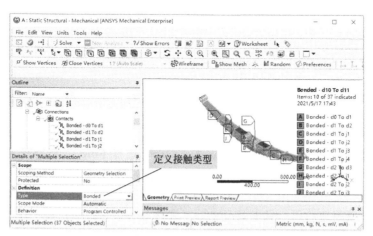

图 5-32　定义接触类型

⑦ 右击 Mesh，选择 Insert，然后点击 Mesh Method，如图 5-33 所示。
⑧ 选择四片簧，点击 Apply，点击 Method，选择四面体网格，如图 5-34 所示。

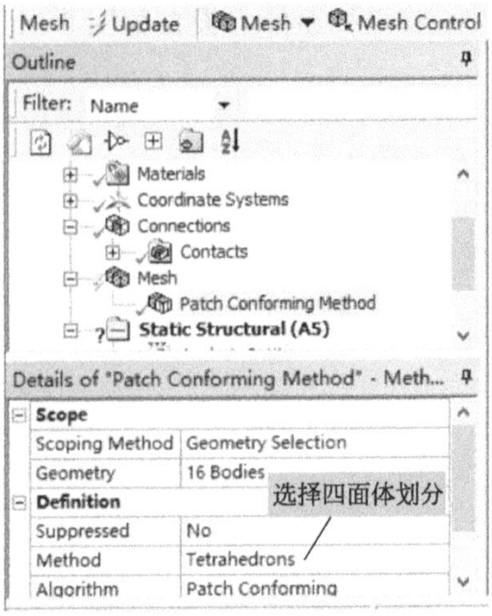

图 5-33　插入划分方法

图 5-34　选择四面体网格

⑨ 右击 Patch Conforming Method，右击 Insert，选择 Sizing，在弹出的页面中选择 Element Size，将其值设置为 10mm，如图 5-35 所示。

⑩ 右击 Mesh，选择 Generate Mesh，此时网格划分完成，如图 5-36 所示。

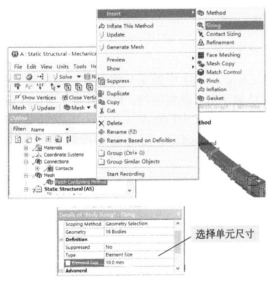

图 5-35　选择划分尺寸

图 5-36　生成网格

⑪ 为钢板弹簧左右两端施加载荷，点击 Loads，选择 Force，将弹出的页面 Define By 选择为 Components，在 Y 方向输入 -2500，作用点选择为左右固定端内孔表面，如图 5-37 所示。

⑫ 为钢板弹簧施加约束，点击 Supports，选择 Fixed Support，作用面选择钢板弹簧第五片簧被分割出的面，点击 Apply。点击 Supports，选择 Frictionless Support，作用面选择钢板弹簧的侧面，点击 Apply，如图 5-38～图 5-40 所示。

⑬ 选择分析项目，点击 Deformation，选择 Total；点击 Stress，选择 Equivalent Stress；点击 Strain，选择 Equivalent Strain；然后点击 Solve 进行求解，如图 5-41 和图 5-42 所示。

基于 ANSYS 的
车辆结构有限元分析

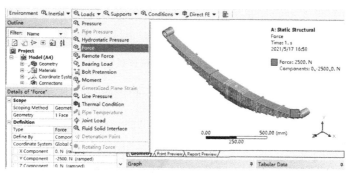

图 5-37　施加载荷

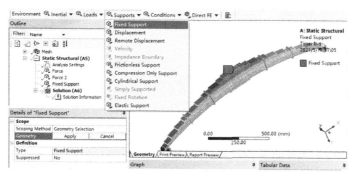

图 5-38　选择约束方法

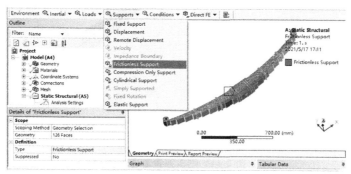

图 5-39　选择摩擦面

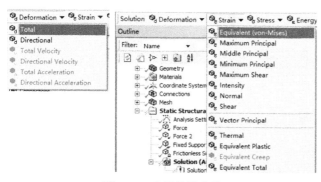

图 5-40　选择结果选项

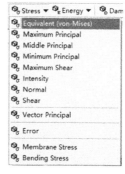

图 5-41　求解

图 5-42　点击求解按钮

⑭ 钢板弹簧的应力、应变和变形云图，如图 5-43～图 5-45 所示。

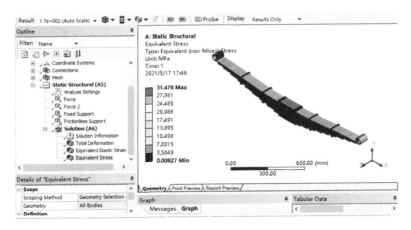

图 5-43　钢板弹簧等效应力

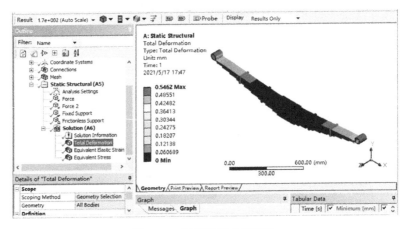

图 5-44　钢板弹簧总变形图

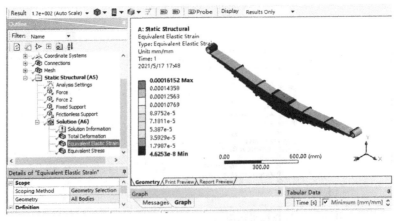

图 5-45　钢板弹簧等效应变图

⑮ 进行钢板弹簧的模态分析。在右边菜单栏中选择 Model，按住右键拖到静态分析的 Solution 中，如图 5-46 所示。

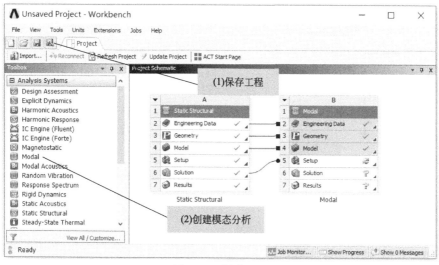

图 5-46　创建项目

⑯ 首先有预应力模态分析，需要把 Static Structural 模块与 Modal 模块连接起来，将 Static Structural 中的数据导入 Modal 中。在做静力结构分析时已经用到过 Static Structural，可直接在此基础上进行模态分析。点击树形图中的 Modal，选择 Analysis Settings 选项。将 Max Modes to Finds 数值改为 5，进行五阶模态分析。另外还应将静态分析中设置的 Fix Support 删除，并且重新将钢板弹簧螺栓孔设置为 Fix Support（图 5-47 和图 5-48）。

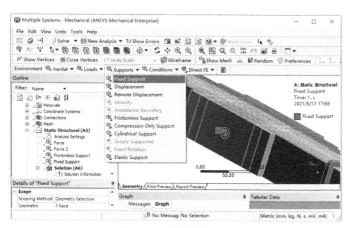

图 5-47　选择约束方法

图 5-48　设置最大提取阶数

⑰ 点击 Solution，选择 Solve 进行求解（图 5-49）。求解完成后，右下部分会出现 Timeline 图形和 Tabular Data 表。Tabular Data 表给出了对应各阶模态下的固有频率。在 Timeline 中右击选择 Select All 命令，然后再次右击选择 Create Mode Shape Results 命令（图 5-50）。

⑱ 最后在树形图 Solution 中点击 Solve，随后经过计算就会出现模型的各阶模态云图如图 5-51～图 5-55 所示。

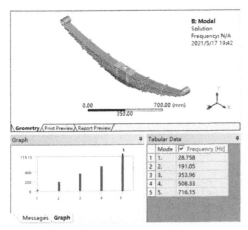

图 5-49　求解

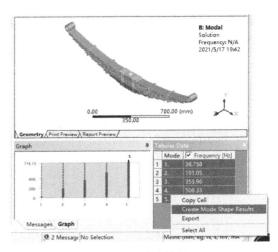

图 5-50　模态结果

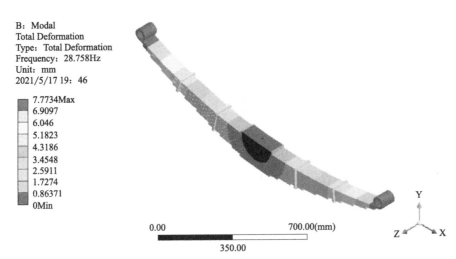

图 5-51　钢板弹簧第一阶振型图（彩图）

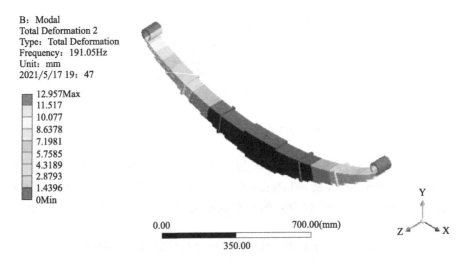

图 5-52　钢板弹簧第二阶振型图（彩图）

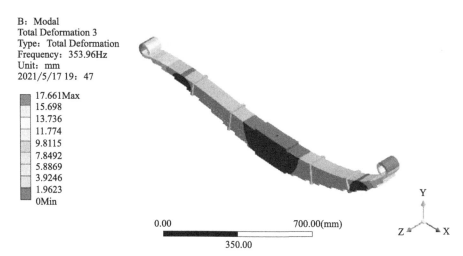

B：Modal
Total Deformation 3
Type：Total Deformation
Frequency：353.96Hz
Unit：mm
2021/5/17 19：47

17.661Max
15.698
13.736
11.774
9.8115
7.8492
5.8869
3.9246
1.9623
0Min

0.00　　　　　　　　700.00(mm)
350.00

图 5-53　钢板弹簧第三阶振型图（彩图）

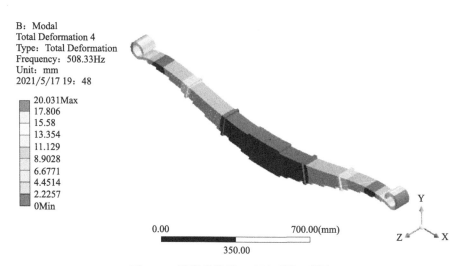

B：Modal
Total Deformation 4
Type：Total Deformation
Frequency：508.33Hz
Unit：mm
2021/5/17 19：48

20.031Max
17.806
15.58
13.354
11.129
8.9028
6.6771
4.4514
2.2257
0Min

0.00　　　　　　　　700.00(mm)
350.00

图 5-54　钢板弹簧第四阶振型图（彩图）

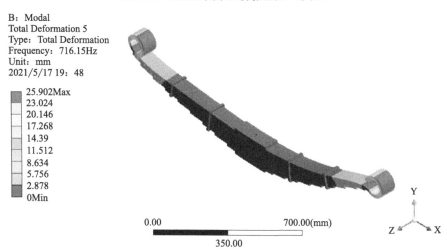

B：Modal
Total Deformation 5
Type：Total Deformation
Frequency：716.15Hz
Unit：mm
2021/5/17 19：48

25.902Max
23.024
20.146
17.268
14.39
11.512
8.634
5.756
2.878
0Min

0.00　　　　　　　　700.00(mm)
350.00

图 5-55　钢板弹簧第五阶振型图（彩图）

5.5 / 实例 5-4：水泥罐车整车模态分析

对于水泥罐车来说，其受到的主要激励包括进排气系统的激励、路面激励、传动系统的激励和动力系统的激励，其低阶模态频率容易与其他系统所引起的激励发生频率耦合问题引发结构共振现象，使车内噪声振动值超过目标值。所以水泥罐车的结构设计不仅要满足连接、布置要求，还要达到动态特性的要求。通过对水泥罐车整车的模态频率及振型进行分析，可以找出固有频率与其他系统频率耦合的区间。然后对水泥罐车结构进行合理的规划或改进，减少共振耦合现象发生的概率。

（1）求解步骤

【步骤 1】在 Windows "开始"菜单执行 ANSYS→Workbench。

【步骤 2】创建分析项目 A，进行结构模态分析。

① 创建项目 A，如图 5-56 所示。

② 先双击如图 5-56 所示项目流程图 A2 格的 "Engineering Data"项。如图 5-57 所示，从 Workbench 材料库中选择材料模型，将材料库中已有材料添加到当前分析项目中。

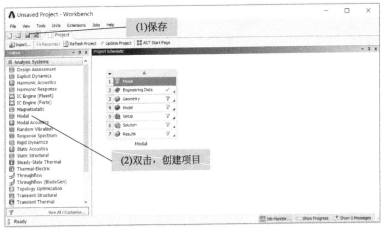

图 5-56　创建项目 A

③ 设置接触类型，如图 5-58 所示。

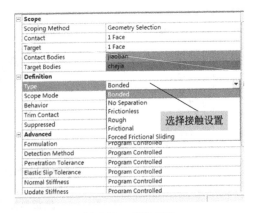

图 5-57　材料属性设置　　　　图 5-58　接触设置

④ 划分网格、建立有限元模型，如图 5-59～图 5-61 所示。

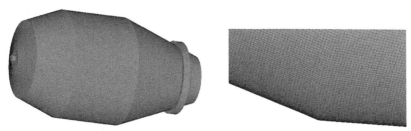

图 5-59　搅拌罐网格划分

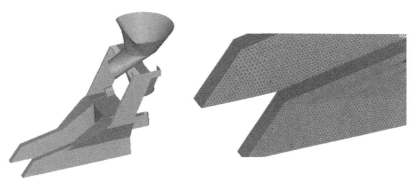

图 5-60　出料口及其支撑件网格划分

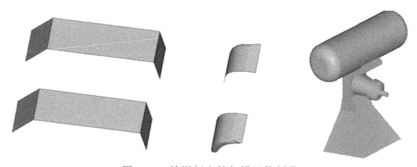

图 5-61　挡泥板和储气罐网格划分

（2）结果解读　由以上步骤得出边梁式车架前六阶阵型图，如图 5-62～图 5-67 所示。

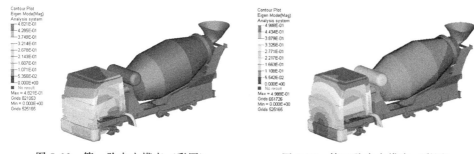

图 5-62　第一阶自由模态（彩图）　　　　图 5-63　第二阶自由模态（彩图）

图 5-64 第三阶自由模态（彩图）

图 5-65 第四阶自由模态（彩图）

图 5-66 第五阶自由模态（彩图）

图 5-67 第六阶自由模态（彩图）

基于 ANSYS 的
车辆结构有限元分析

第6章
车辆结构的瞬态分析

车辆结构的瞬态分析主要描述线性结构承受随时间按任意规律变化的载荷时的响应。它可以确定结构在静载荷、瞬态载荷和正弦载荷的任意组合作用下随时间变化的位移、应变和应力。载荷与时间的相关性使得质量和阻尼效应对分析十分重要。

6.1 / 瞬态动力学分析方法简介

6.1.1 / 瞬态分析的原理

瞬态动力学分析求解方法也采用完全法（Full）和模态叠加法（Mode Superposition）两种。

（1）完全法　完全法采用完整的系统矩阵计算瞬态响应，是普遍使用的方法，它允许包括塑性、大变形、大应变、接触等所有类型的非线性。完全法计算成本较高，如果分析中没有包含任何非线性，应该优先考虑使用模态叠加法。

完全法的优点是：

① 容易使用，而不必考虑选择模态；

② 允许所有类型的非线性；

③ 采用完整矩阵，不用考虑质量矩阵的近似；

④ 一次计算得到所有的位移和应力；

⑤ 允许施加所有类型的载荷，包括节点力、非零位移、压力和温度，允许用 TABLE 数组施加位移边界条件；

⑥ 可以使用实体模型载荷。

完全法的缺点是计算成本较高。

（2）模态叠加法　模态叠加法将模态分析得到的振型乘以参与因子并求和来计算结构的响应。

模态叠加法的优点是：

① 在很多问题上比完全法更快、计算成本更低；

② 在预先进行的模态分析中施加的单元载荷可以通过 LVSCALE 命令应用到瞬态动力学分析；

③ 可以使用模态阻尼。

模态叠加法的缺点是：

① 在整个瞬态分析过程中，时间步长必须保持恒定，自动时间步是不允许的；

② 唯一允许的非线性是简单的点-点接触；

③ 不允许非零位移。

6.1.2 瞬态分析分析步骤

（1）完全法瞬态动力学分析步骤　与其他分析类型一样，完全法瞬态动力学分析也包括建模、施加载荷和求解及查看结果等几个步骤。

① 建模。建模过程与其他分析相似，以下几点需要注意：

a. 可以使用线性和非线性单元；

b. 必须指定材料的弹性模量和密度，材料特性可以是线性的或非线性的、各向同性的或各向异性的、恒定的或随温度变化的；

c. 可以使用单元阻尼、材料阻尼和比例阻尼系数。

确定单元密度时应该注意的是：

a. 网格应精细到能够求解感兴趣的最高阶振型；

b. 观察应力、应变区域的网格应该比只观察位移区域精细一些；

c. 如果要包括非线性，网格应足够能捕获到非线性效果；

d. 如果考虑应力波的传播，网格要精细到可以计算出波效应，一般原则是沿波传播方向在每个波长上有 20 个单元。

② 施加载荷和求解。该步骤包括指定分析类型、设置求解控制选项、设置初始条件、设置其他选项、施加载荷、保存载荷步、求解等。

a. 用/SOLU 命令进入求解器。

b. 用 ANTYPE 命令指定分析类型为 TRANS（瞬态分析）。

c. 用 TRNOPT 命令指定分析方法为 Full（完全法）。

d. 施加初始条件。瞬态动力学可以施加随时间按任意规律变化的载荷。要指定这些载荷，需要把载荷对时间的关系曲线划分成适当的载荷步。在载荷-时间曲线上，每个拐角都应作为一个载荷步。

施加瞬态载荷的第一个载荷步通常是建立初始条件，即零时刻的初始位移和初始速度。如果没有设置，两者都将被设为 0。

施加初始条件的方法有使用 IC 命令或从静载荷步开始两种；然后指定后续的载荷步和载荷步选项，即指定每一个载荷步的时间值、载荷值、是阶跃载荷还是坡度载荷以及其他载荷步选项；最后，将每一个载荷步写入文件并一次性求解所有载荷步。

e. 设置求解选项。求解选项包括基本选项、瞬态选项、其余选项。基本选项包括大变形效应选项、自动时间步长选项、积分时间步长选项、数据库输出控制选项。瞬态选项包括时间积分效应选项、载荷变化选项、质量阻尼选项、刚度阻尼选项、时间积分方法选项、积分参数选项。其余选项包括求解运算选项、非线性选项、高级非线性选项等类型。

f. 施加载荷。

g. 保存当前载荷步设置到载荷步文件。

h. 重复步骤 e～g，为每一个载荷步设置求解选项、施加载荷、保存载荷步等文件。

i. 从载荷步文件求解。

③ 查看结果。与谐响应分析类似。

(2) 模态叠加法瞬态动力学分析步骤　模态叠加法瞬态动力学分析包括建模、获得模态解、获取模态叠加瞬态解、扩展模态叠加解、查看结果等几个步骤。其中建模、查看结果与完全法瞬态动力学分析相同，获得模态解与模态叠加法谐响应分析相同。下面简单介绍其余步骤。

① 获取模态叠加瞬态解。进行模态叠加需要满足以下条件：

a. 模态文件 Jobname. MODE 必须可用；

b. 如果加速度载荷（ACEL）存在于模式叠加分析中，则 Jobname. FULL 文件必须是可用的；

c. 数据库中必须包括与模态分析相同的模型；

d. 如果在模态分析中创建了载荷向量并把单元结果写到了 Jobname. MODE 文件，则单元模态载荷文件 Jobname. MLV 必须是可用的。

具体分析步骤如下所述。

a. 再次进入求解器。

b. 定义分析类型和分析选项，与完全法的不同点如下。

ⓐ模态叠加法瞬态动力学分析不能使用完整的求解控制对话框，但必须使用求解命令的标准设置。

ⓑ可以重启动。

ⓒ用 TRNOPT 命令指定求解方法为模态叠加法。用 TRNOPT 命令指定叠加的模态数，为提高解的精度，应至少包括对动态响应有影响的所有模态。如果希望得到较高阶频率的响应，则应指定较高阶模态。默认时，采用模态分析时计算出的所有模态。

ⓓ非线性选项不可用。

◆ 限定间隙条件。

◆ 施加载荷。

限定的条件有：

• 只有用 F 命令施加的集中力、用 ACEL 命令施加的加速度载荷是可用的；

• 可用 LVSCALE 命令施加在模态分析中创建载荷向量，以便在模型上施加压力、温度等单元载荷。

通常需要指定多个荷载步施加瞬态分析载荷，第一个载荷步用于建立初始条件。

c. 建立初始条件。在模态叠加法瞬态分析中，第一次求解结束时时间为 0。建立的初始条件和时间步长针对整个瞬态分析。一般来说，适用于第一个载荷步唯一的载荷是初始节点力。

d. 指定载荷和载荷步选项。通用选项包括时间选项（TIME）、阶跃载荷还是斜坡载荷选项（KBC），输出控制选项包括打印输出选项（OUTPR）、数据库和结果文件输出选项（OUTRES）。

e. 用 LSWRITE 命令将每一个载荷步都写到载荷步文件中。

f. 用 LSSOLVE 命令求解。

g. 退出求解器。

② 扩展模态叠加解。扩展解是根据瞬态分析计算位移、应力和力的解，该计算只在指定时间点上进行，所以扩展前应查看瞬态分析的结果，以确定扩展的时间点。

因为瞬态分析的位移解可用于后处理，所以只需要位移解时不需要扩展解。而需要应力、力的解时，扩展是必需的。

扩展解时，瞬态分析的 RDSP、DB 文件及模态分析的 MODE、EMAT、ESAV、MLV 必须可用。该数据库必须包含与模态分析相同的模型。

扩展模态的步骤如下。

a. 重新进入求解器。

b. 激活扩展过程及选项，包括扩展过程开关选项、扩展解数量选项等。

c. 指定载荷步选项。可用的是输出控制选项。

d. 求解扩展过程。

e. 重复步骤 b～d，对其他解进行扩展。每个扩展过程在结果文件中都单独保存为一个载荷步。

f. 退出求解器。

6.2 实例 6-1：车辆多自由度振动瞬态分析

车辆结构减振系统——多自由度系统的受迫振动瞬态分析。

(1) 问题描述　多自由度系统如图 6-1 所示，质量 $m_1 = m_2 = 1$kg，弹簧刚度 $k_1 = k_2 = 10000$N/m，阻尼系数 $c_1 = c_2 = 63$N·s/m，作用在系统上的激振力 $f(t) = F_0 \sin\omega t$，$F_0 = 200$N，ω 为激振频率。

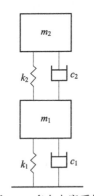

图 6-1　多自由度系统

(2) 求解步骤

【步骤 1】在 Windows"开始"菜单执行 ANSYS→Workbench。

【步骤 2】创建上游项目 A，进行瞬态分析，如图 6-2 所示。

【步骤 3】先双击如图 6-2 所示项目流程图 A2 格的"Engineering Data"项。从 Workbench 材料库中选择材料模型，将材料库中已有材料添加到当前分析项目中，如图 6-3 所示。

【步骤 4】导入几何模型。右键点击图 6-2 中 A3 导入几何模型，如图 6-4 所示。

【步骤 5】因上格数据（A3 格 Geometry）发生变化，需刷新数据，单击图 6-2 中 A4 刷新按钮，如图 6-5 所示。

【步骤 6】生成导入实体模型。右键点击图 6-2 所示项目流程图 A3 格 Geometry，选择 Editor Geometry in DesignModeler，如图 6-6 所示。启动 DesignModeler 界面，单击 Generate 生成导入的实体模型，如图 6-6 所示。

【步骤 7】双击如图 6-2 所示项目流程图 A4 格的"Model"项，启动 Mechanical，以下操作均在 Mechanical 窗口中进行，为几何体指定材料属性，如图 6-7 所示。

【步骤 8】在两个滑块间创建弹簧连接（图 6-8），并指定弹簧参数（图 6-9）。

　基于 ANSYS 的
车辆结构有限元分析

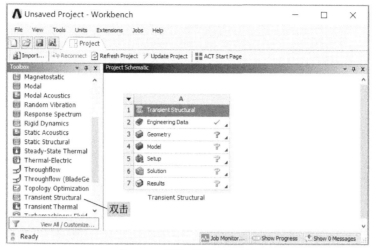

图 6-2　创建瞬态分析项目

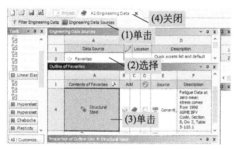

图 6-3　定义材料属性

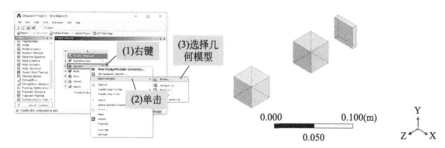

图 6-4　导入几何模型

图 6-5　刷新数据

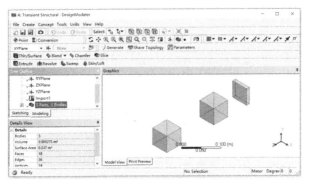

图 6-6　在 DesignModeler 中生成实体模型

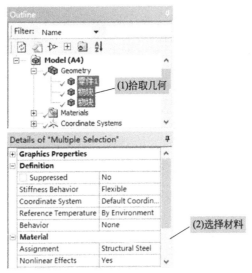

图 6-7　指定材料属性

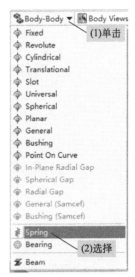

图 6-8　选择弹簧连接

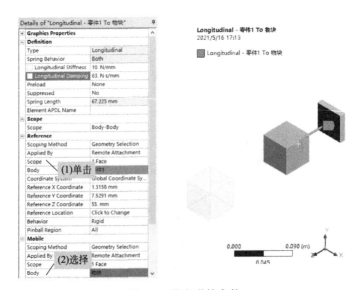

图 6-9　指定弹簧参数

基于 ANSYS 的
车辆结构有限元分析

【步骤 9】重复步骤 7 再创建一个弹簧运动副,多自由度弹簧阻尼系统如图 6-10 所示。

【步骤 10】对两滑块进行网格划分,选择网格划分方法如图 6-11 所示,按 Ctrl 选择两个滑块,指定网格划分参数划分几何实体如图 6-12,多自由度系统有限元模型如图 6-13 所示。

【步骤 11】对参考基底施加固定约束。选择 Body-Ground 中 Fixed,在图 6-14 固定设置中指定所需固定表面,如图 6-15 所示。

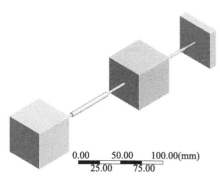

图 6-10　多自由度弹簧阻尼系统

图 6-11　选择网格划分方法

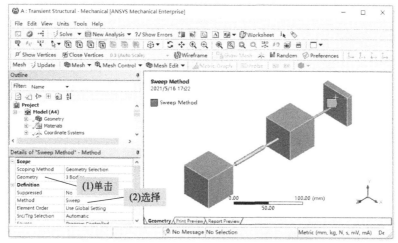

图 6-12　指定网格划分参数选择划分几何实体

【步骤 12】对滑块施加 X 和 Y 方向固定约束,选择约束方式指定约束参数如图 6-16,选择施加约束位置如图 6-17 所示。

【步骤 13】在滑块表面施加激振力载荷,并指定载荷,如图 6-18 所示。

【步骤 14】求解设置,指定瞬态分析载荷步、当前载荷步、截止时间、初始载荷子步、最小载荷子步、最大载荷子步等详细参数,如图 6-19 所示。

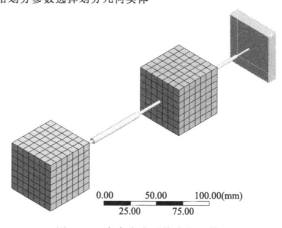

图 6-13　多自由度系统有限元模型

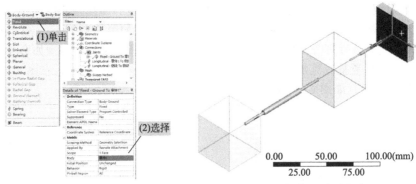

图 6-14 固定设置细节

图 6-15 指定所需固定表面

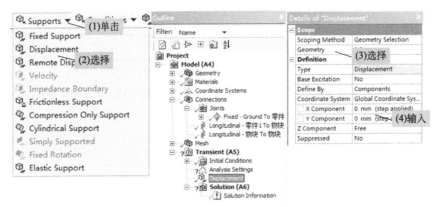

图 6-16 选择约束方式指定约束参数

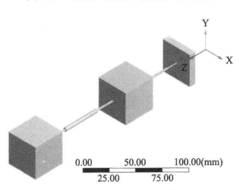

图 6-17 选择施加约束位置

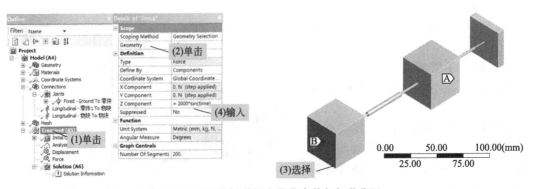

图 6-18 选择施加激振力载荷参数与加载位置

基于 ANSYS 的
车辆结构有限元分析

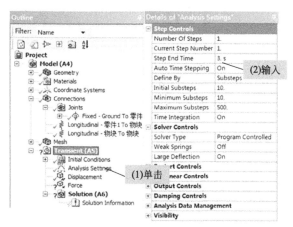

图 6-19　指定瞬态分析参数

【步骤 15】指定分析结果。在 Solution 中定义输出项如图 6-20 所示，创建滑块沿着 Z 方向随时间变化的速度、加速度以及变形量，如图 6-21 所示。求解设置单击 "Solve" 按钮，求解前导项目。

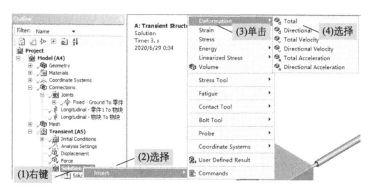

图 6-20　在 Solution 中定义输出项

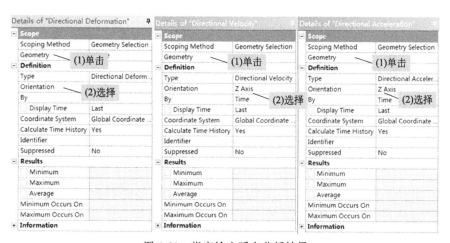

图 6-21　指定输出瞬态分析结果

【步骤 16】查看结果，如图 6-22～图 6-24 所示。

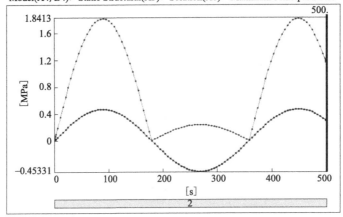

图 6-22　多自由系统瞬态分析变形随时间变化

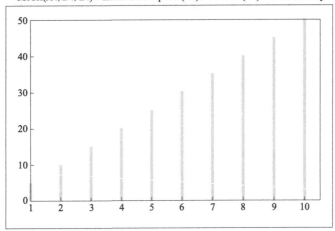

图 6-23　多自由系统瞬态分析速度随时间变化

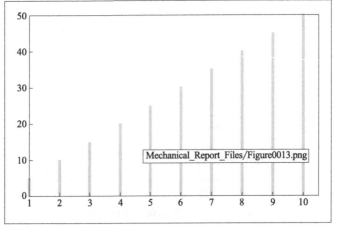

图 6-24　多自由系统瞬态分析加速度随时间变化

基于 ANSYS 的
车辆结构有限元分析

6.3 实例 6-2：车辆结构中转向桥连杆瞬态分析

车辆结构转向构件——转向桥连杆瞬态动力响应分析。

（1）问题描述　分析转向桥车辆结构件在转动过程中的瞬态动力响应。某水泥搅拌车转向桥连杆如图 6-25 所示，体积为 $1.0696\times10^{-2}\,\mathrm{m}^3$，质量为 83.961kg。连杆通过铰链分别与转向桥桥体（机架）和另一连杆相连。连杆只承受拉压载荷，两个铰接处没有力矩作用，当采用如图 6-25 所示直角坐标系时，连杆在一端铰接处具有固定约束，另一端铰接处承受 x 向循环载荷，其幅值为 $F_x=-1000\mathrm{kN}$。

（2）求解步骤

【步骤 1】在 Windows "开始" 菜单执行 ANSYS → Workbench。

【步骤 2】创建上游项目 A，进行模态分析，如图 6-26 所示。

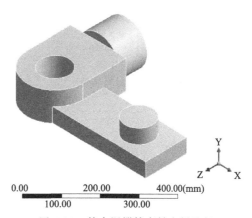

图 6-25　某水泥搅拌车转向桥连杆

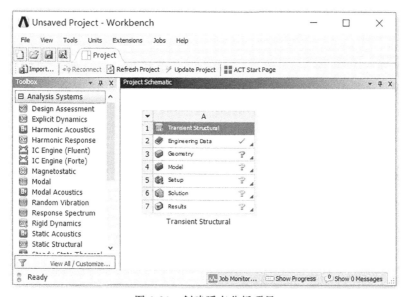

图 6-26　创建瞬态分析项目

【步骤 3】先双击如图 6-26 所示项目流程图 A2 格的 "Engineering Data" 项。如图 6-27 所示，从 Workbench 材料库中选择材料模型，将材料库中已有材料添加到当前分析项目中。

【步骤 4】导入几何模型。如图 6-28 所示选择导入几何模型。

【步骤 5】生成导入实体模型。右键点击如图 6-28 所示项目流程图 A3 格 Geometry，选择 Editor Geometry in DesignModeler，如图 6-29 所示；启动 DesignModeler 界面，单击 Generate 生成导入的实体模型，如图 6-30 所示。

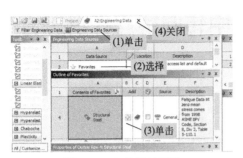

图 6-27　定义材料属性

图 6-28　导入几何模型

图 6-29　进入 DesignModeler 界面编辑导入模型

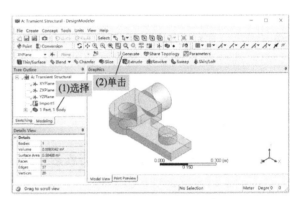

图 6-30　生成导入的实体模型

【步骤 6】因上格数据（A3 格 Geometry）发生变化，所以需要刷新数据，单击如图 6-26 所示项目流程图 A4 格 Model 后刷新按钮即可，如图 6-31 所示。

【步骤 7】双击如图 6-26 所示项目流程图 A4 格的"Model"项，启动 Mechanical，以下操作均在 Mechanical 窗口中进行。为几何体指定材料属性，如图 6-32 所示。

图 6-31　刷新数据

图 6-32　指定材料属性

【步骤 8】对几何实体进行划分单元。如图 6-33 所示选择划分单元方法，指定划分单元参数如图 6-34 所示，有限元模型如图 6-35 所示。

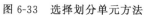

图 6-33　选择划分单元方法

图 6-34　指定划分单元参数

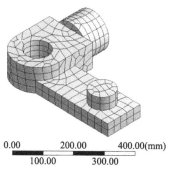

图 6-35　有限元模型

【步骤9】对结构进行约束的施加。创建接触项，右键单击 Model，选择 Insert→Connections，如图 6-36 所示。创建转动副如图 6-37 所示，选择 Cylindrical，选择转动位置孔内表面如图 6-38 所示，实现构件相对地面的转动副。

图 6-36　创建接触项

图 6-37　创建转动副

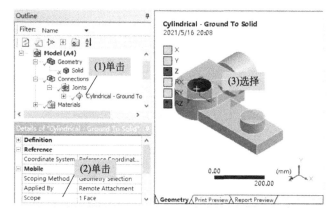

图 6-38　选择转动位置孔内表面

【步骤10】对结构进行载荷的施加。如图 6-39 所示指定铰链载荷，创建角加速度如图 6-40 所示，指定角加速度位置如图 6-41 所示。施加重力加速度，单击 Inertial 中 Standard Earth Gravity，并指定重力加速度方向，如图 6-42 所示。

图 6-39　指定铰链载荷

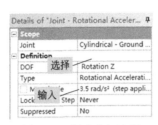

图 6-40　创建角加速度

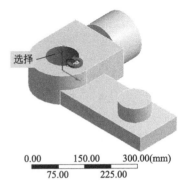

图 6-41　指定角加速度位置

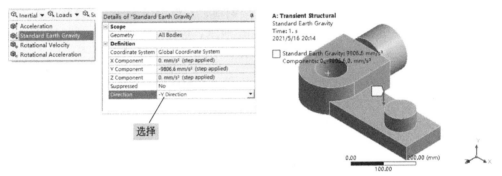

图 6-42　施加重力加速度

【步骤 11】求解设置。在分析设置中指定载荷步、当前载荷步、截止时间、初始载荷子步、最小载荷子步、最大载荷子步等，如图 6-43 所示。

【步骤 12】求解设置单击"⚡Solve ▾"按钮，求解前导项目，如图 6-44 所示。

图 6-43　指定分析设置

图 6-44　指定结果输出项

【步骤 13】查看结果，如图 6-45～图 6-47 所示。

【步骤 14】重复步骤 9，在构件凸起圆柱轴处创建转动副。对结构进行约束的施加，创建接触项，右键单击 Model，选择 Insert→Connections，如图 6-48 所示。创建转动副如图 6-49 所示，选择 Cylindrical，选择转动位置孔内表面如图 6-50 所示，实现构件相对地面的转动副。

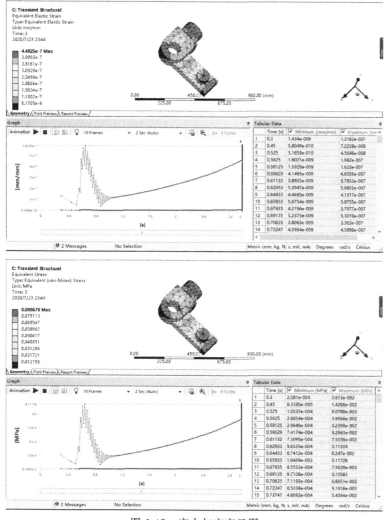

图 6-45　应力与应变云图

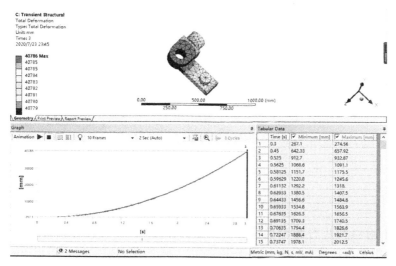

图 6-46　变形随时间变化结果曲线

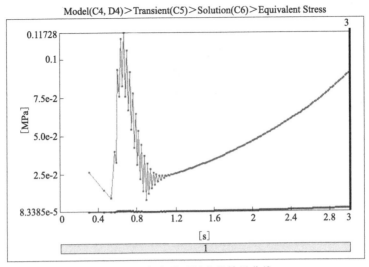

图 6-47　应力随时间变化结果曲线

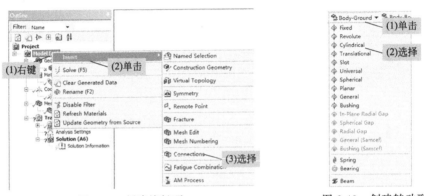

图 6-48　创建接触项　　　　　　　　图 6-49　创建转动副

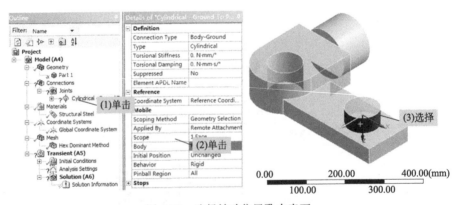

图 6-50　选择转动位置孔内表面

【步骤15】对结构进行载荷的施加。如图 6-51 所示指定铰链载荷，创建角加速度如图 6-52 所示，指定角加速度位置如图 6-53 所示。施加重力加速度，单击 Inertial 中 Standard Earth Gravity，并指定重力加速度方向，如图 6-54 所示。

180 基于 ANSYS 的
车辆结构有限元分析

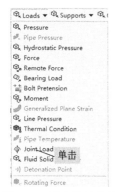

图 6-51　指定铰链载荷　　　　图 6-52　创建角加速度　　　　图 6-53　指定角加速度位置

【步骤 16】求解设置。在分析设置中指定载荷步、当前载荷步、截止时间、初始载荷子步、最小载荷子步、最大载荷子步等，如图 6-55 所示。

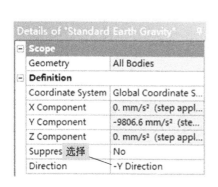

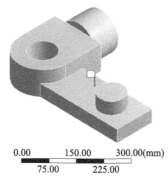

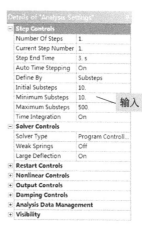

图 6-54　施加重力加速度　　　　　　　　　　　图 6-55　指定分析设置

【步骤 17】求解设置单击 " Solve ▼" 按钮，求解前导项目，如图 6-56 所示。

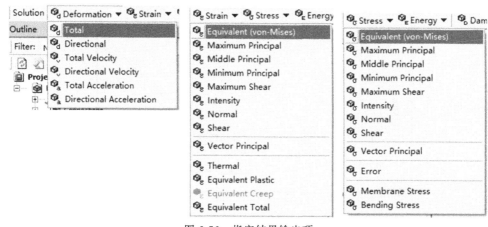

图 6-56　指定结果输出项

【步骤 18】查看结果，如图 6-57～图 6-59 所示。

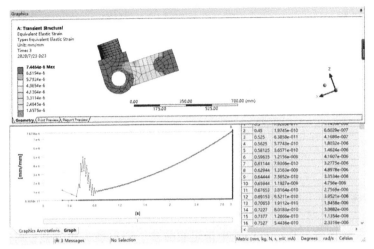

图 6-57 应力与应变云图

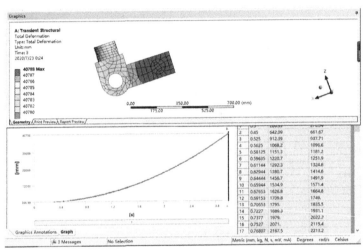

图 6-58 变形随时间变化结果曲线

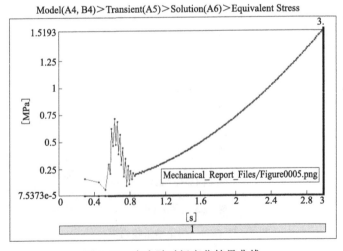

图 6-59 应力随时间变化结果曲线

基于 ANSYS 的
车辆结构有限元分析

第 7 章
车辆结构的谐响应分析

车辆结构的谐响应分析主要描述线性结构承受具有周期性正弦函数规律变化载荷时的稳态响应。通过谐响应分析，可得到结构的响应幅频特性曲线，进而对结构的动力学性能进行分析，以克服共振、疲劳及其他受迫振动的影响因素。

7.1 / ANSYS 谐响应分析简介

7.1.1 / 谐响应分析的原理

谐响应分析是线性分析，会忽略包括接触、塑性等所有非线性特性。不考虑瞬态效应，可以包括预应力效应。另外，还要求所有载荷必须具有相同的频率。

谐响应分析求解方法包括完全法（Full）和模态叠加法（Mode Superposition）。

（1）完全法　完全法是最简单有效的谐响应分析方法，但所需的计算资源也比较多，其具备以下优点：

① 不必关心如何选取振型；

② 采用完整的系数矩阵计算谐响应，不涉及质量矩阵的近似；

③ 系数矩阵可以是对称的，也可以是非对称的，非对称系数矩阵的典型应用是声学与轴承问题；

④ 用单一的过程计算出所有的位移和应力；

⑤ 可施加所有类型的载荷，包括节点力、强迫非零位移和单元载荷（压力和温度）等；

⑥ 能有效地使用实体模型载荷。

其缺点是用稀疏矩阵直接求解器求解要求较高计算资源，但用 JCG 求解器、ICCG 求解器求解某些 3D 问题时效率很高。

(2) 模态叠加法　模态叠加法通过对模态分析得到的振型乘以因子并求和来计算结构的响应，其优点是：

① 对于许多问题，比完全法计算更快、所需计算资源更少；

② 在预先进行的模态分析中施加的单元载荷，LVSCALE 命令可用在谐响应分析中；

③ 可以使解按固有频率聚集，以得到更光滑、更精确的响应曲线；

④ 可以考虑预应力效果；

⑤ 允许考虑模态阻尼。

缺点是不能施加非零位移。

7.1.2　谐响应分析步骤

(1) 完全法　完全法谐响应分析包括建模、施加载荷和求解、查看结果这三个步骤。

① 建模。完全法谐响应分析的建模过程与其他分析相似，包括定义单元类型、定义单元实常数、定义材料模型、建立几何模型和划分网格等。但需要注意的是：谐响应分析是线性分析，非线性特性将被忽略；必须定义材料的弹性模量和密度，或某种形式的刚度或质量，材料性质可以是线性的、各向同性的或正交各向异性的、恒温的或者与温度相关的。

② 施加载荷和求解。在该步骤中，需要指定分析类型和选项、施加载荷、载荷步选项，并进行求解。

分析选项包括分析类型选项、求解方法选项、解格式选项、质量矩阵选项、求解器选项。

根据响应分析的定义，施加的所有载荷都随时间按正弦规律变化。指定一个完整正弦载荷需要确定三个参数：幅值（Amplitude）、相位角（Phase Angle）、载荷频率范围（Forcing Frequency Range），或者实部、虚部和或载荷频率范围。

其中，幅值是载荷的最大值；相位角是载荷领先或滞后参考时间的量度，在复平面上，相位角是以实轴为起始的角度。当存在多个有相位差的载荷时，必须指定相位角。相位角不能直接定义，而是由加载命令的 VALUE、VALUE2 参数指定载荷的实部及虚部，即载荷的实部、虚部与幅值、相位角的关系。

为得到响应曲线，需要指定载荷的频率范围，所有载荷的频率必须相同。

载荷类型包括位移约束、集中载荷、压力、温度体载荷和惯性载荷。可以在关键点、线、面、体等实体模型上施加载荷，也可以在节点、单元等有限元模型上施加载荷。

载荷步选项包括：普通选项有谐响应解的数目、是斜坡载荷还是阶跃载荷；动力学选项有强迫振动频率范围、阻尼；输出选项有打印输出选项、数据库和结果文件输出选项、结果外推选项。

③ 查看结果。分析计算得到的所有结果也都是按正弦规律变化的，可用 POST1 或 POST26 查看结果。POST1 用于查看在特定频率下整个模型结果，POST26 用于查看模型特定点在整个频率范围内的结果。通常的处理顺序是首先用 POST26 找到临界频率，然后用 POST1 在临界频率处查看整个模型。

POST26 用结果-频率对应关系表来查看结果，1 号变量被软件定为频率，先定义变量，然后可以绘制变量-频率曲线，或者列出变量-频率关系表，列出变量的极限值。

在 POST1 中，先用 SET 命令读某一频率的结果到内存，然后进行结果查看。

(2) 模态叠加法　模态叠加法谐响应分析包括建模、获得模态解、用模态叠加法进行谐响应分折、扩展解、查看结果五个步骤，其中建模和查看结果过程与完全法相同，下面介绍其他步骤。

① 获得模态解。分析过程与普通的模态分析基本相同，要注意的是：

a. 可以使用的模态提取方法有块兰索斯法、预条件兰索斯法、子空间法、超节点法、非称矩阵法、QR 阻尼法；

b. 确保提取出对谐响应有贡献的所有模态；

c. 使用 QR 阻尼法时，必须在模态分析中指定阻尼，在谐响应分析中定义附加阻尼；

d. 如果需要施加简谐单元载荷（如压力、温度或加速度等），则必须在模态分析中施加，这些载荷在模态分析时会被忽略，但会计算相应的载荷向量并保存到振型文件中，以便在模态叠加时使用；

e. 在模态分析和谐响应分析中不能改变模型。

② 用模态叠加法进行谐响应分析。进行模态叠加需要满足以下条件。

a. 模态文件 Jobname. MODE 必须可用。

b. 如果加速度载荷 ACEL 存在于模态叠加分析中，则 Jobname. FULL 文件必须是可用的。

c. 数据库中必须包括与模态分析相同的模型。

d. 如果在模态分析中创建了载荷向量并把单元结果写到 Jobname. MODE 文件中，则单元模态载荷文件 Jobname. MLV 必须是可用的。

具体分析步骤如下。

a. 再次进入求解器。

b. 定义分析类型和分析选项。与完全法的不同点是：要选择模态提取方法为模态叠加法。指定叠加的模态数，为提高解的精度，模态数应超过强迫载荷频率范围的 50%。添加在模态分析计算出的残差矢量，可以包含更高频率模态的贡献。将解按结构的固有频率进行聚集，以得到更光滑、更精确的响应曲线。

c. 施加载荷。与完全法的不同点是：只有集中力、加速度及在模态分析中产生的载荷向量是有效的。

d. 指定载荷步选项。需要指定频率范围和解的数量。必须指定某种形式的阻尼，否则共振频率的响应将是无穷大。

e. 求解。

f. 退出求解器。

③ 扩展解。扩展解是根据谐响应分析计算位移、应力和力的解，该计算只在指定的频率和相位角上进行，所以扩展前应查看谐响应分析的结果，以确定临界频率和相位角。

因为谐响应分析的位移解可用于后处理，所以只需要位移解时不需要扩展解，而需要应力、力的解时扩展是必需的。

扩展解时谐响应分析的 RFRQ、DB 文件及模态分析的 MODE、EMAT、LMODE、ESAV、MLV 文件必须可用。数据库中必须包含与谐响应分析相同的模型。

扩展模态的过程如下。

a. 重新进入求解器。

b. 激活扩展过程及选项，包括扩展过程开关选项、扩展解数量选项等。

c. 指定载荷步选项，可用的是输出控制选项。

d. 求解扩展过程。

e. 重复 b～d 步，对其他解进行扩展。每个扩展过程在结果文件中都单独保存为一个载荷步。

f. 退出求解器。

7.2 / 实例 7-1: 车辆多自由度振动谐响应 APDL 分析

车辆结构减振系统——多自由度系统的受迫振动谐响应 APDL 分析。

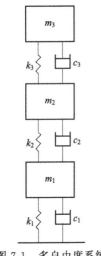

图 7-1 多自由度系统

（1）问题描述 多自由度系统如图 7-1 所示，质量 $m_1 = m_2 = m_3 = 1\text{kg}$，弹簧刚度 $k_1 = k_2 = k_3 = 10000\text{N/m}$，阻尼系数 $c_1 = c_2 = c_3 = 63\text{N·s/m}$，作用在系统上的激振力 $f(t) = F_0 \sin \omega t$，$F_0 = 2000\text{N}$，ω 为激振频率。

（2）ANSYS 中 Mechanical APDL 分析步骤

【步骤 1】改变工作名。选择菜单 Utility Menu→File→Change Jobname，弹出如图 7-2 所示的对话框，在 "［/FILNAM］" 文本框中输入 E7-1，单击 "OK" 按钮。

【步骤 2】指定单元类型。选择菜单 Main Menu→Preprocessor→Element Type→ Add/Edit/Delete，弹出如图 7-3 所示的对话框，单击 "Add" 按钮；弹出如图 7-4(a) 所示的对话框，在左侧列表中选 "Structural Mass"，在右侧列表中选 "3D mass 21"，单击 "Apply" 按钮；再次弹出如图 7-4(b) 所示的对话框，在左侧列表中选 "Combination"，在右侧列表中选 "Spring-damper 14"，单击 "OK" 按钮；单击如图 7-3 所示对话框的 "Close" 按钮。

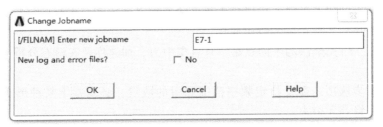

图 7-2 改变工作名对话框

图 7-3 单元类型对话框

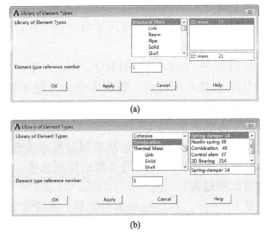

图 7-4 单元类型库对话框

【步骤3】定义实常数。选择菜单 Main Menu→Preprocessor→Real Constants→Add/Edit/ Delete，弹出如图 7-5 所示的对话框，单击"Add"按钮，弹出如图 7-6 所示的对话框。在列表中选择"Type 1 MASS21"，单击"OK"按钮，弹出如图 7-7 所示的对话框。在"MASSX"文本框中输入 1，单击"OK"按钮；返回如图 7-5 所示的对话框，单击"Add"按钮，再次弹出如图 7-6 所示的对话框，在列表中选择"Type 2 COMBIN14"，单击"OK"按钮，弹出如图 7-8 所示的对话框，在"K"文本框中输入 10000，在"CV1"文本框中输入 63，单击"OK"按钮；返回如图 7-5 所示的对话框，单击"Close"按钮。于是，定义了 MASS21 单元的质量为 1kg，COMBIN14 单元的刚度和阻尼系数分别为 10000N/m 和 63N・s/m。

图 7-5　实常数对话框

图 7-6　选择单元类型对话框

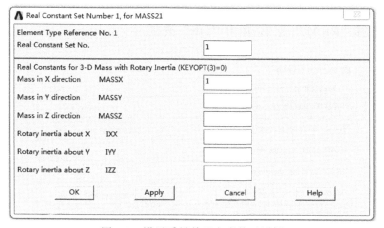

图 7-7　设置质量单元实常数对话框

【步骤4】创建节点。选择菜单 Main Menu→Preprocessor→Modeling→Create→Nodes→In Active CS，弹出如图 7-9 所示的对话框。在"NODE"文本框中输入 1，在"X，Y，Z"文本框中分别输入 0，0，0，单击"Apply"按钮；在"NODE"文本框中输入 2，在"X，Y，Z"文本框中分别输入 1，0，0，单击"Apply"按钮；在"NODE"文本框中输入 3，在"X，Y，Z"文本框中分别输入 2，0，0，单击"Apply"按钮；在"NODE"文本框中输入 4，在"X，Y，Z"文本框中分别输入 3，0，0，单击"OK"按钮。

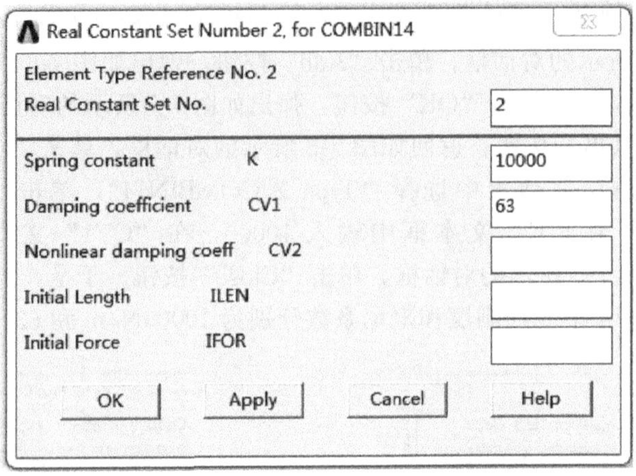

图 7-8　设置刚度与阻尼实常数对话框

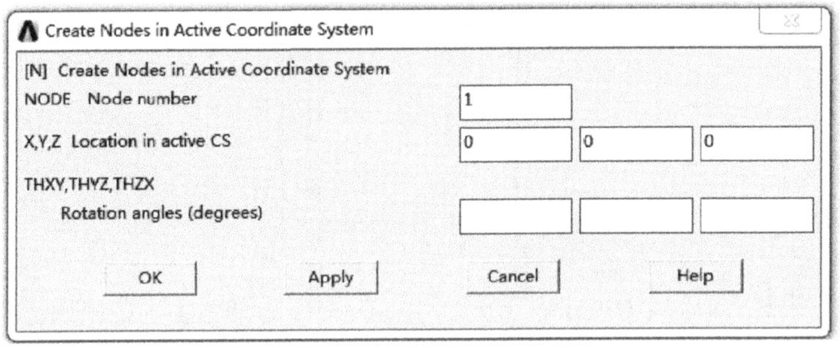

图 7-9　创建节点对话框

【步骤 5】设置拟创建单元的属性。选择菜单 Main Menu→Preprocessor→Modeling→Create→Elements→Elem Attributes，弹出如图 7-10 所示的对话框，选择 "TYPE" 为 2 COMBIN14，选择 "REAL" 为 2，单击 "OK" 按钮。

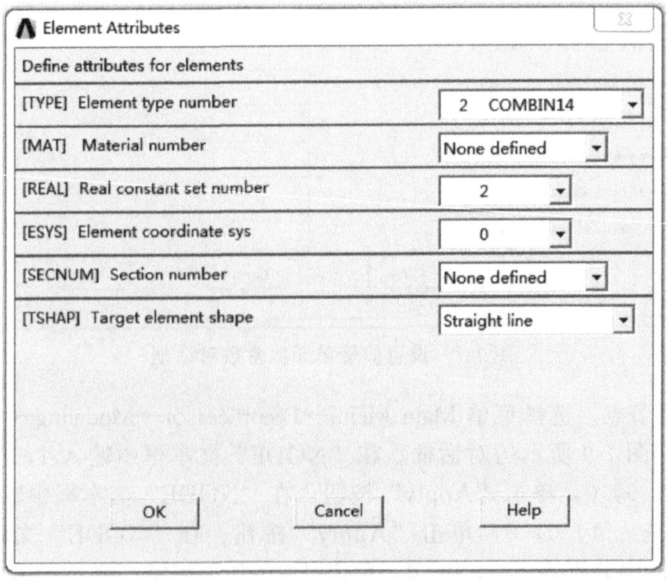

图 7-10　单元属性对话框

基于 ANSYS 的
车辆结构有限元分析

【步骤6】创建弹簧阻尼单元。选择菜单 Main Menu→Preprocessor→Modeling→Create→Elements→Auto Numbered→Thru Nodes，弹出选择窗口，选择节点1和2，单击"Apply"按钮；选择节点2和3，单击"Apply"按钮；选择节点3和4，单击"OK"按钮。

【步骤7】设置拟创建单元的属性。选择菜单 Main Menu→Preprocessor→Modeling→Create→Elements→Elem Attributes，弹出如图7-10所示的对话框，选择"TYPE"为1 MASS21，选择"REAL"为1，单击"OK"按钮。

【步骤8】创建质量单元。选择菜单 Main Menu→Preprocessor→Modeling→Create→Elements→Auto Numbered→Thru Nodes，弹出选择窗口，选择节点2，单击"Apply"按钮；选择节点3，单击"Apply"按钮；选择节点4单击"OK"按钮。

【步骤9】显示节点和单元编号。选择菜单 Utility Menu→PlotCtrls→Numbering，弹出如图7-11所示的对话框，将"Node numbers"（节点编号）打开，选择"Elem/Attrib numbering"为 Element numbers（显示单元编号）打开，单击"OK"按钮。

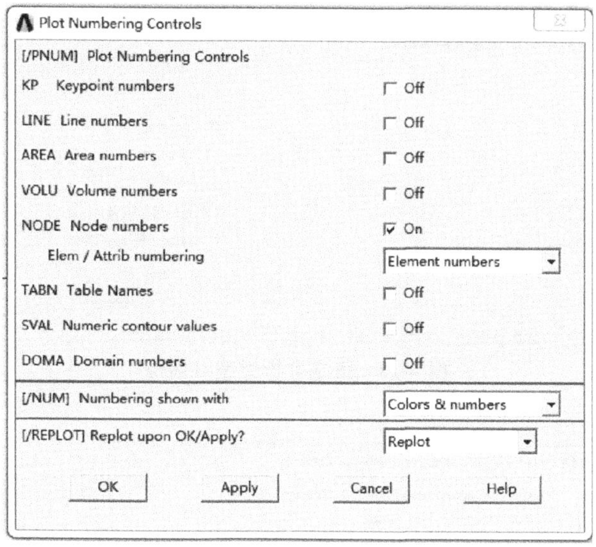

图7-11　编号控制对话框

【步骤10】对系统施加约束。选择菜单 Main Menu→Solution→Define Loads→Apply→Structural→Displacement→On Nodes，弹出选择窗口，选择节点1，单击"OK"按钮，弹出如图7-12所示的对话框。在"Lab2"列表中选择"All DOF"，单击"OK"按钮；再次执行命令，弹出选择窗口，选择节点2，单击"OK"按钮，再次弹出如图7-12所示的对话框。在"Lab2"列表中选择"UY""UZ""ROTX""ROTY""ROTZ"，单击"OK"按钮；再次执行命令，分别针对节点3和4在"UY""UZ""ROTX""ROTY""ROTZ"各方向施加约束。

【步骤11】指定分析类型。选择菜单 Main Menu→Solution→Analysis Type→New Analysis，弹出如图7-13所示的对话框，选择"Type of analysis"为"Harmonic"，单击"OK"按钮。

【步骤12】指定激振频率范围和解的数目。选择菜单 Main Menu→Solution→Load Step Opts→Time/Frequenc→Freq and Substps，弹出如图7-14所示的对话框，在"HARFRQ"文本框中输入0和50（在ANSYS中，频率单位为Hz），在"[NSUBST]"文本框中输入

25，选择"［KBC］"为"Stepped"，单击"OK"按钮。

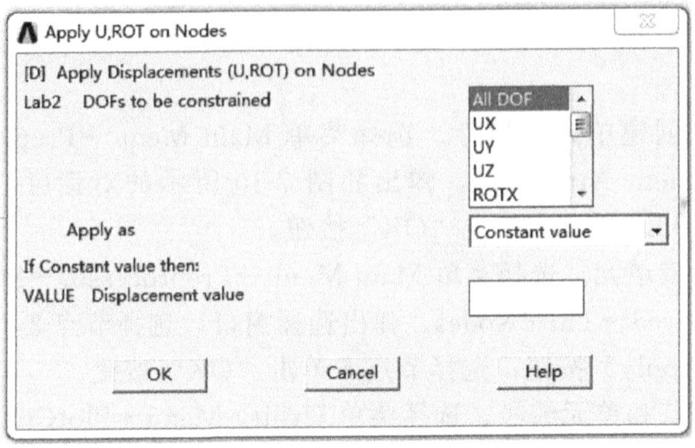

图 7-12 在节点上施加约束对话框

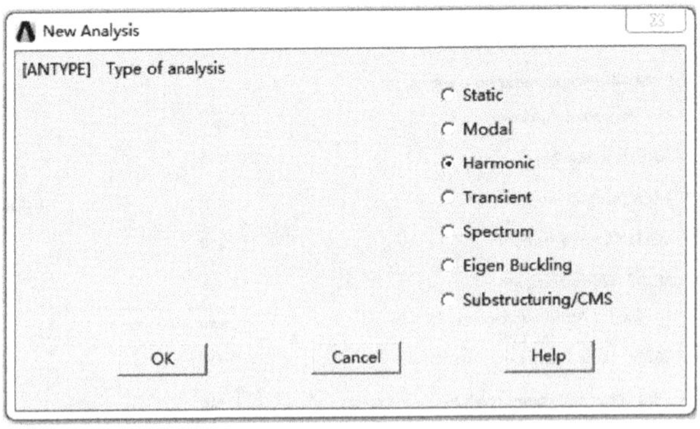

图 7-13 指定分析类型对话框

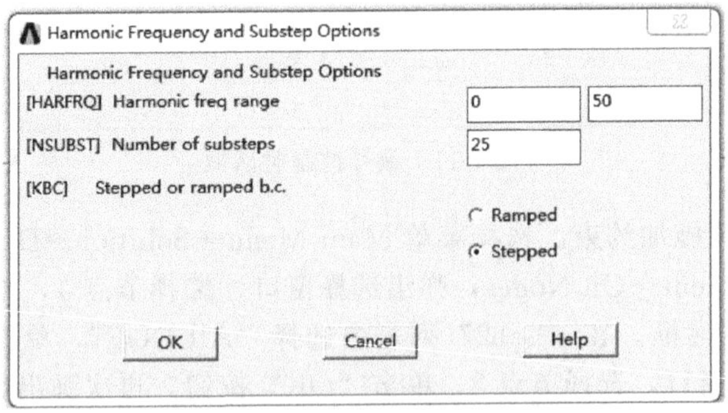

图 7-14 指定频率范围对话框

【步骤 13】对系统施加载荷。选择菜单 Main Menu→Solution→Define Loads→Apply→Structural→Force/Moment→On Nodes，弹出选择窗口，选择节点 4（m_3），单击"OK"按钮，弹出如图 7-15 所示的对话框，选择"Lab"为"FX"，在"VALUE"文本框中输入 2000，单击"OK"按钮。

【步骤 14】对系统求解。选择菜单 Main Menu→Solution→Solve→Current LS，单击 "Solve Current Load Step"对话框的"OK"按钮，出现"Solution is done!"提示时，求解 结束，从下一步开始，进行结果的查看。

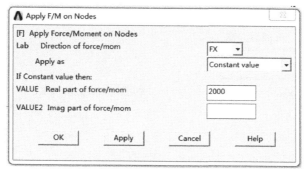

图 7-15　施加载荷对话框

【步骤 15】定义求解变量。选择菜单 Main Menu→TimeHist Postpro→Define Variables，弹出如图 7-16 所示的对话框，单击 "Add" 按钮，弹出如图 7-17 所示的对话框，选择 "Type of variable" 为 "Nodal DOF result"，单击 "OK" 按钮，弹出选择窗口，选择节点 2，单击 "OK" 按钮，弹出如图 7-18 所示的对话框，在 "Name" 文本框中输入 Dispx1，单击 "OK" 按钮，返回如图 7-16 所示的对话框，单击 "Close" 按钮。再次执行命令，分别针对节点 3 和 4 定义变量 "Name" 为 Dispx2 及 Dispx3。

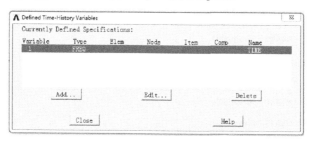

图 7-16　定义变量对话框

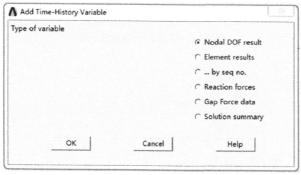

图 7-17　变量类型对话框

【步骤 16】用图形显示幅值与频率关系曲线。选择菜单 Main Menu→TimeHist Postpro→Graph Variables，弹出如图 7-19 所示的对话框，在 "NVAR1" 文本框中输入 2，在 "NVAR2" 文本框中输入 3，在 "NVAR3" 文本框中输入 4，单击 "OK" 按钮。于是得到载荷施加在 m_3 时系统振动幅值与频率的关系曲线，如图 7-20 所示。

【步骤 17】选择曲线图显示相位角。选择菜单 Main Menu→TimeHist Postpro→Settings→Graph，弹出如图 7-21 所示的对话框，选择 "[PLCPLX]" 为 "Phase angle"，单击 "OK" 按钮。

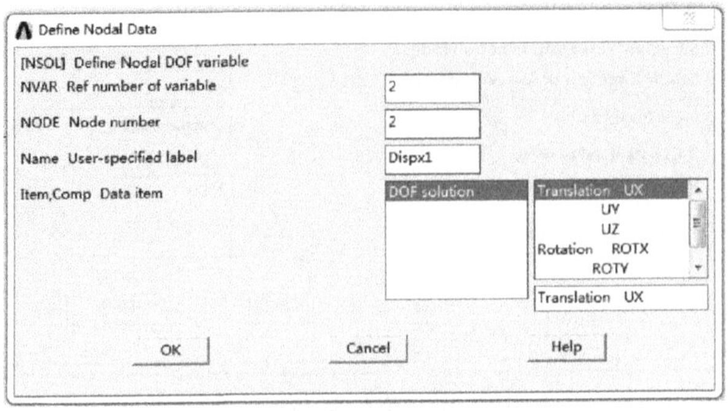

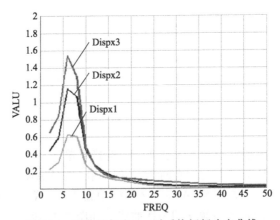

图 7-18　定义数据类型对话框

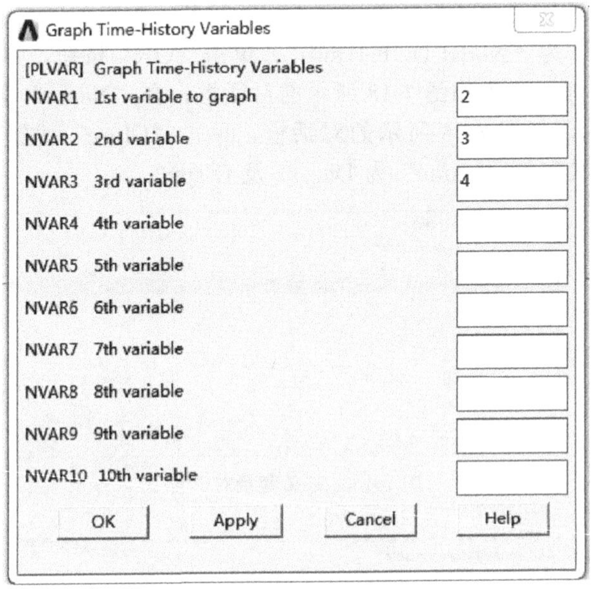

图 7-19　选择显示变量对话框

图 7-20　载荷施加在 m_3 时系统幅频响应曲线

【步骤 18】用图形显示相位角与频率关系曲线。重复步骤 16，于是得到载荷施加在 m_3 时振动响应与激振力的相位差与频率的关系曲线，如图 7-22 所示。

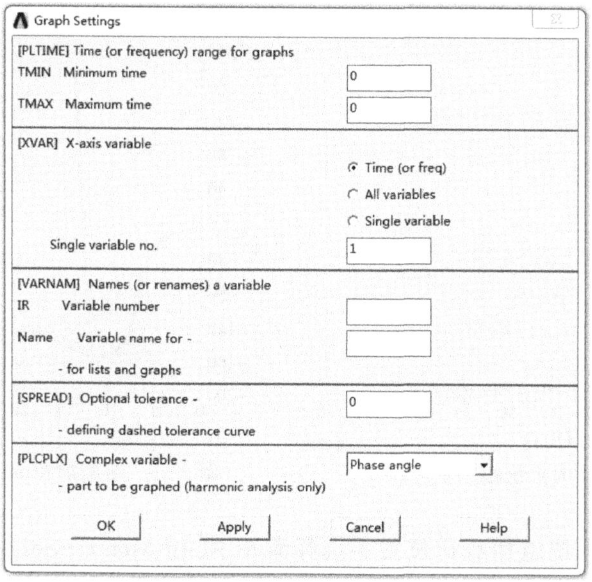

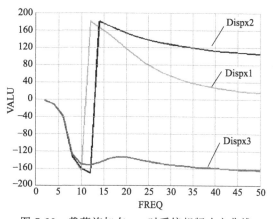

图 7-21　设置曲线图对话框

【步骤 19】改变系统施加载荷位置。选择菜单 Main Menu → Solution → Define Loads → Delete → Structural → Force/Moment→On Nodes，弹出选择窗口，选择节点 4（m_3），单击"OK"按钮，弹出如图 7-23 所示的对话框，选择"Lab"为"FX"，单击"OK"按钮。由此删除之前施加的载荷。

重复步骤 13，选择菜单 Main Menu→Solution→Define Loads → Apply → Structural → Force/Moment→On Nodes，弹出选择窗口，选择节点 3（m_2），单击"OK"按钮，弹出如图 7-15 所示的对话框，选择"Lab"为"FX"，在"VALUE"文本框中输入 2000，单击"OK"按钮。

图 7-22　载荷施加在 m_3 时系统相频响应曲线

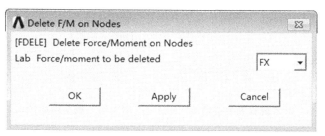

图 7-23　删除载荷对话框

【步骤 20】用图形分别显示幅值、相位角与频率关系曲线。重复步骤 16～步骤 18，于是得到载荷施加在 m_2 时系统振动幅值与频率的关系曲线，如图 7-24 所示；以及振动响应与激振力的相位差和频率的关系曲线，如图 7-25 所示。

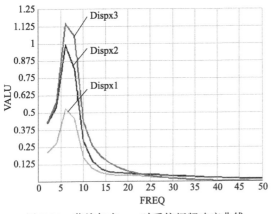

图 7-24　荷施加在 m_2 时系统幅频响应曲线

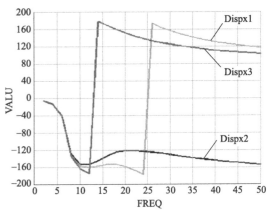

图 7-25　荷施加在 m_2 时系统相频响应曲线

【步骤 21】改变系统施加载荷位置。选择菜单 Main Menu→Solution→Define Loads→Delete→Structural→Force/Moment→On Nodes，弹出选择窗口，选择节点 3（m_2），单击"OK"按钮，弹出如图 7-23 所示的对话框，选择"Lab"为"FX"，单击"OK"按钮。由此删除之前施加的载荷。

重复步骤 13，选择菜单 Main Menu→Solution→Define Loads→Apply→Structural→Force/Moment→On Nodes，弹出选择窗口，选择节点 2（m_1），单击"OK"按钮，弹出如图 7-15 所示的对话框，选择"Lab"为"FX"，在"VALUE"文本框中输入 2000，单击"OK"按钮。

【步骤 22】用图形分别显示幅值、相位角与频率关系曲线。重复步骤 16～步骤 18，于是得到载荷施加在 m_1 时系统振动幅值与频率的关系曲线，如图 7-26 所示；以及振动响应与激振力的相位差和频率的关系曲线，如图 7-27 所示。

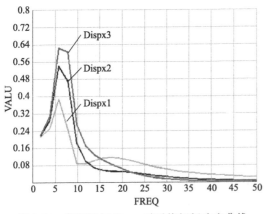

图 7-26　载荷施加在 m_1 时系统幅频响应曲线

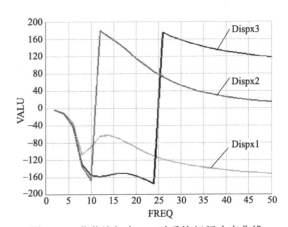

图 7-27　载荷施加在 m_1 时系统相频响应曲线

【步骤 23】改变系统施加载荷位置。选择菜单 Main Menu→Solution→Define Loads→Delete→Structural→Force/Moment→On Nodes，弹出选择窗口，选择节点 2（m_1），单击"OK"按钮，弹出如图 7-23 所示的对话框，选择"Lab"为"FX"，单击"OK"按钮。由此删除之前施加的载荷。

重复步骤 13，选择菜单 Main Menu→Solution→Define Loads→Apply→Structural→Force/Moment→On Nodes，弹出选择窗口，选择节点 4（m_3），选择节点 3（m_2），单击"OK"按钮，弹出如图 7-15 所示的对话框，选择"Lab"为"FX"，在"VALUE"文本框中输入 2000，单击"OK"按钮。

【步骤 24】用图形分别显示幅值、相位角与频率关系曲线。重复步骤 16～步骤 18，于是得到载荷施加在 m_2 和 m_3 时系统振动幅值与频率的关系曲线，如图 7-28 所示；以及振动响应与激振力的相位差和频率的关系曲线，如图 7-29 所示。

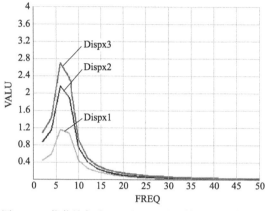
图 7-28　载荷施加在 m_2 和 m_3 时系统幅频响应曲线

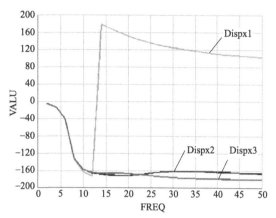
图 7-29　载荷施加在 m_2 和 m_3 时系统相频响应曲线

7.3 / 实例 7-2：车辆多自由度振动谐响应 Workbench 分析

车辆结构减振系统——多自由度系统的受迫振动谐响应 Workbench 分析。

（1）问题描述　多自由度系统如图 7-30 所示，质量 $m_1 = m_2 = 1$kg，弹簧刚度 $k_1 = k_2 = 10000$N/m，阻尼系数 $c_1 = c_2 = 63$N·s/m，作用在系统上的激振力 $f(t) = F_0 \sin\omega t$，$F_0 = 200$N，ω 为激振频率。

（2）ANSYS 中 Workbench 分析步骤　弹簧阻尼谐响应分析主要采用模态叠加法对弹簧阻尼进行谐响应分析。

【步骤 1】在 Windows "开始"菜单执行 ANSYS→Workbench。

【步骤 2】创建上游项目 A，将谐响应拖入 A6，创建项目 B，进行谐响应分析，如图 7-31 所示。

① 双击 Toolbox 中的 Modal，创建项目 A。

② 将 Harmonic Response 拖入项目 A6 中，创建项目 B。

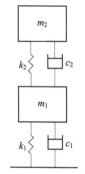
图 7-30　多自由度系统

【步骤 3】先双击如图 7-31 所示项目流程图 A2 格的"Engineering Data"项。从 Workbench 材料库中选择材料模型，将材料库中已有材料添加到当前分析项目中，如图 7-32 所示。

【步骤 4】导入几何模型。右键点击图 7-31 中 A3 导入几何模型，如图 7-33 所示。

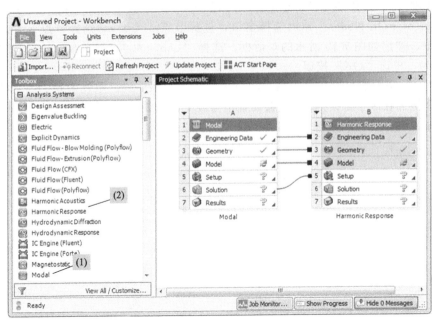

图 7-31 创建项目

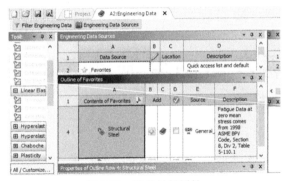

图 7-32 定义材料属性

图 7-33 导入几何模型

① 右键点击 A3 中 Geometry。

② 单击 Import Geometry。

③ 单击 Browse 选择几何模型。

【步骤 5】因上格数据（A3 格 Geometry）发生变化，所以需刷新数据，单击图 7-31 中 A4 刷新按钮。

【步骤 6】双击如图 7-31 所示项目流程图 A4 格的"Model"项，启动 Mechanical，以下操作均在 Mechanical 窗口中进行。为几何体指定材料属性，如图 7-34 所示。

【步骤 7】在两个滑块间创建弹簧连接，如图 7-35 所示，并指定弹簧参数，如图 7-36 所示。

【步骤 8】重复步骤 7 再创建一个弹簧运动副，多自由度弹簧阻尼系统如图 7-37 所示。

【步骤 9】对两滑块进行网格划分，选择网格划分方法如图 7-38，按"Ctrl"键选择两个滑块，指定网格划分参数如图 7-39，多自由度系统有限元模型如图 7-40 所示。

图 7-34　指定材料属性

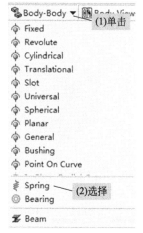

图 7-35　选择弹簧连接

图 7-36　指定弹簧参数

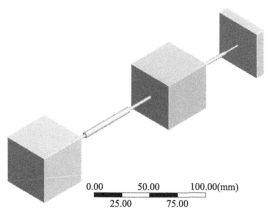

图 7-37　多自由度弹簧阻尼系统

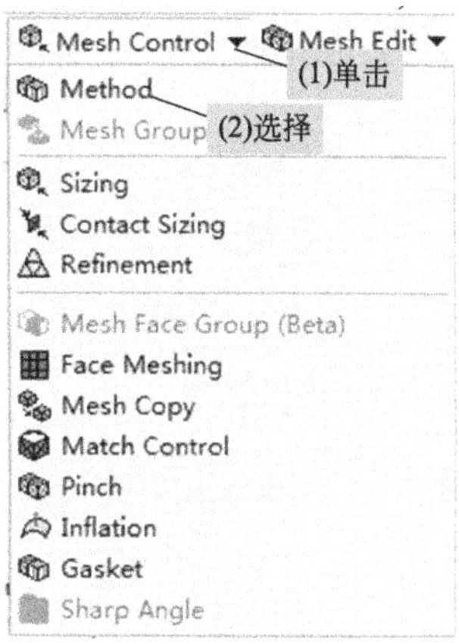

图 7-38　选择网格划分方法

图 7-39　指定网格划分参数

　　【步骤 10】对参考基底施加固定约束。选择 Body-Ground 中 Fixed，在图 7-41 固定设置中指定所需固定表面，如图 7-42 所示。

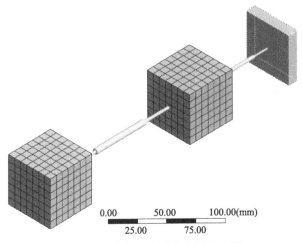

0.00   50.00   100.00(mm)

25.00   75.00

图 7-40　多自由度系统有限元模型

Details of "Fixed - Ground To 零件1"	
Definition	
Connection Type	Body-Ground
Type	Fixed
Solver Element Type	Program Controlled
Suppressed	No
Element APDL Name	
Reference	
Coordinate System	Reference Coordi...
Mobile	
Scoping Method	Geometry Selection
Applied By	Remote Attachment
Scope	1 Face
Body	
Initial Position	Unchanged
Behavior	Rigid
Pinball Region	All

单击

图 7-41　固定设置细节

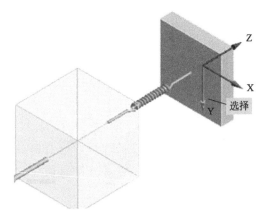

图 7-42　指定所需固定表面

【步骤11】对滑块施加 X 和 Y 方向固定约束，选择约束方式如图 7-43 所示，选择施加约束位置如图 7-44 所示，指定约束参数如图 7-45 所示。

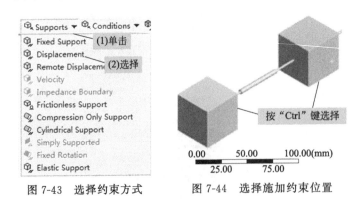

图 7-43　选择约束方式　　　图 7-44　选择施加约束位置

Details of "Displacement"	
Scope	
Scoping Method	Geometry Selection
Geometry	2 Faces
Definition	
Type	Displacement
Define By	Components
Coordinate System	Global Coordinate...
X Component	0. mm
Y Component	0. mm
Z Component	Free
Suppressed	No

输入

图 7-45　指定约束参数

【步骤12】在滑块表面施加集中力载荷，如图 7-46～图 7-48 所示。

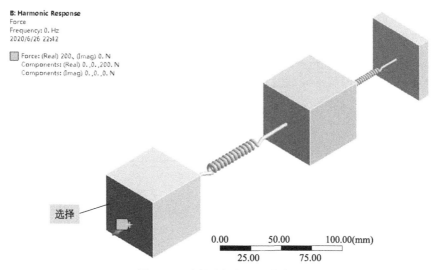

B: Harmonic Response
Force
Frequency: 0. Hz
2020/6/26 22:42

☐ Force: (Real) 200., (Imag) 0. N
Components: (Real) 0.,0.,200. N
Components: (Imag) 0.,0.,0. N

选择

0.00   50.00   100.00(mm)
    25.00   75.00

图 7-46   选择施加集中载荷位置

Details of "Force"

Scope	
Scoping Method	Geometry Selection
Geometry	1 Face
Definition	(1)单击
Type	Force
Define By	Components
Coordinate System	Global Coordinate S...
☐ X Component	0. N
☐ Y Component	0. N
☐ Z Component	200. N
☐ X Phase Angle	0. ° (2)输入
☐ Y Phase Angle	0. °
☐ Z Phase Angle	0. °
Suppressed	No

图 7-47   指定施加载荷方式

Details of "Analysis Settings"

Options	
Frequency Spacing	Linear
☐ Range Minimum	0. Hz
☐ Range Maximum	50. Hz
☐ Solution Intervals	10 输入
User Defined Frequ...	Off
Solution Method	Mode Superpositi...
Include Residual Ve...	No
Cluster Results	No
Store Results At All ...	Yes
⊞ **Rotordynamics Controls**	
⊞ **Output Controls**	
⊞ **Damping Controls**	
⊞ **Analysis Data Management**	

图 7-48   指定谐响应分析参数

【步骤13】指定分析结果，如图 7-49 所示，单击 " 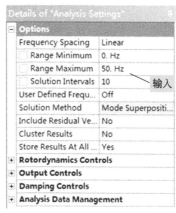 Solve ▼ " 按钮，求解前导项目。

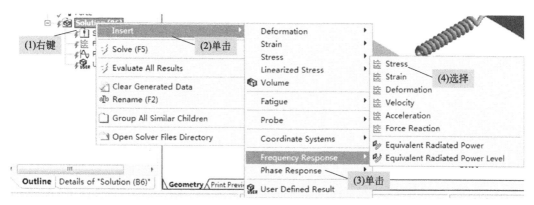

图 7-49   指定输出谐响应分析结果

【步骤14】查看结果，如图 7-50 所示。

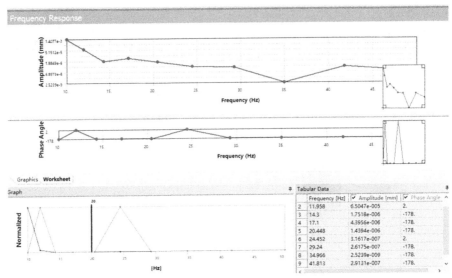

图 7-50　多自由系统谐响应分析结果

基于 ANSYS 的
车辆结构有限元分析

第8章

车辆结构的
疲劳分析

当材料或结构受到多次变化的载荷作用后，在应力值甚至没有超过材料的强度极限和弹性极限的情况下就可能发生破坏，这种现象称为疲劳破坏。

车辆结构和其中很多零件承受的载荷大多是交变载荷，因此对重要结构及零件应进行疲劳设计。目前，车辆结构的疲劳研究主要集中在悬架、连杆、车架、传动轴等一些主要零部件上。

8.1 / 疲劳分析基础

（1）疲劳分类　根据疲劳失效前发生的载荷循环次数，可将疲劳分为以下两类。

① 高周疲劳：交变应力大小适中，在材料中几乎不产生塑性变形或只产生很小的塑性变形，处于这种载荷下的零件在疲劳失效前往往可承受较高循环次数（$\geqslant 10^4$ 次）的载荷。称这种疲劳为高周疲劳，也称为应力疲劳。

② 低周疲劳：和高周疲劳相反，低周疲劳由于常常伴随材料的塑性变形，其承受的载荷循环次数较低（$< 10^4$ 次），又称为应变疲劳。

（2）材料的疲劳特性曲线　材料的疲劳特性曲线分为应力寿命曲线（S-N 曲线）和应变寿命曲线（ε-N 曲线），分别对应应力疲劳和应变疲劳。

材料在同一循环特征下，交变应力越大，经历的循环次数就越少。交变应力 S 与循环次数（寿命）N 的关系曲线即为 S-N 曲线。一般情况下，零件具有较高疲劳寿命甚至接近无限寿命，故应力疲劳分析应用得较多。典型的 S-N 曲线如图 8-1 所示。

（3）疲劳分析基本流程　疲劳分析普遍基于疲劳累积损伤理论，运用该理论进行计算时，需要知道材料的疲劳特性曲线（S-N 曲线或 ε-N 曲线）、静力学分析结果以及载荷时间历程。材料的疲劳特性曲线是通过查询或实验确定的；静力学分析结果一般是指在单位载荷作用下的等效应力结果；载荷时间历程施加在结构上，与之前的单位载荷下等效应力结果相乘，结合损伤理论进行疲劳寿命计算。

疲劳分析基本流程如图 8-2 所示。

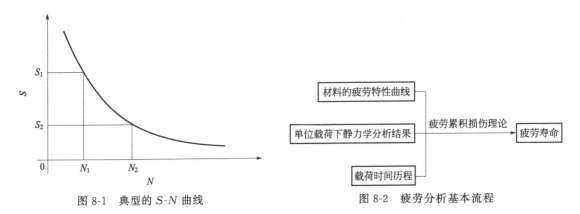

图 8-1　典型的 $S\text{-}N$ 曲线　　　　　图 8-2　疲劳分析基本流程

8.2 ╱转向桥连杆的疲劳分析

（1）问题描述　转向桥是承担转向任务的车桥，一般汽车的前桥是转向桥，四轮转向汽车的前后桥都是转向桥。它利用车桥中的转向节使两端的车轮偏转一定的角度，以实现汽车的转向。转向桥除承担汽车的垂直载荷外，还承受纵向力和侧向力及由这两力产生的力矩。连杆作为转向桥的导向和传力元件，控制车轮按既定方向转动。连杆通过铰链把转向桥中各个构件连接在一起，起着重要的连接作用，故连杆应有足够的静强度和疲劳强度。

某水泥搅拌车转向桥连杆如图 8-3 所示，体积为 $1.0696\times10^{-2}\,\mathrm{m}^3$，质量为 $83.961\mathrm{kg}$。连杆通过铰链分别与转向桥桥体（机架）和另一连杆相连。连杆只承受拉压载荷，两个铰接处没有力矩作用，当采用如图 8-3 所示直角坐标系时，连杆在一端铰接处具有固定约束，另一端铰接处承受 x 向循环载荷，其幅值为 $F_x=-1000\mathrm{kN}$。

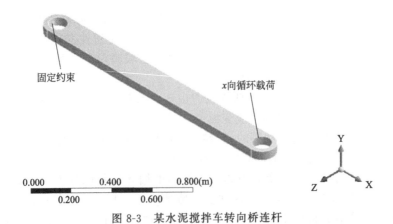

固定约束

x向循环载荷

0.000　　0.400　　0.800(m)
　0.200　　0.600

图 8-3　某水泥搅拌车转向桥连杆

（2）求解步骤

【步骤 1】在 Windows "开始" 菜单执行 ANSYS→Workbench 19.2。

如图 8-4 所示:

① 保存工程,最好用英文命名,如 connection link;

② 双击 Toolbox 中的 Static Structural,创建项目 A。

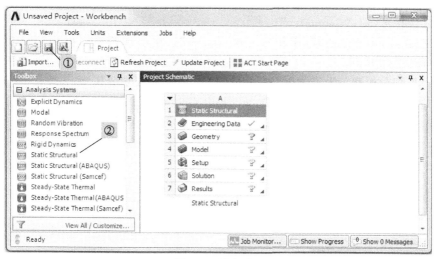

图 8-4 创建项目

【步骤 2】选择材料;导入模型。

① 双击如图 8-4 所示项目流程图 A2,即 "Engineering Data" 项,得到图 8-5。在标签 "Outline of Schematic A2:Engineering Data" 下,可看到默认材料为 "Structural Steel"。

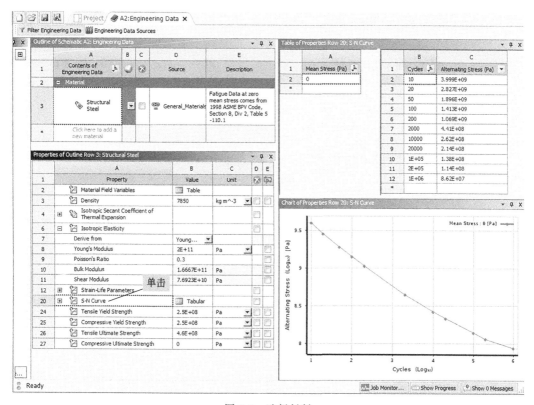

图 8-5 选择材料

单击标签"Properties of Outline Row 3：Structural Steel"中"S-N Curve"前面的"+"，得到 Structural Steel 的 *S-N* 曲线和相应的具体数值表右侧两个标签。本例为方便起见，所用材料就选用 Structural Steel。

② 导入几何模型，如图 8-6 所示。

a. 右键点击 A3 项"Geometry"。

b. 在"Import Geometry"中单击"Browse…"，在出现的对话框中选择几何体文件"转向桥连杆.SLDPRT"。

【步骤 3】切分模型。为了能更好地划分网格，首先需要切分模型。

① 右键点击 A3"Geometry"项选择"Edit Geometry in DesignModeler"进入 DesignModeler 模块，如图 8-7 所示（注意此步若双击 A3"Geometry"项，则默认进入的是"Edit Geometry in SpaceClaim"项）。在 DesignModeler 中，单击工具栏上的"Generate"按钮产生模型，如图 8-8 所示。

图 8-6 导入几何模型

图 8-7 启动 DesignModeler 模块

图 8-8 产生几何模型

② 创建新平面，如图 8-9 所示。

a. 单击 YZPlane。

b. 单击创建新平面图标"✳"。

c. 选择"From Plane"方式，*Z* 轴正向偏离 0.62m，设置好后单击工具栏"⚡Generate"按钮创建新平面，得到 Plane4。

③ 切分模型，如图 8-10 所示。

a. 选择菜单栏 Create→Slice。

b. 单击 Plane4。

c. 单击 Apply，选择切分基面为 Plane4。单击工具栏"⚡Generate"按钮切分模型。

基于 ANSYS 的
车辆结构有限元分析

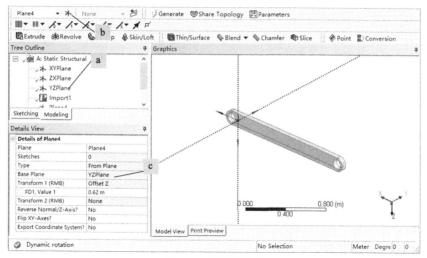

图 8-9　创建新平面

同样方法在 Z 轴负向偏离 0.62m 处创建新平面 Plane5 并切分模型。为了方便后续载荷的施加，在 Z 轴正向偏离 0.707m 处创建新平面 Plane6 并切分模型一端内孔。切分后的模型如图 8-10 所示。

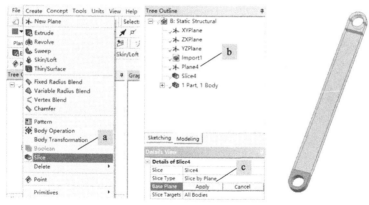

图 8-10　切分后的模型

【步骤 4】划分网格。

① 双击项目流程图 A4 的 "Model" 项，进入 Mechanical 模块，以下操作均在 Mechanical 窗口中进行。

② 如图 8-11 所示。

a. 单击 "Mesh"。

b. 单击 Mesh 工具栏上 "Mesh Control" 按钮，在下拉菜单中选择 "Sizing"。

c. 拾取模型，单击 "Apply"。

d. 单元长度设置为 0.015m。

③ 单击 Mesh 工具栏上的 " Update" 按钮，得到如图 8-12 所示比较规则的网格。

④ 事实上，除了通过切分模型后再划分网格的方法，也可不用切分模型而直接得到比较规则的网格，如图 8-13 所示。

a. 单击 Mesh 工具栏上的 "Mesh Control" 按钮，在下拉菜单中选择 "Method"。

图 8-11 划分网格

b. 拾取模型。

c. 选择划分方法为"Hex Dominant（六面体网格主导）"。

d. 单元长度依旧设置为 0.015m。

e. 单击 Mesh 工具栏上的"🔧 Update"按钮，亦得到比较规则的网格，读者可自行操作。

图 8-12 有限元模型图

图 8-13 Hex Dominant 划分方法

【步骤 5】施加约束和载荷。

① 施加固定约束，如图 8-14 所示。

a. 单击"Static Structural"。

b. 单击 Environment 工具栏上的"Supports"按钮，在下拉菜单中选择"Fixed Support"。

c. 拾取模型未切分内孔。

d. 单击"Apply"。

② 施加单位集中力载荷，如图 8-15 所示。

a. 单击 Environment 工具栏上的"Loads"按钮，在下拉菜单中选择"Force"。

b. 拾取连杆切分端内孔半圆柱面。

c. 单击"Apply"。

d. 选择由分量定义载荷。

e. 设置在 X 方向作用单位载荷。

【步骤 6】求解，查看总变形和等效应力结果。

基于 ANSYS 的
车辆结构有限元分析

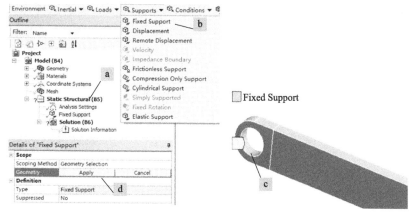

图 8-14　施加固定约束

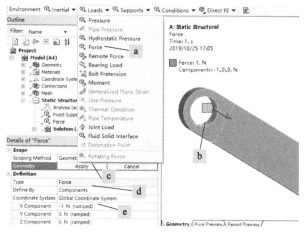

图 8-15　施加单位集中力载荷

① 如图 8-16 所示。

a. 单击 "Solution（A6）"。

b. 单击 Solution 工具栏上的 "Deformation" 按钮，在下拉菜单中选择 "Total"。

c. 单击 Solution 工具栏上的 "Stress" 按钮，在下拉菜单中选择 "Equivalent(von-Mises)"。

② 单击 "Solve" 按钮进行求解。

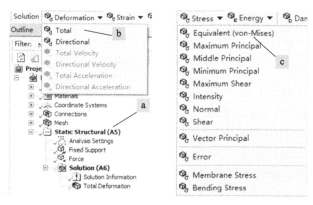

图 8-16　指定计算结果

③ 在提纲树上单击 Total Deformation 和 Equivalent Stress，查看总变形和等效应力结果，如图 8-17 和图 8-18 所示。

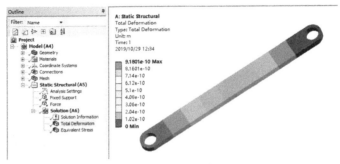

图 8-17 总变形

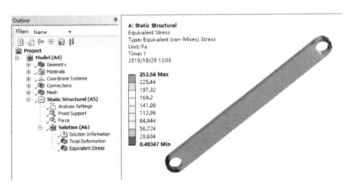

图 8-18 等效应力

【步骤 7】查看疲劳分析结果。

① 如图 8-19 所示。

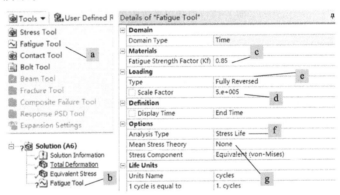

图 8-19 设置疲劳分析参数（一）

a. 单击 Solution 工具栏上的 "Tools" 按钮，在下拉菜单中选择 "Fatigue Tool"。

b. 单击提纲树上的 "Fatigue Tool"。

c. 在 "Fatigue Tool" 细节框中设置 "Fatigue Strength Factor(Kf)" 为 0.85。K_f 为疲劳强度因子（具体可查相关手册），该因子反映了表面加工状态对疲劳强度的影响。一般来说，表面加工质量越高，疲劳强度越高。

d. 设置 "Scale Factor" 为 5×10^5，即在单位载荷作用的有限元结果基础上乘以比例因子 5×10^5。

基于 ANSYS 的
车辆结构有限元分析

e. 载荷类型选用默认设置，即 "Fully Reversed"，表示应力比为-1 的恒幅载荷。除此之外，ANSYS 还提供了三种载荷类型，见图 8-20。分别为 "Zero-Based"（应力比为 0 的恒幅载荷）、"Ratio"（指定应力比的恒幅载荷）、"History Data"（指定载荷时间历程）。"History Data" 选项可以输入实测载荷时间历程，计算准确性更高。

f. 疲劳分析类型选用默认设置，即 "Stress Life"（应力疲劳分析）。

g. 平均应力修正选用默认设置，即 "None"（无修正）。常用的 S-N 曲线是基本 S-N 曲线，其是在对称循环载荷（即平均应力为 0）下做出的。如果平均应力不为 0，则需要对 S-N 曲线进行修正。ANSYS 提供了 5 种平均应力修正方法，见图 8-20，其中 Goodman 方法最为常用。

② 如图 8-21 所示。

a. 单击提纲树上的 "Fatigue Tool"，在出现的 "Fatigue Tool" 工具栏上单击 "Contour Results"，在下拉菜单中选择 "Life"。

b. 再次单击 "Contour Results"，在下拉菜单中选择 "Safety Factor"。

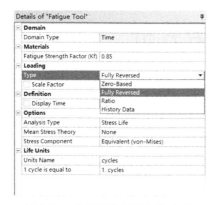

图 8-20　设置疲劳分析参数（二）

图 8-21　指定疲劳分析结果

③ 单击 " Solve" 按钮进行求解。

④ 在提纲树上单击 "Life" 和 "Safety Factor"，查看疲劳寿命和安全系数结果，如图 8-22 和图 8-23 所示。由图 8-22 可知，连杆在幅值为 500kN 的对称循环载荷作用下的最低寿命为 75189 次，安全系数最低为 0.57792。

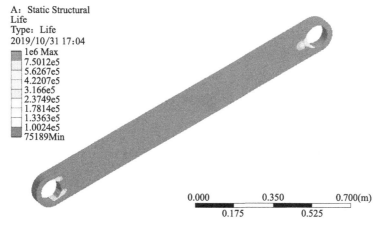

图 8-22　疲劳寿命（彩图）

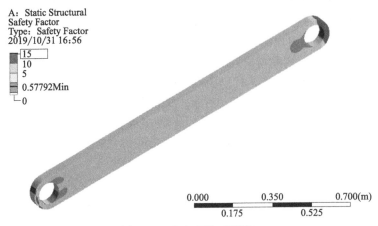

A：Static Structural
Safety Factor
Type：Safety Factor
2019/10/31 16:56
15
10
5
0.57792Min
0

0.000   0.350   0.700(m)
      0.175   0.525

图 8-23　安全系数（彩图）

8.3 /货车钢板弹簧的疲劳分析

在非独立悬架系统中，钢板弹簧被用作弹性元件，由于其结构可靠、载重负荷高、成本低廉，在货车的前、后悬架中被广泛应用。钢板弹簧通常由多个长度不等、厚度相等或不等、曲率半径不同的簧片组合而成。钢板弹簧安装到整车中时，需要使用压板在钢板弹簧总成的上下表面进行压紧，利用一对U形螺栓将钢板弹簧固定到汽车的车桥上，由于对钢板弹簧进行了夹紧，导致钢板弹簧中心孔附近的一部分区域不再起到弹性的作用，因此夹紧状态的钢板弹簧刚度大于自由状态下的钢板弹簧刚度。

在汽车的直线行驶过程中，道路崎岖不平给汽车车架造成较大的冲击载荷，这时，钢板弹簧会通过其自身的变形以及片与片间的摩擦作用，衰减汽车垂直方向的冲击力和横向的扭转力矩。在汽车的转弯过程中，侧向作用力会使钢板弹簧产生横向力矩，为了防止由横向力矩引起簧片之间的横向位移，在每片板簧的中间位置加工有中心孔，利用中心螺栓将每一片板簧进行装配，以此来保证每一片板簧安装时的相对位置。

(1) 设计参数　钢板弹簧主要设计参数如下。

满载总质量：6028kg。空载总质量：2081kg。

空载状态：前轴载荷619kg；后轴载荷1020kg。

满载状态：前轴载荷1644kg；后轴载荷3942kg。

轴距：3300mm。板簧厚度 $h=12$mm。宽度 $b=80$mm。

钢板弹簧簧片长度见表8-1。

表 8-1　钢板弹簧簧片长度

片号	1	2	3	4	5	6	7	8	9	10
长度/mm	1616	1558	1452	1288	1124	960	796	632	468	304

主簧片总成自由状态下的曲率半径 $R_0=2501$mm。

卷耳内径 $R=19$mm；卷耳高度 $h=147.5$mm。

U形螺栓中心距：140mm。弹簧夹中心距：1011mm和523mm。

中心螺栓采用M10。

上下盖板：长度 $L=207.5\text{mm}$；厚度 $h=12\text{mm}$。

（2）建模 采用 Solidworks 软件创建钢板弹簧三维几何模型，如图 8-24 所示。

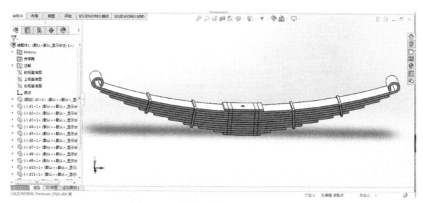

图 8-24 钢板弹簧三维几何模型

8.3.1 实例 8-1：钢板弹簧有限元静力分析

在进行钢板弹簧的疲劳分析前，要先对其进行静力分析，具体分为以下几个步骤：导入模型→创建材料→设置材料→设置接触→网格划分→施加约束与载荷→静力学分析。

（1）导入模型

【步骤 1】在"开始"菜单中单击 ANSYS 19.2，在项目栏中打开 Workbench，如图 8-25 所示。

① 保存工程名为"Leaf Spring"。

② 双击"Toolbox"中"Component Systems"里的"Geometry"，创建项目"A"。

③ 鼠标左键点击"Analysis Systems"中的"Static Structural"拖到"A2"项目栏创建项目"B"。

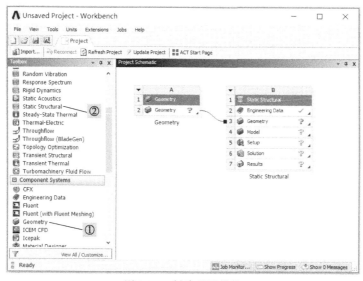

图 8-25 创建项目模块

【步骤 2】几何模型的具体导入过程，如图 8-26 所示。

① 点击 A2 项目栏中的 "Geometry"。

② 在 "Import Geometry" 中单击 "Browse"，在出现的对话框中选择在 Solidworks 中创建的模型文件 "GBTH"。

图 8-26　几何模型的具体导入过程

【步骤 3】显示钢板弹簧几何模型，如图 8-27 所示。

右键点击 A2 "Geometry" 项选择 "Edit Geometry in DesignModeler" 进入 "Design Modeler" 模块，如图 8-27 所示（注意此步：若双击 A2 "Geometry" 项，则默认进入的是 "Edit Geometry in SpaceClaim" 项）。在 "DesignModeler" 中，单击工具栏上的 "Generate" 按钮产生模型。

图 8-27　显示钢板弹簧几何模型

（2）创建材料　双击如图 8-25 所示的项目流程图 B2，即 "Engineering Data" 项，转到如图 8-28 所示的窗口。在标签 "Outline of Schematic B2：Engineering Data" 下，可看到默认材料为 "Structural Steel"。单击标签 "Click here add a new material"，在空白处输入新材料名称 "60Si2Mn"。在左侧菜单栏中分别选择 "Density" "Isotropic Elasticity" 和 "S-N Curve" 项目块，将其分别拉入材料属性（"Property"）中，在其下方输入密度、弹性模量、泊松比、屈服极限以及 S-N 参量。

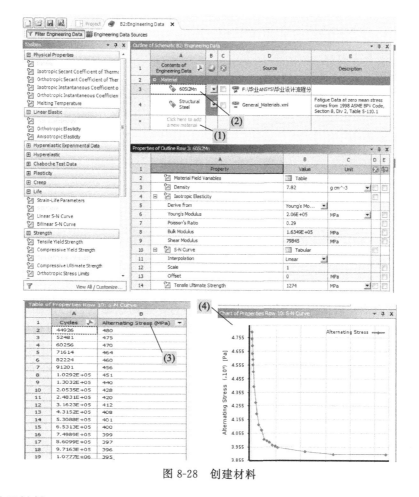

图 8-28　创建材料

（3）设置材料

① 双击项目流程图 B4 的"Model"项，进入"Mechanical"模块，以下操作均在"Mechanical"窗口中进行。

② 在窗口左侧的"分析树（Outline）"中点击"Geometry"节点下的"d0"，此时在"Details of d0"中显示模型的各项参数。单击"材料（Material）"节点下的"Assignment"选项，然后选择"60Si2Mn"完成新材料的替换，如图 8-29 所示。

③ 将其余的钢板按照上面的同样步骤完成新材料的替换。

④ 插入坐标系。点击"Coordinate System"→"Insert"→"Coordinate System"，在钢板弹簧左右端中点各插入一个坐标系，如图 8-30 所示。

（4）设置接触　接触的概念：指两个单独的曲面之间相互接触并且相切；可自由分离和互相移动；非渗透，能传递法向的压缩

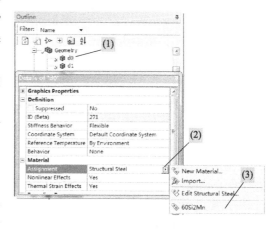

图 8-29　替换材料

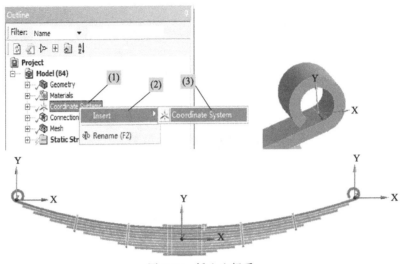

图 8-30　插入坐标系

力和切向的摩擦力，一般情况下不传递法向的拉伸力，是两接触表面的特性。

接触问题是非线性问题。接触状态决定系统刚度，即每一个部分之间是接触着的状态还是分隔开的状态。在 ANSYS Workbench 中，接触面和目标面的设定对于求解结果的精确性举足轻重，接触面和目标面指定了两对互相接触的表面，并且它们都在每一个"Contact Region"项目的具体设置栏中显示，接触面在设置中以"Contact Bodies"显示，用红色面来表示；目标面在设置中以"Target Bodies"显示，用蓝色面来表示。

具体操作步骤如下。

点击"Connection"，设置"Contact"中的主从接触面以及接触类型等，如图 8-31 所示。

模型中钢板与钢板之间一共存在 11 个接触面，并且它们的接触定义完全相同。以第一片簧与第二片簧之间的接触为例：把凹的曲面（第二片簧的上表面）设为目标面（Target Body），把凸的曲面（主片簧的下表面）设为接触面（Contact Body），定义接触面的类型为接触不分离（No Separation）类型。将弹簧夹内部上下表面与钢板接触的位置同样设为接触不分离（No Separation）类型，其他侧面与钢板弹簧的接触在约束中设置为无摩擦，具体设置参照施加约束及载荷部分。

接触行为设置为："Auto Asymmetric（自动非对称）"；接触算法设置为："Pure Penalty（罚函数法）"；小滑移设置为："Off（关闭）"；法向刚度（Normal Stiffness）系数设置为"0.03"；刚度更新设置为："Each Iteration（每次迭代后更新）"；其他均采用默认选项。

（5）网格划分

① 点击"Mesh"，在"Details of Mesh"中修改过渡为"Slow"、跨度中心角为"Fine"、平滑为"Low"，如图 8-32 所示。

② 右键点击"Mesh"工具，选择"Insert"，实施网格细化，点击"Refinement"，选择实体中心螺栓处上下表面圆圈位置，在"Geometry"处点击"Apply"。

③ 右键点击"Mesh"工具，选择"Insert"，实施网格尺寸划分，点击"Sizing"，选择所有实体，在"Geometry"处点击"Apply"，在"Element Size"处设置尺寸为 7mm。

④ 右键点击"Mesh"工具，选择"Insert"，实施网格划分模式，点击"Method"。选

基于 ANSYS 的
车辆结构有限元分析

择模型所有实体部分，在"Geometry"处点击"Apply"，点击"Method"，划分方式的类型参考其他文献选择"四面体"网格，具体操作步骤流程如图 8-33 所示。

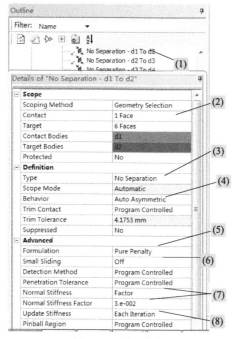

图 8-31　设置接触

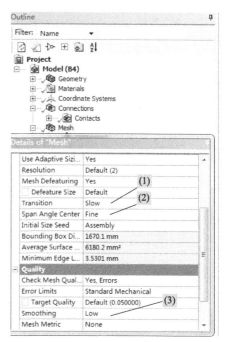

图 8-32　网格项目栏的具体设置

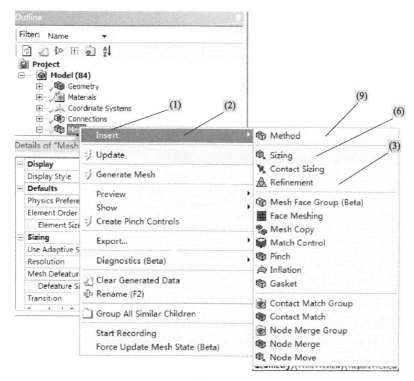

图 8-33

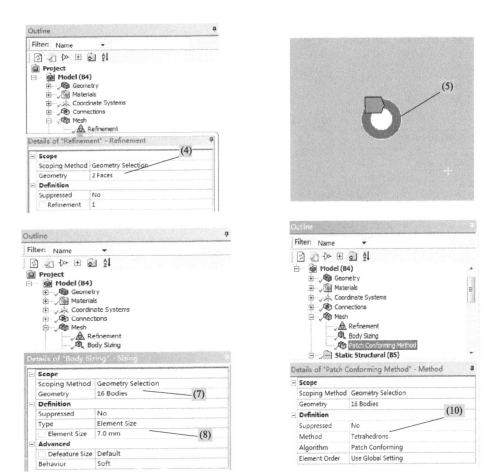

图 8-33　网格操作具体步骤流程

⑤ 点击 Mesh 栏上的 "⚡Update" 按钮，得到如图 8-34 所示的网格。

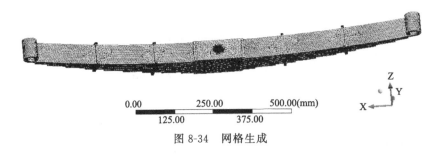

图 8-34　网格生成

（6）施加约束与载荷

【步骤 1】施加约束。

① 为钢板弹簧施加固定约束。点击 "Supports"，选择 "Fixed Support"，作用面选择钢板弹簧中心螺栓孔内表面，在 "Geometry" 处点击 "Apply"，如图 8-35 所示。

② 添加位移约束。为 U 形螺栓作用在钢板弹簧的侧面施加位移约束。点击 "Supports"，选择 "Displacement"，作用面选择 U 形螺栓在钢板弹簧侧面的投影线，在 "Geometry" 处点击 "Apply"。在 "Details of Displacement" 中约束 Z 方向的自由度，并且释放 X、Y 方向的自由度，如图 8-36 所示。

基于 ANSYS 的
车辆结构有限元分析

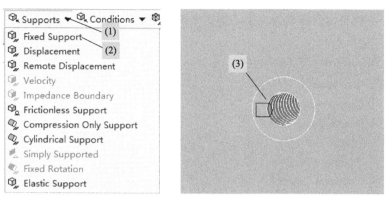

图 8-35　中心孔位置处添加固定约束

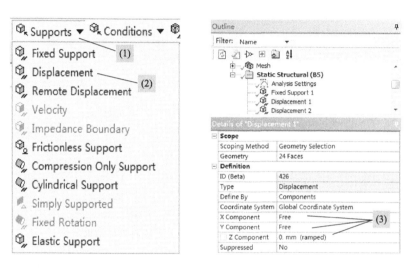

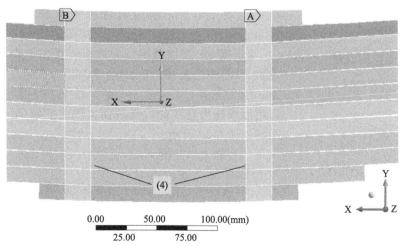

图 8-36　U 形螺栓在钢板弹簧侧面投影的位移约束

③ 添加位移约束。为 U 形螺栓作用在钢板弹簧上下两面施加位移约束，点击"Supports"，选择"Displacement"，作用面选择 U 形螺栓在钢板弹簧上下两面的投影线，在"Geometry"处点击"Apply"。在"Details of Displacement"中约束 Y、Z 方向自由度即设为固定不变，释放 X 方向自由度即设为自由，如图 8-37 所示。

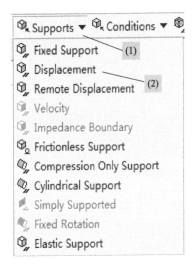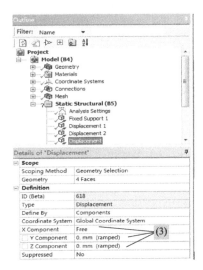

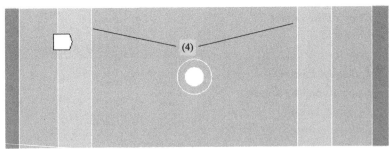

图 8-37　U 形螺栓在钢板弹簧上下表面投影约束

④ 施加无摩擦约束。为钢板弹簧侧面施加无摩擦约束，点击"Supports"，选择"Frictionless Support"，作用面选择钢板弹簧的侧表面，在"Geometry"处点击"Apply"，如图 8-38 所示。

【步骤 2】施加载荷。为钢板弹簧左右两端施加载荷，点击"Loads"选择"Bearing Load"，在弹出的页面"Define By"选择"Components"，在 Y 方向输入－17500N，作用面选择为卷耳的内部表面，即之前定义的坐标系的表面，如图 8-39 所示。

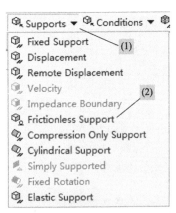

（7）静力学分析

① 单击"Solution（B6）"。

② 单击"Solution"工具栏上的"Deformation"按钮，在下拉菜单中选择"Total"，此时在分析树中插入"Total Deformation"项，即插入总变形图，如图 8-40 所示。

图 8-38　钢板弹簧侧面无摩擦约束

③ 单击"Solution"工具栏上的"Stress"按钮，在下拉菜单中选择"Equivalent（von-Mises）"，此时在分析树中插入"Equivalent Stress"项，即插入等效应力云图，如图 8-41 所示。

④ 单击" Solve"按钮进行求解。

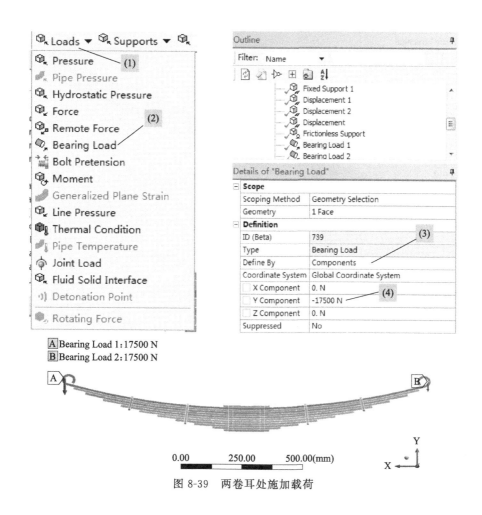

图 8-39　两卷耳处施加载荷

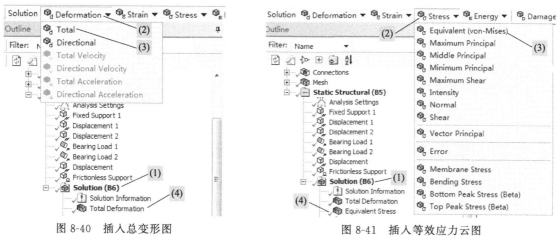

图 8-40　插入总变形图　　　　　　　图 8-41　插入等效应力云图

⑤ 在提纲树上单击 "Total Deformation" 和 "Equivalent Stress"，查看总变形、等效应力结果，如图 8-42 和图 8-43 所示。由图中可看出，钢板弹簧最大变形为 134.2mm，出现在两端的卷耳处；最大等效应力为 891.11MPa，出现在上盖板与主簧片接触的地方，U 形螺栓位置处。

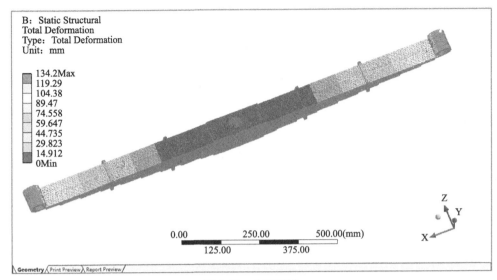

图 8-42　总变形图

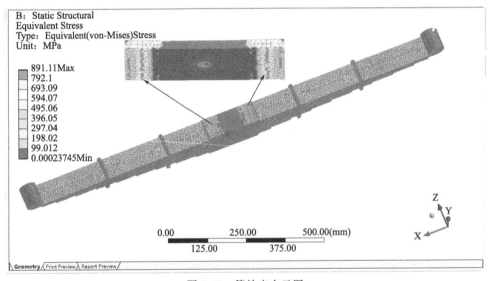

图 8-43　等效应力云图

8.3.2 ╱ 实例 8-2：钢板弹簧疲劳有限元分析

使用传统名义应力法计算钢板弹簧的疲劳寿命。首先根据结构的有限元静力分析结果确定结构可能发生断裂的危险位置，然后根据实际情况选择应力疲劳分析方法以及线性累积损伤理论，最后结合 Miner 法则对钢板弹簧进行寿命预测。

使用 Workbench 进行疲劳分析，步骤如下。

① 单击"Solution（B6）"。

② 单击"Solution"工具栏上的"Tools"按钮，在下拉菜单中选择"Fatigue Tool"，此时在分析树中插入"Fatigue Tool"项，即插入疲劳工具，如图 8-44 所示。

③ 在详细窗口中设置疲劳项，将"Loading"类型设置为"Fully Reversed"，将"Op-

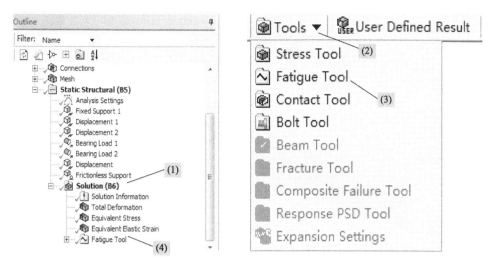

图 8-44　插入疲劳工具

tions"分析类型设置为"Stress Life",平均应力理论设置为"Goodman",分应力设置为"Signed von-Mises",如图 8-45 所示。

④ 单击"Fatigue Tool"栏上的"Contour Results"。分别添加"Life"(寿命)求解项、"Damage"(损伤)求解项、"Safety Factor"(安全系数)求解项,如图 8-46 所示。

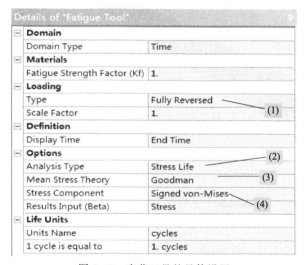

图 8-45　疲劳工具的具体设置

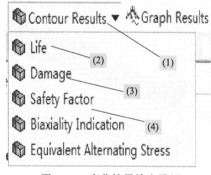

图 8-46　疲劳结果输出设置

疲劳寿命云图如图 8-47 所示。安全系数云图如图 8-48 所示。

不同模型参数下的疲劳寿命对比如下。

改变钢板弹簧钢板的宽度、厚度;改变弹簧夹的数量位置。每次只变动一个参数,其余参数均不改变,求得疲劳寿命,得出影响钢板弹簧疲劳寿命的因素和规律。

① 钢板弹簧的钢板宽度由原来的 80mm 分别变为 60mm、70mm、90mm、100mm。

② 钢板弹簧的钢板厚度由原来的 12mm 变为 11mm、13mm、14mm。

③ 钢板弹簧的弹簧夹数目由原来的 4 个变为 2 个。

按照上面模型参数的变化,经过 Workbench 计算后得到以下结论。

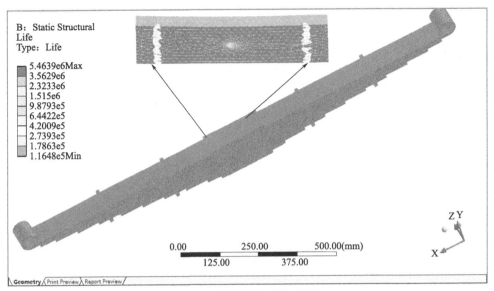

图 8-47　疲劳寿命云图（彩图）

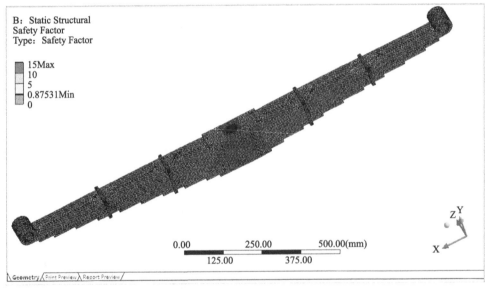

图 8-48　安全系数云图（彩图）

　　钢板弹簧的钢板宽度由初始的 80mm 变宽为 90mm 再到 100mm，最大等效应力由初始的 891.11MPa 变为 793.68MPa 再到 713.69MPa；最小寿命由初始的 1.1648×10^5 次变到 8.7844×10^5 次再到 5.4639×10^6 次。

　　钢板弹簧的钢板宽度由初始的 80mm 变窄为 70mm 再到 60mm，最大等效应力由初始的 891.11MPa 变为 1018.3MPa 再到 1202.9MPa；最小寿命由初始的 1.1648×10^5 次均变到 0 次。

　　将上述数据总结到折线图中，如图 8-49 所示。

　　钢板弹簧的钢板厚度由初始的 12mm 变窄为 13mm 再到 14mm，最大应力由初始的 891.11MPa 变为 720.54MPa 再到 605.60MPa；最小寿命由初始的 1.1648×10^5 次变到

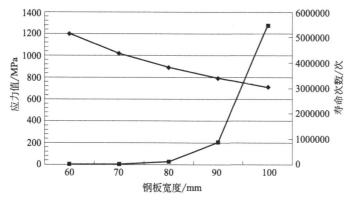

图 8-49　应力值、寿命值随钢板弹簧宽度变化的情况

◆—最大应力值；■—最小寿命值

5.4639×10^6 次再到 5.4639×10^6 次。

　　钢板弹簧的钢板厚度由初始的 12mm 变窄为 11mm，最大应力由初始的 891.11MPa 变到 1060.2MPa；最小寿命由初始的 1.1648×10^5 次变到 0 次。

　　将上述数据总结到折线图中，如图 8-50 所示。

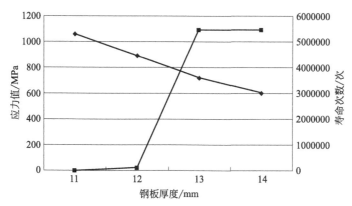

图 8-50　应力值、寿命值随钢板弹簧厚度变化的情况

◆—最大应力值；■—最小寿命值

　　钢板弹簧的弹簧夹数目由初始的 4 个变为 2 个，最大等效应力由初始的 891.11MPa 变为 894.05MPa，最小寿命由初始的 1.1648×10^5 次变到 1.1282×10^5 次。

　　综上，若想减小钢板弹簧的最大应力，增大钢板弹簧的最小寿命，可以增大钢板厚度或钢板宽度，弹簧夹只是起到约束钢板横向位移的作用，对其应力与寿命影响不大。由上述两个折线图中还可以看出：钢板弹簧的寿命值在宽度从 90mm 增加到 100mm、厚度从 12mm 增加到 13mm 的时候增加值最为明显，即为了提高此钢板弹簧的使用寿命，可以将其厚度增加到 13mm，宽度增加到 100mm，此时钢板弹簧的最小应力值与最大寿命值最为理想。

第9章
车辆结构的优化设计

车辆结构的优化设计包括拓扑优化和参数优化。拓扑优化又称形状优化，参数优化用于结构参数和尺寸的优化。

9.1 / 车辆结构件的轻量化设计和拓扑优化

9.1.1 / ANSYS Workbench 拓扑优化简介

（1）拓扑优化的原理　　使用拓扑优化分析，可以使用指定的设计目标和约束计算模型中选定区域的几何体的最佳形状。拓扑优化是一种物理驱动的优化工具，其基于前导的静态结构分析（Static Structural analysis）或模态分析（Modal Analysis）或静态和模态分析的组合提供的一组载荷和边界条件。

（2）ANSYS Workbench 拓扑优化（Topology Optimization）步骤

① 创建并求解前导系统。前导系统是单个或多个的结构静力学分析（Static Structural）或模态分析（Modal）或者它们的组合，结构静力学分析或模态分析系统项目的创建、导入几何图形、创建网格、添加载荷及边界条件、求解、查看结果等步骤与普通情况没有区别。

② 创建拓扑优化（Topology Optimization）分析系统，并通过链接与前导系统进行数据共享。

③ 设置拓扑优化分析的迭代计算、求解器、输出、数据管理等选项。

④ 指定优化区域（Optimization Region）、响应约束（Response Constraint）、优化目标（Objective）、制造约束（Manufacturing Constraint）等优化选项。

⑤ 求解拓扑优化分析。

⑥ 查看拓扑密度（Topology Density）等分析结果。

⑦ 验证设计结果。

9.1.2 实例 9-1：悬架控制臂的拓扑优化和轻量化设计

（1）问题描述　悬架系统是现代汽车重要总成，对汽车的行驶平顺性和操纵稳定性有很大的影响。控制臂作为汽车悬架系统的导向和传力元件，将作用在车轮上的各种力传递给车身，同时控制车轮按一定轨迹运动。控制臂分别通过球铰或者衬套把车轮和车身弹性地连接在一起，控制臂应有足够的刚度、强度和使用寿命。

某车辆悬架控制臂的初始形状如图 9-1 所示。悬架控制臂通过内侧铰点与车架连接，通过球铰与车轮轮毂相连。在不作用横向载荷时，控制臂只承受拉压载荷，即两个铰接点处没有力矩作用。当采用如图 9-1 所示直角坐标系时，控制臂在工作过程中分别承受以下载荷：载荷①为球铰处承受的地面动载荷 $F_x = -200\text{kN}$、$F_y = -20\text{kN}$、$F_z = -10\text{kN}$；载荷②为减振器最大受力 $F_x = -15\text{kN}$、$F_y = -90\text{kN}$、$F_z = 0$；载荷③为缓冲器受到的撞击力 $F_x = 32\text{kN}$、$F_y = -150\text{kN}$、$F_z = 0$。

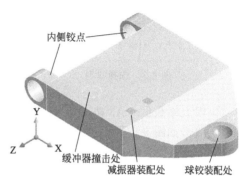

初始模型的体积为 $2.516 \times 10^{-2} \text{m}^3$，质量为 196kg，控制臂质量的优化目标为 68kg，两者质量差 65% 左右，所以选择保留的质量分数为 35%。

图 9-1　某车辆悬架控制臂的初始形状

（2）求解步骤

【步骤 1】在 Windows "开始" 菜单执行菜单命令 ANSYS→Workbench。

【步骤 2】创建前导项目 A。进行结构静力学分析，分析载荷①对结构的作用。

① 创建项目 A，如图 9-2 所示。

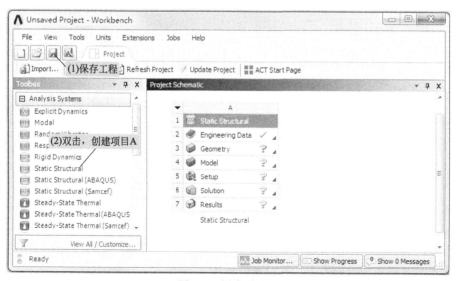

图 9-2　创建项目 A

② 先双击如图 9-2 所示项目流程图 A2 格的 "Engineering Data" 项。如图 9-3 所示，从

Workbench 材料库中选择材料模型，将材料库中已有材料添加到当前分析项目中。

③ 导入几何模型，如图 9-4 所示。

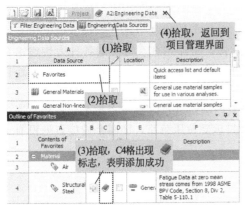

图 9-3　选择材料　　　　　　　　　　　　图 9-4　导入几何模型

④ 因上格数据（A3 格 Geometry）发生变化，所以需刷新数据，如图 9-5 所示。

⑤ 双击如图 9-5 所示项目流程图 A4 格的"Model"项，启动 Mechanical，以下操作均在 Mechanical 窗口中进行。

⑥ 为几何体指定材料属性，如图 9-6 所示。

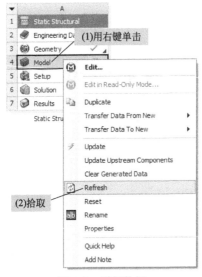

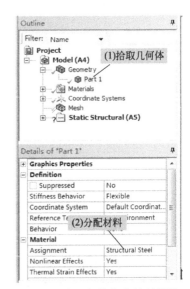

图 9-5　刷新数据　　　　　　　　　　　　图 9-6　为几何体指定材料属性

⑦ 划分网格、建立有限元模型，如图 9-7 所示。

⑧ 施加固定约束，如图 9-8 所示。

⑨ 在球铰表面施加集中力载荷，如图 9-9 所示。

⑩ 指定总变形和等效应力为计算结果，如图 9-10 所示。

⑪ 单击"⚡Solve ▼"按钮，求解前导项目 A。

⑫ 在提纲树上拾取 Total Deformation 和 Equivalent Stress，查看变形和等效应力结果，如图 9-11 和图 9-12 所示。

基于 ANSYS 的
车辆结构有限元分析

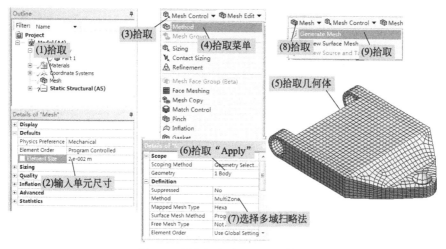

图 9-7　划分网格建立有限元模型

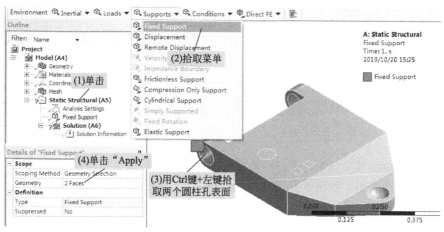

图 9-8　施加固定约束

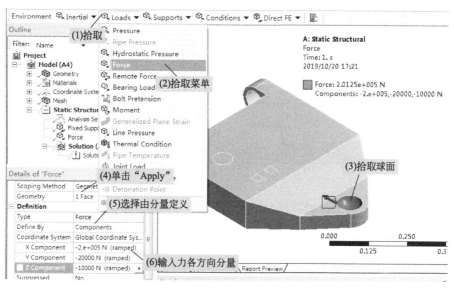

图 9-9　在球铰表面施加集中力载荷

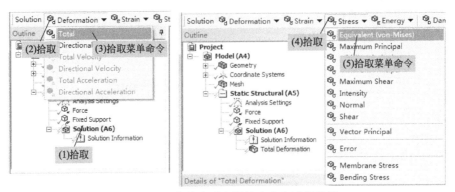

图 9-10　指定总变形和等效应力为计算结果

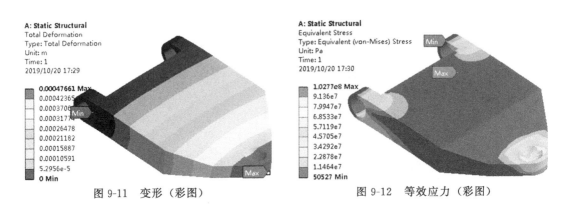

图 9-11　变形（彩图）　　　　　　　　　　图 9-12　等效应力（彩图）

【步骤 3】创建前导项目 B，进行结构静力学分析，分析载荷②对结构的作用。

① 创建关联项目 B，如图 9-13 所示。双击 B5 格 "Setup" 项，进入 Mechanical。

图 9-13　创建项目 B

② 在内侧铰点圆柱面上施加圆柱面约束，如图 9-14 所示。

③ 在球面上施加无摩擦约束，如图 9-15 所示。

④ 在减振器安装面上施加集中力载荷，如图 9-16 所示。

⑤ 单击 "🧊 Solve ▾" 按钮，求解前导项目 B。

【步骤 4】创建前导项目 C，进行结构静力学分析，分析载荷③对结构的作用。

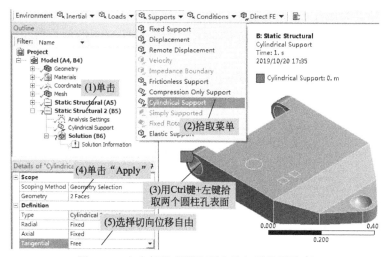

图 9-14　在内侧铰点圆柱面上施加圆柱面约束

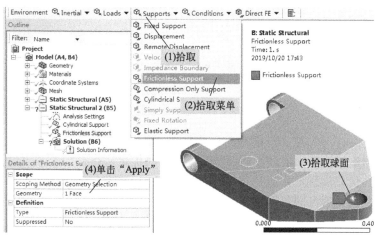

图 9-15　在球面上施加无摩擦约束

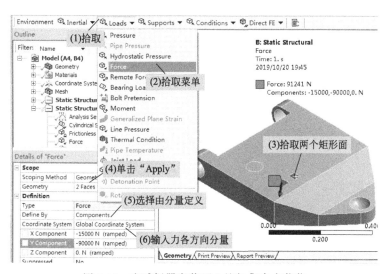

图 9-16　在减振器安装面上施加集中力载荷

① 创建前导关联项目 C，与如图 9-13 所示步骤类似。

② 在提纲树上拾取 Static Structural 3 （C5），与如图 9-14 所示步骤相同，在内侧铰点圆柱面上施加圆柱面约束。

③ 在球面上施加无摩擦约束，与如图 9-15 所示步骤相同。

④ 在缓冲器安装面上施加集中力载荷，如图 9-17 所示。

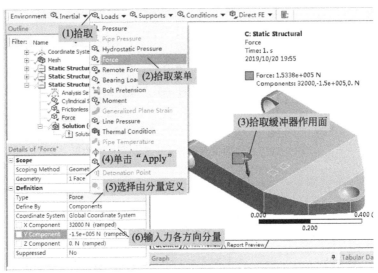

图 9-17　施加力载荷

⑤ 单击 " Solve ▾" 按钮，求解前导项目 C。

【步骤 5】创建拓扑优化项目，对控制臂进行形状优化。

① 创建拓扑优化项目，如图 9-18 所示。

② 更新三个前导项目的数据，如图 9-19 所示。

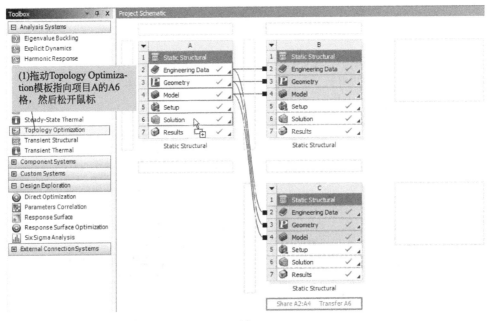

(a)

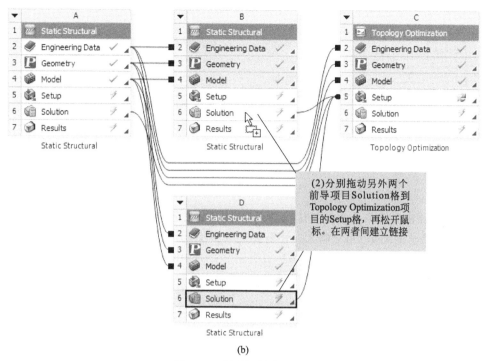

图 9-18 创建拓扑优化项目

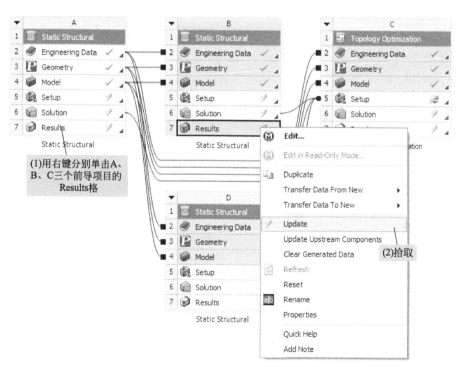

图 9-19 更新三个前导项目的数据

③ 在 Mechanical 界面中指定三个前导项目在拓扑优化中的权重，如图 9-20 所示。

④ 指定拓扑优化后几何体保留的质量分数，如图 9-21 所示。

⑤ 单击 "🔧 Solve ▼" 按钮，求解拓扑优化。

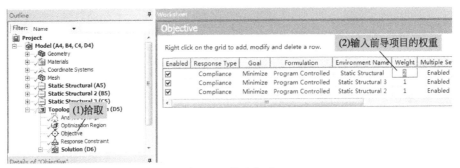

图 9-20　输入权重

⑥ 通过拓扑密度图形查看拓扑优化结果，如图 9-22 所示。可见，优化后几何体质量为 77.377kg，比要求的结果 68kg 略大，还需要进一步优化，请读者自行完成。

图 9-21　输入保留质量分数

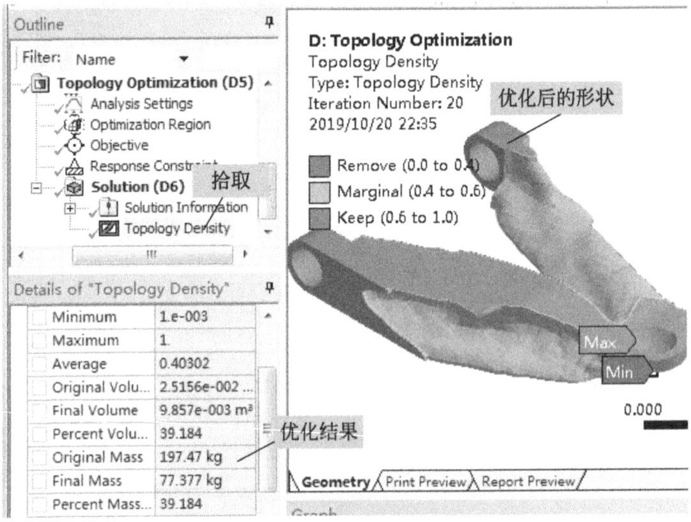

图 9-22　优化结果（彩图）

⑦ 导出 STL 文件，用于控制臂设计和查看，如图 9-23 所示。

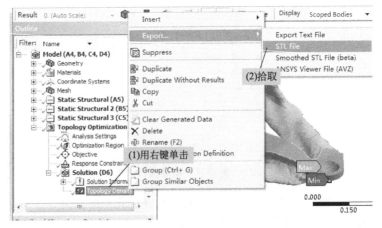

图 9-23　导出 STL 文件

【步骤 6】对经过拓扑优化的控制臂进行验证。

① 根据拓扑优化结果以及制造要求重新设计控制臂，如图 9-24 所示。

② 对重新设计的控制臂进行结构静力学分析（请读者自行完成），计算其强度。

③ 对重新设计的控制臂进行模态分析（请读者自行完成），计算其振动特性。

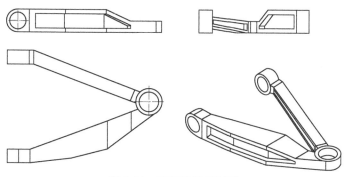

图 9-24 重新设计控制臂

9.1.3 / 实例 9-2：整体式转向梯形机构优化设计

（1）ANSYS 优化设计的概念 优化设计是 ANSYS 的高级分析技术，其特点是直接使用 ANSYS 分析的各种结果，不需要为目标函数、约束条件建立解析方程。

在机械设计问题中，一个设计方案常用一组参数即设计变量来表示。在各类不同的设计问题中，这些参数也是各不相同的。设计变量一般总要受到某些条件的限制，这些限制条件就称为设计约束。设计约束一般分为两大类：边界约束和性能约束。最优化设计就是寻找一个满足约束条件的设计变量，使追求的设计目标最佳。设计目标用设计变量的数学函数来表示，称为目标函数。

用直接优化法（Direct Optimization）进行优化设计时，需要指定输入参数和输出参数。输入参数可作为优化设计的设计变量；输出参数可作为约束参数和目标函数，也可以作为导出参数使用。

（2）整体式转向梯形机构优化设计简介 汽车转向行驶时，受弹性轮胎侧偏角的影响，所有车轮不是绕位于后轴沿长线上的点滚动，而是绕位于前轴和后轴之间的汽车内侧某一点滚动。此点位置与前轮和后轮的侧偏角大小有关。因影响轮胎侧偏角的因素很多，且难以精确确定，故在分析有关两轴汽车的转向问题时，忽略侧偏角的影响。此时，两转向前轮轴线的延长线应交在后轴延长线上，如图 9-25 所示。设 θ_i、θ_o 分别为内、外转向车轮转角，L 为汽车轴距，K 为两主销中心线延长到地面交点之间的距离。若要保证全部车轮绕同一个瞬时转动中心行驶，则梯形机构应保证内、外转向车轮的转角有如下关系。

$$\cot\theta_o - \cot\theta_i = \frac{K}{L} \tag{9-1}$$

若自变角为 θ_o，则因变角 θ_i 的期望值为

$$\theta_i = \operatorname{arccot}\left(\cot\theta_o - \frac{K}{L}\right) \tag{9-2}$$

现有转向梯形机构仅能近似满足上式关系，在给定梯形臂长 m 和梯形底角 γ 时，可利用余弦定理计算出与自变角 θ_o 对应的实际因变角 θ_i'。

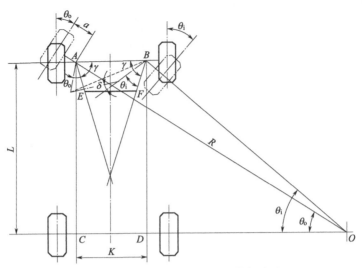

图 9-25 理想的内、外转向轮转角关系

$$\theta_i' = \gamma - \arcsin\frac{\sin(\gamma+\theta_o)}{\sqrt{\left(\dfrac{K}{m}\right)^2+1-\dfrac{2K}{m}\cos(\gamma+\theta_o)}} - \arccos\frac{\dfrac{K}{m}\left[2\cos\gamma-\cos(\gamma+\theta_o)-\cos2\gamma\right]}{\sqrt{\left(\dfrac{K}{m}\right)^2+1-\dfrac{2K}{m}\cos(\gamma+\theta_o)}}$$

(9-3)

而在 ANSYS 中求解时，可以在时间历程后处理器 POST26 中通过查看结果直接获得。

所设计的转向梯形机构所给出的实际因变角 θ_i'，应尽可能接近理论上的期望值 θ_i。其偏差在最常使用的中间位置附近小角度范围内应尽量小，以减少高速行驶时轮胎的磨损；而在不经常使用且车速较低的最大转角时，可适当放宽要求。因此再引入加权因子 $\omega(\theta_{o_j})$ 并构造评价设计优劣的目标函数 $f(x)$ 为

$$f(x) = \sum_{j=1}^{N}\omega(\theta_{o_j})\left[\frac{\theta_i'(\theta_{o_j})-\theta_i(\theta_{o_j})}{\theta_i(\theta_{o_j})}\right]\times100\%$$

(9-4)

式中，x 为设计变量，取 $x = \begin{bmatrix} x_1 \\ x_2 \end{bmatrix} = \begin{bmatrix} \gamma \\ m \end{bmatrix}$；$N$ 为区间 $[0,\theta_{o_{max}}]$ 的等分段数；$\theta_{o_{max}}$ 为外转向车轮最大转角。由图 9-25 得

$$\theta_{o_{max}} = \arcsin\frac{L}{\dfrac{D_{min}}{2}-a}$$

(9-5)

式中，D_{min} 为汽车最小转弯直径；a 为主销偏移距。

考虑到多数情况下转角 θ_o 小于 20°，且 10° 以内的小转角使用得更加频繁，因此取加权因子为

$$\omega(\theta_o) = \begin{cases} 1.5 & 0° < \theta_o \leqslant 10° \\ 1.0 & 10° < \theta_o \leqslant 20° \\ 0.5 & 20° < \theta_o \leqslant \theta_{o_{max}} \end{cases}$$

(9-6)

建立约束条件时应考虑到：设计变量 m 及 γ 过小时，会使横拉杆上的转向力过大；当 m 过大时，将使梯形布置困难，故对 m 的上、下限及对 γ 的下限应设置约束条件。因 γ 越

基于 ANSYS 的
车辆结构有限元分析

大，梯形越接近矩形，目标函数 $f(x)$ 值就越大，而优化过程是求目标函数 $f(x)$ 的极小值，故可不必对 γ 的上限加以限制。综上所述，各设计变量的取值范围为

$$\begin{cases} m_{\min} \leqslant m \leqslant m_{\max} \\ \gamma_{\min} \leqslant \gamma \leqslant 90° \end{cases} \tag{9-7}$$

梯形臂长度 m 设计时常取为 $m_{\min}=0.11K$，$m_{\max}=0.15K$；梯形底角 $\gamma_{\min}=70°$。

此外，由机械原理得知，四连杆机构的传动角 δ 不宜过小，通常取 $\delta \geqslant \delta_{\min}=40°$。如图 9-25 所示，转向梯形机构在汽车向右转弯至极限位置时，δ 达到最小值。利用余弦定理，可得到最小传动角约束条件为

$$\frac{\cos\delta_{\min}-2\cos\gamma+\cos(\gamma+\theta_{o_{\max}})}{(\cos\delta_{\min}-\cos\gamma)\cos\gamma}-\frac{2m}{K} \geqslant 0 \tag{9-8}$$

所以，转向梯形机构的优化设计数学模型为：设计变量为 $x=\begin{bmatrix}\gamma\\m\end{bmatrix}$，要求满足式（9-8）所示的约束条件，求式（9-4）所示目标函数 $f(x)=f(m,\gamma)$ 的最小值。

（3）问题描述　现在用直接优化法对整体式转向梯形机构进行优化设计。已知两主销中心线延长线到地面交点间的距离 $K=1.56$m，汽车轮距 $L=2.775$m，汽车最小转弯直径 $D_{\min}=10.6$m，主销偏移距 $a=0.3$m。经计算，梯形臂长度 m 取值范围为 $[0.171$m，0.234m$]$。

（4）创建优化设计输入文件　优化设计输入文件是一个 ANSYS Mechanical APDL 命令流文件，其包括一个基于输入参数的完整分析过程，即参数化建模、施加载荷和约束、求解、查看结果，其流程如图 9-26 所示。本问题的优化设计输入文件如下，请把该文件以 TXJG_opt.inp 为文件名保存在工作目录下。

图 9-26　优化设计输入文件流程

```
! 优化设计输入文件 TXJG_opt.inp
PI=3.1415926
ATOR=PI/180                          ! 角度转换
K=1.56$                              ! 两主销中心线延长线到地面交点间的距离
L=2.775 $ RMIN=5.3 $ A=0.3          ! 汽车轮距,最小转弯半径,主销偏移距
M=0.18 $ GAMMA=75*ATOR              ! 输入参数梯形臂长和梯形底角(rad)的初始值
XA=0 $ YA=0                          ! A 点坐标(图 9-25)
XB=K $ YB=0                          ! B 点坐标(图 9-25)
XE=M*COS(GAMMA) $ YE=-M*SIN(GAMMA)  ! E 点坐标(图 9-25)
XF=K-M*COS(GAMMA) $ YF=M*SIN(GAMMA) ! F 点坐标(图 9-25)
THETA_O_MAX=ASIN(L/(RMIN-A))        ! 外转向轮最大转角(单位:rad)
/PREP7                               ! 建立有限元模型
ET,1,MPC184,6,,,1                    ! 销轴单元、绕 Z 轴旋转
ET,2,BEAM188                         ! 梁单元
MP,EX,1,2E11                         ! 材料模型,弹性模量
MP,PRXY,1,0.3                        ! 泊松比
MP,DENS,1,1E-14                      ! 密度近似为零,忽略质量
LOCAL,11,0                           ! 创建并激活局部坐标系
```

```
SECTYPE,1,JOINT,REVO                                        ! 销轴截面
SECJOIN,,11,11                                              ! 指定销轴单元节点局部坐标系
SECTYPE,2,BEAM,RECT $ SECOFFSET,CENT $ SECDATA,0.02,0.02
                                                           ! 定义梁截面

CSYS,0                                                      ! 激活全局直角坐标系
N,1,XA,YA $ N,2,XE,YE                                       ! 创建节点
N,3,XE,YE $ N,4,XF,YF                                       ! 创建节点
N,5,XF,YF $ N,6,XB,YB                                       ! 创建节点
E,2,3 $ E,4,5                                               ! 创建 E 点铰链,创建 F 点铰链
TYPE,2 $ SECN,2                                             ! 梁单元属性
E,1,2 $ E,3,4 $ E,5,6                                       ! 创建梁单元模拟各杆,有限元模型见图 9-27
FINISH                                                      ! 退出前处理器
T=1                                                        ! 参数 T
/SOLU                                                      ! 进入求解器
ANTYPE,TRANS                                                ! 瞬态分析
NLGEOM,ON                                                   ! 打开大变形选项
DELTIM,T/50,T/50,T/50                                       ! 指定载荷子步长度
KBC,0                                                      ! 斜坡载荷
TIME,T                                                     ! 时间为 T
OUTRES,BASIC,ALL                                            ! 输出控制
AUTOTS,ON                                                   ! 打开自动步长
CNVTOL,F,1,0.1 $ CNVTOL,M,1,0.1                             ! 收敛控制
NSEL,S,,,1,6,5                                              ! 选择铰点 A、B 处节点
D,ALL,UX,,,,,UY,UZ,ROTX,ROTY                                ! 在所选择节点上施加约束
ALLS                                                       ! 选择一切
D,1,ROTZ,-THETA_O_MAX                                       ! 节点 1 绕 Z 轴转动 THETA_O_MAX
SOLVE                                                      ! 求解
FINISH                                                      ! 退出求解器
/POST26                                                    ! 进入时间历程后处理器
NSOL,2,1,ROTZ                                               ! 定义变量 2,存储节点 1 转角即自变角
NSOL,3,6,ROTZ                                               ! 定义变量 3,存储节点 6 转角即实际因变角
ABS,4,2 $ ABS,5,3                                           ! 对变量 2、3 求绝对值,得新变量 4、5
N=50                                                       ! 等分段数
*DIM,THETA_O,ARRAY,N                                        ! 定义数组,保存自变角
*DIM,THETA_I,ARRAY,N                                        ! 定义数组,实际因变角
VGET,THETA_O,4                                              ! 将变量 4、5 存储于数组 THETA_O、THETA_I 中
VGET,THETA_I,5
F=0                                                       ! 目标函数
THETA_MIN=40*ATOR                                          ! 最小传动角
*DO,I,1,N                                                   ! 计算目标函数
                                                           ! 计算加权因子

W=0.5
*IF,THETA_O(I)/ATOR,LE,10,THEN
W=1.5
*ENDIF
*IF,THETA_O(I)/ATOR,GT,10,AND,THETA_O(I)/ATOR,LE,20,THEN
```

```
W=1
 * ENDIF
THETA_III=ATAN(1/(1/TAN(THETA_O(I))-K/L))    ! 因变角的期望值
F=F+ W * (THETA_III-THETA_I(I))/THETA_I(I)
 * ENDDO
XXX1=COS(THETA_MIN)-2 * COS(GAMMA)+ COS(GAMMA+ THETA_O_MAX)
XXX2=(COS(THETA_MIN)-COS(GAMMA)) * COS(GAMMA)
CONSTRAINT=XXX1/XXX2-2 * M/L                 ! 最小传动角约束条件
FINISH
```

创建好的有限元模型如图 9-27 所示，其中各杆用 BEAM188 单元创建，各杆连接铰链用 MPC184 单元创建，共创建 3 个 BEAM188 单元和 2 个 MPC184 单元。约束掉梯形臂固定铰点 A、B 处节点上位移自由度 UX、UY、UZ、ROTX、ROTY；在铰点 A 处节点上施加位移载荷 ROTZ，大小等于 $\theta_{o_{max}}$；铰点 B 处节点上自由度 ROTZ 自由。对模型进行结构瞬态动力学分析，然后在后处理器中定义参数以便用于优化设计。

图 9-27　创建好的有限元模型

（5）在 ANSYS Workbench 中优化设计的步骤

【步骤1】在 Windows "开始" 菜单执行命令 ANSYS→Workbench，启动 Workbench。

【步骤2】创建项目 A，用于 Mechanical APDL 分析，如图 9-28 所示。

【步骤3】导入输入文件，如图 9-29 所示。

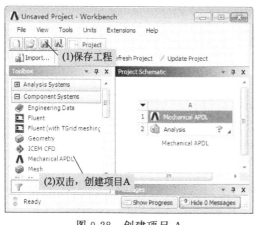

图 9-28　创建项目 A

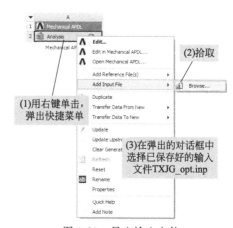

图 9-29　导入输入文件

【步骤4】指定输入参数和输出参数，如图 9-30 所示。输入参数可作为优化设计的设计参数；输出参数可作为约束参数和目标参数，也可以作为导出参数使用。

将参数 M、GAMMA 指定为输入参数，将参数 CONSTRAINT、F 指定为输出参数。

【步骤5】创建项目 B，进行直接优化设计，如图 9-31 所示。

【步骤6】双击如图 9-31 所示的项目 B 的 B2 格 Optimization 项，启动直接优化设计。

【步骤7】指定输入参数的变化范围，如图 9-32 所示。

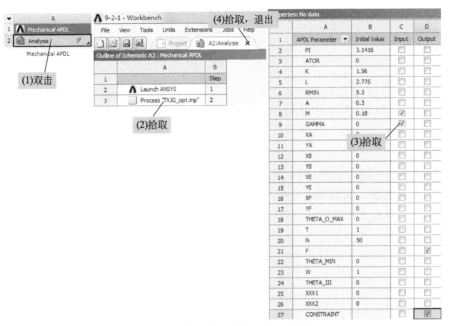

图 9-30 指定输入参数和输出参数

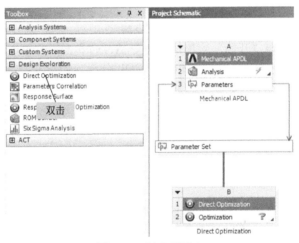

图 9-31 创建项目 B

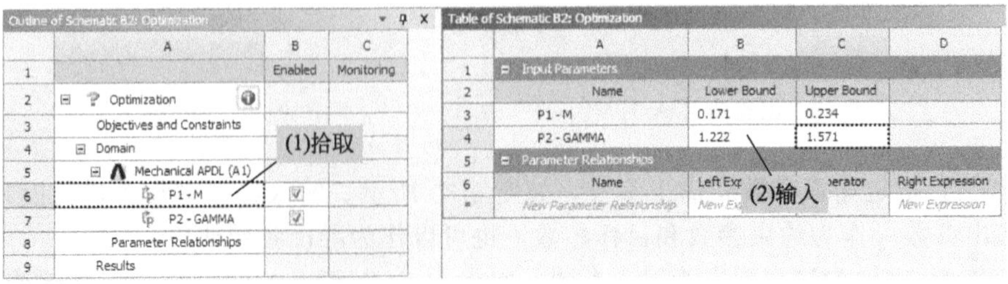

图 9-32 指定输入参数的变化范围

指定输入参数 M 的范围为 $0.171 \sim 0.234$（即 $0.11K \sim 0.15K$）、GAMMA 的范围为

1.222～1.57（即 70°～90°）。

【步骤 8】指定约束参数的变化范围和目标参数的优化目标，如图 9-33 所示。

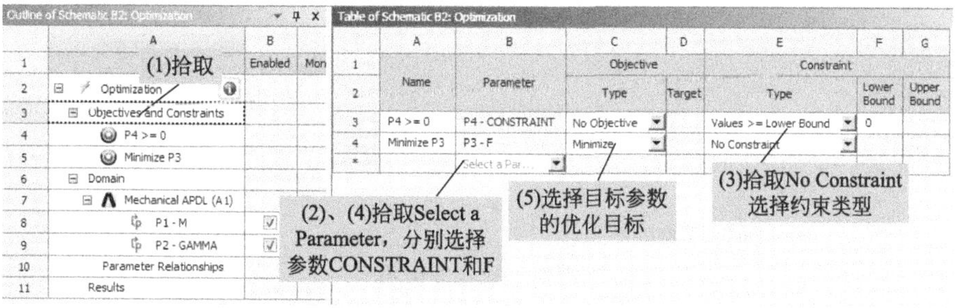

图 9-33　指定约束参数的变化范围和目标参数的优化目标

指定约束参数 CONSTRAINT≥0，指定目标参数 F 的优化目标为求最小值。

【步骤 9】单击"Update"按钮，进行优化设计计算。

【步骤 10】查看优化设计结果，如图 9-34 所示。Workbench 给出了通过优化得到的 3 个候选设计方案 Candidate Point1、Candidate Point2、Candidate Point3，可根据需要选择。

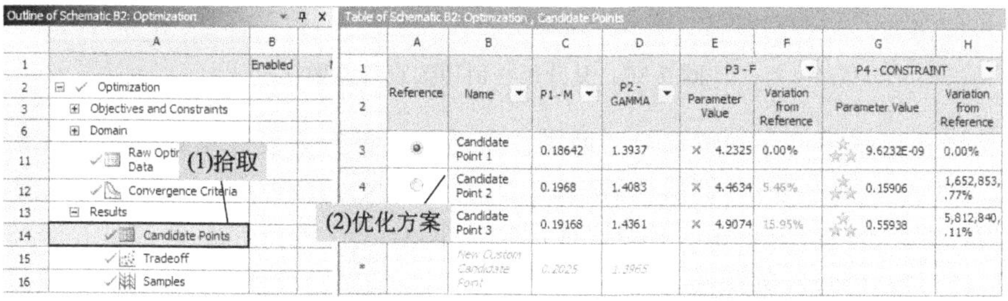

图 9-34　优化设计结果

9.2　响应面优化

在响应面优化（Response Surface Optimization）中，基于输入参数创建并求解参数化模型，得到输出参数及输出参数相对于输入参数的响应面，根据响应面进行优化设计。

9.2.1　参数化建立几何模型基础

参数化建立几何模型是用参数驱动模型，可以通过变更参数来修改模型和设计意图，同时又是优化设计的关键步骤。

（1）尺寸引用和设计参数　在 DesignModeler 中，创建草图和特征时，它们的特征由尺寸引用控制，如图 9-35 所示的圆的直径 D1、拉伸距离 FD1，修改这些尺寸即可修改几何体模型。

可将尺寸引用提升为设计参数（Design Parameter），以进行参数化数据交换。如图 9-36 所示，在细节窗口尺寸引用前的方框中拾取，出现"D"后即将该尺寸提升为设计参数。设计参数可以使用默认的名称，也可以重定义一个有意义的名称，例如 Cylinder_D，后续操作将用该名称引用此设计参数。设计参数只能由参数编辑器（Parameter Editor）修改，在细节窗口中为只读。

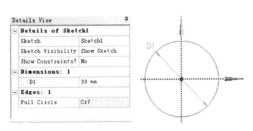

(a) 草图的细节窗口

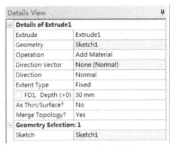

(b) 拉伸特征的细节窗口

图 9-35　尺寸引用

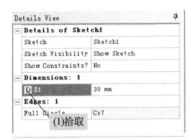

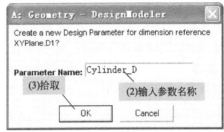

图 9-36　提升尺寸引用为设计参数

尺寸引用包括草图尺寸和特征尺寸两类。草图尺寸提升为设计参数时的默认名称为"参考平面.尺寸类型和顺序号",例如 XYPlane.D1;特征尺寸的默认名称为"特征类型及顺序号.尺寸顺序号",例如 Extrude1.FD1,表示特征 Extrude1 的拉伸距离 Depth[图 9-35(b)],FD 为 Feature Dimension 的缩写。

(2) 参数编辑器　DesignModeler 用参数编辑器对参数进行管理。如图 9-37 所示,可用 3D 几何体建模工具条上的 " Parameters" 按钮切换参数编辑器窗口的开关。参数编辑器窗口有两个标签用于参数管理。

如图 9-38(a) 所示,Design Parameters 标签用于设计参数的浏览、赋值和注释。设计参数是用于驱动其他参数和尺寸的参数,可以将尺寸引用提升为设计参数,也可以另行指定其他辅助参数为设计参数。在 Design Parameters 标签中,每一行定义一个设计参数,每一个参数需要输入参数的名称、值、类型和注释。参数的类型包括长度(Length)、角度[Angle,单位为(°)] 和无量纲参数(Dimensionless)。在每一个参数行最前一列显示参数的状态,共五种。

① ✓:Okay,参数没有错误并且没有被修改。

② #:Comment,注释行。

③ ⚡:Modified,已被修改,需要单击 "Check" 按钮检查。

④ ✗:Suppressed,禁用。

⑤ ⊕:Error,错误。

如图 9-38(b) 所示,Parameter/Dimension Assignments 标签用于为参数和尺寸赋值,以实现用设计参数驱动几何体模型尺寸。在该标签中,每一行定义一个草图尺寸、特征尺寸或辅助参数,每一个参数或尺寸需要输入参数的名称、表达式、类型和注释。表达式(Expression)是由+、-、*、/、()、数值常量、草图尺寸、特征尺寸或辅助参数等构成的数学运算表达式,引用设计参数时需用前缀@。

基于 ANSYS 的
车辆结构有限元分析

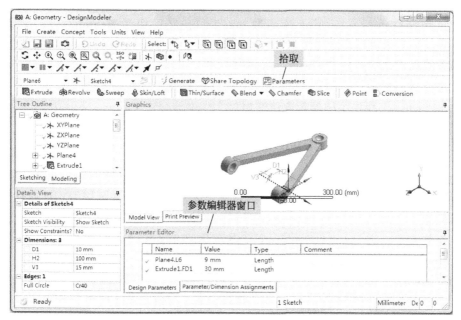

图 9-37 参数编辑器

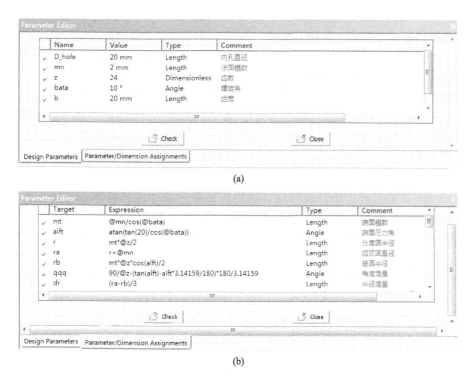

(a)

(b)

图 9-38 参数编辑器标签

  辅助变量指的是不直接定义草图或特征尺寸的参数，主要用于系数或常量，如图 9-38
（a）所示的 mn，辅助变量也可以作为设计参数使用。

  数学表达式用符号"^"表示指数运算、用符号"%"表示求模（a/b 的余数）。

  数学表达式可以使用的数学函数有：绝对值函数 abs(x)、指数函数（即 e^x）exp(x)、

对数函数 $\ln(x)$（即 $\log_e x$）、开平方函数 sqrt(x)、正弦函数 $\sin(x)$（x 用角度）、余弦函数 $\cos(x)$、正切函数 $\tan(x)$、反正弦函数 asin(x)、反正切函数 atan(x)、反余弦函数 acos(x) 等，数学函数更具体的使用方法请查看 ANSYS Workbench Help。

单击参数编辑器窗口的"Check"按钮时，对 Parameter/Dimension Assignments 标签的参数和尺寸进行赋值，进行语法检查，但不更新模型。更新模型需要单击"⚙ Generate"按钮。单击"Close"按钮关闭参数编辑器窗口。

9.2.2 Design Exploration 概述

Design Exploration（设计探索）是功能强大、方便易用的多目标优化和稳健性设计模块，可以帮助设计人员在产品开发阶段掌握不确定因素对产品性能的影响，进而最大限度地提高产品性能。

（1）参数类型 在 Design Exploration 中，设计方案和产品性能最终都表示为参数。Design Exploration 的参数有如下三类。

① Input Parameters（输入参数）。所有计算之前定义的参数都可以作为 Design Exploration 的输入参数，主要类型有几何参数、材料参数、载荷参数、网格参数等。例如可以在 DesignModeler 中把几何体的长度、高度指定为输入参数，也可以在 Mechanical 中指定载荷大小为输入参数。

② Output Parameters（输出参数）。通过 Workbench 计算得到的参数均可作为输出参数，典型的输出参数有质量、体积、频率、变形、应力、应变、热流密度、速度、临界屈曲载荷等。

③ Derived Parameters（导出参数）。指不能直接得到的参数，它可以是输入参数和输出参数的组合值，也可以是由输入参数和输出参数经过数学运算得到的值。

（2）关于 Response Surface（响应曲面） 在 Design Exploration 中进行设计探索及优化设计是通过响应面来实现的。一个设计方案实际上是一组输入数据的集合，在 Design Exploration 中被称作 Design Points（设计点），响应曲面是设计点响应的集合。

为构造响应曲面，首先由用户指定输入参数及其变化范围，然后用 Design of Experiments Method（实验设计方法）由软件自动生成足够的设计点并计算其响应，最后由这些设计点及其响应拟合成响应曲面。

（3）Design Exploration 工具 在 Design Exploration 中，进行设计探索及优化设计的工具如下。

① Direction Optimization（直接优化）。它是一种多目标优化技术，可以按用户指定要求从一组样本设计点中得出最佳设计点。

② Parameters Correlation（参数相关性）。分析输入参数和输出参数的相关性。

③ Response Surface（响应曲面）。通过构建响应曲面以图表形式动态显示输入参数与输出参数之间的关系。

④ Response Surface Optimization（响应曲面优化设计）。基于响应曲面进行优化设计。

（4）Design Exploration 特点

① 各种类型的分析均可以被研究。例如分析可以是线性的或非线性的，可以对模态、温度、流体、多物理场等进行优化设计。

② 具有与 CAD 软件的双向参数传递功能，能与 CAD 软件协同进行设计尺寸优化。

③ 可以进行多目标优化设计，设计参数可以是连续的、离散的或集合的。

基于 ANSYS 的
车辆结构有限元分析

9.2.3 响应曲面优化设计的操作步骤

① 创建优化设计相关的分析项目（例如结构静力学分析），并进行求解以得到分析结果，同时指定优化设计需要的输入参数和输出参数。创建和求解项目中所指定的输入参数构成了当前设计点。

② 在自动生成的参数工作空间（Parameters Set）修改参数，可以生成新的设计点。

③ 调入 Response Surface Optimization 工具，指定输入参数的变化范围进行 Design of Experiments（实验设计），由软件自动生成足够的设计点以构造响应曲面。

④ 更新响应面，利用各种图表工具分析输入参数和输出参数间关系。

⑤ 定义初始样本数，指定优化评定准则，更新优化，得到最好的设计点。

9.2.4 实例 9-3：对控制臂进行响应面优化的步骤

优化控制臂横截面尺寸，使控制臂的质量最小，已知材料许用应力为 210MPa，操作步骤如下。

【步骤 1】在 Windows "开始" 菜单执行 ANSYS→Workbench，启动 Workbench。

【步骤 2】创建控制臂的参数化几何模型。

① 创建项目 A 用于建立几何模型，如图 9-39 所示。

② 启动 DesignModeler 创建几何体，如图 9-40 所示。

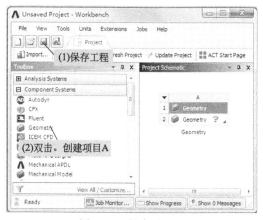

图 9-39 创建项目 A

图 9-40 启动 DesignModeler

③ 拾取 DesignModeler 的下拉菜单，切换长度单位为 mm，如图 9-41 所示。

④ 通过偏移 YZPlane 绘图平面创建新绘图平面 Plane4，如图 9-42 所示。

⑤ 在绘图平面 Plane4 上创建草图，如图 9-43 所示。

⑥ 将草图尺寸提升为设计参数，如图 9-44 所示。

⑦ 拉伸绘图平面 Plane4 上的草图拉伸成柱状体，如图 9-45 所示。

⑧ 将特征尺寸提升为设计参数，如图 9-46 所示。

⑨ 拾取下拉菜单 Create→Body Transformation→Mirror，镜像柱状体，如图 9-47 所示。

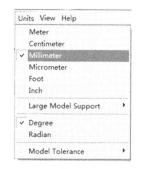

图 9-41 切换长度单位

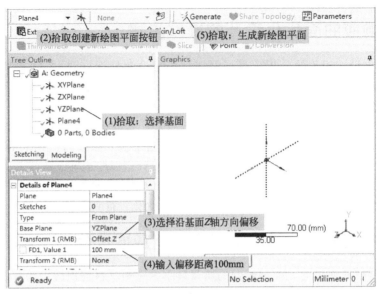

图 9-42　创建新绘图平面

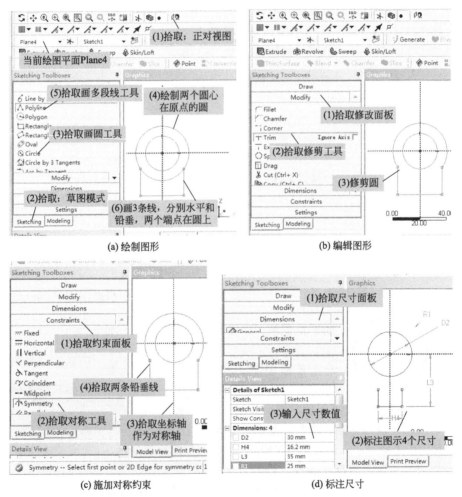

(a) 绘制图形　　　　　　　　　　　(b) 编辑图形

(c) 施加对称约束　　　　　　　　　(d) 标注尺寸

图 9-43　创建草图

基于 ANSYS 的
车辆结构有限元分析

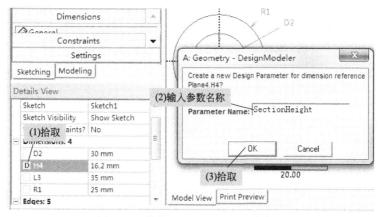

图 9-44　将草图尺寸提升为设计参数

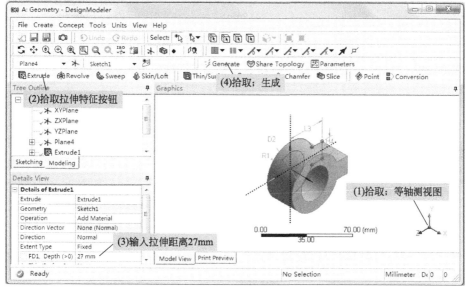

图 9-45　拉伸成柱状体

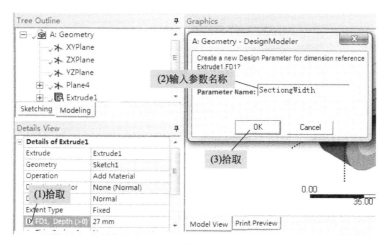

图 9-46　将特征尺寸提升为设计参数

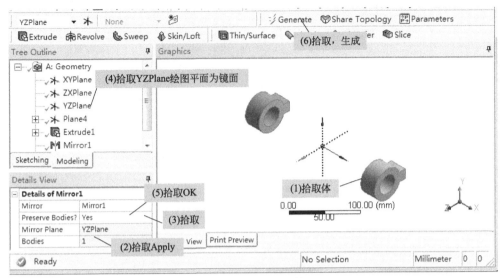

图 9-47　镜像柱状体

⑩ 通过偏移 ZXPlane 绘图平面创建新绘图平面 Plane5，如图 9-48 所示。

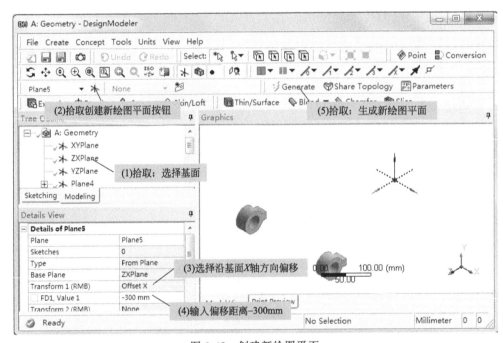

图 9-48　创建新绘图平面

⑪ 在绘图平面 Plane5 上创建草图 Sketch2，如图 9-49 所示。

⑫ 拉伸绘图平面 Plane5 上草图 Sketch2 成面，如图 9-50 所示。

⑬ 蒙皮形成控制臂的两个臂，如图 9-51 所示。

⑭ 在绘图平面 Plane5 上创建草图 Sketch3，如图 9-52 所示。

⑮ 拉伸绘图平面 Plane5 上草图 Sketch3 成圆柱体，如图 9-53 所示。

⑯ 拾取下拉菜单 Create→Primitives→Sphere，形成球形孔，如图 9-54 所示。

⑰ 在右臂的上表面创建新绘图平面 Plane6，如图 9-55 所示。

基于 ANSYS 的
车辆结构有限元分析

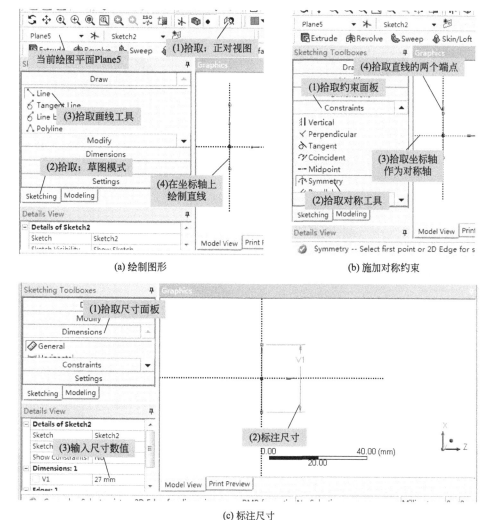

(a) 绘制图形　　　　　　　　　　　　(b) 施加对称约束

(c) 标注尺寸

图 9-49　创建草图 Sketch2

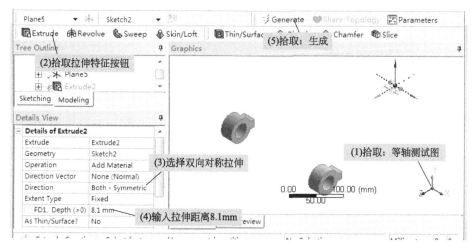

图 9-50　拉伸成面

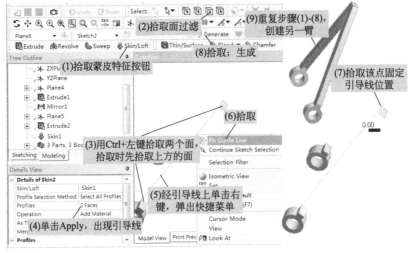

图 9-51 蒙皮

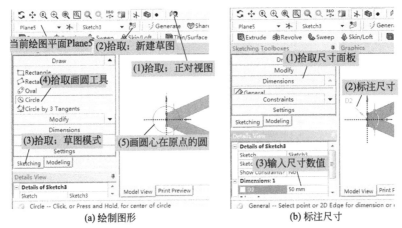

(a) 绘制图形   (b) 标注尺寸

图 9-52 创建草图 Sketch3

图 9-53 拉伸成圆柱体

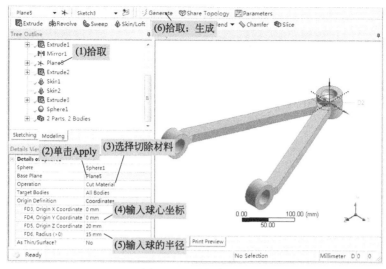

图 9-54　形成球形孔

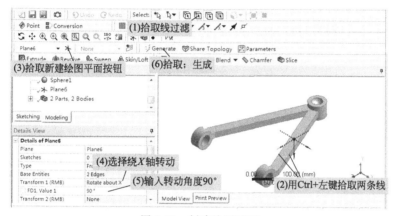

图 9-55　创建绘图平面

⑱ 在绘图平面 Plane6 上创建草图 Sketch4，如图 9-56 所示。

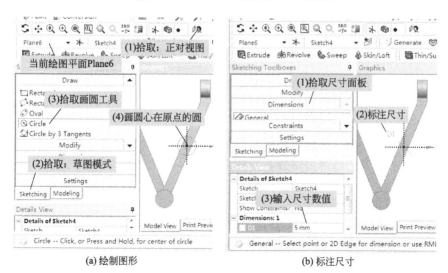

(a) 绘制图形　　　　　　　　(b) 标注尺寸

图 9-56　创建草图 Sketch4

⑲ 拉伸绘图平面 Plane6 上草图 Sketch4，印记面用于施加集中力载荷，如图 9-57 所示。

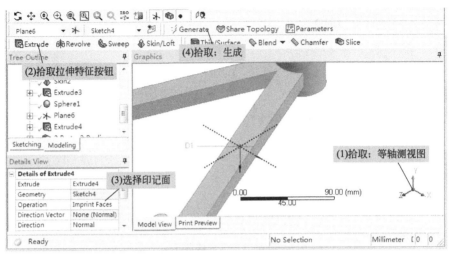

图 9-57　印记面

⑳ 在两臂连接处创建圆角，如图 9-58 所示。

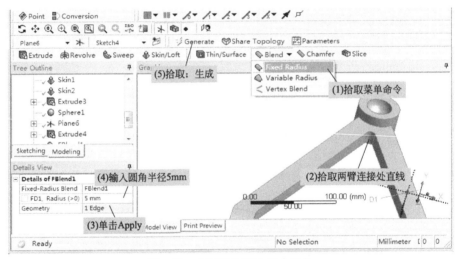

图 9-58　在两臂连接处创建圆角

㉑ 在支座和臂连接处创建圆角，如图 9-59 所示。

㉒ 将特征尺寸提升为设计参数，如图 9-60 所示。

㉓ 禁用面体，如图 9-61 所示。

㉔ 定义参数及表达式，使蒙皮操作创建的几何体始终为柱状体，如图 9-62 所示。

【步骤 3】对控制臂进行静力学分析，计算其变形和应力，导出最大应力和模型质量等参数。

① 创建项目 B 进行静力学分析，如图 9-63 所示。

② 双击如图 9-63 所示项目流程图 B2 格的 "Engineering Data" 项。如图 9-64 所示，从 Workbench 材料库中选择材料模型，将材料库中已有材料添加到当前分析项目中。

③ 因上格数据发生变化，所以需刷新数据，如图 9-65 所示。

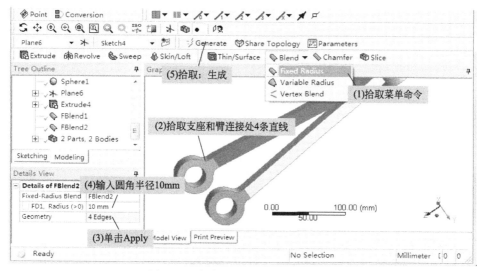

图 9-59　在支座和臂连接处创建圆角

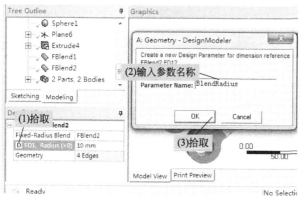

图 9-60　将特征尺寸提升为设计参数

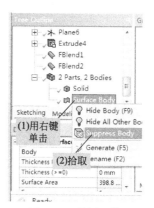

图 9-61　禁用面体

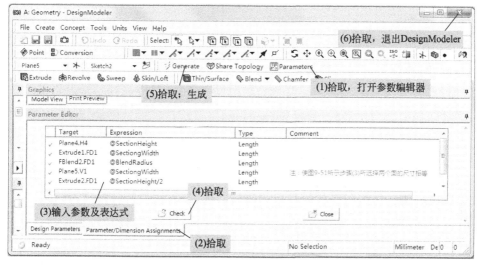

图 9-62　定义参数及表达式

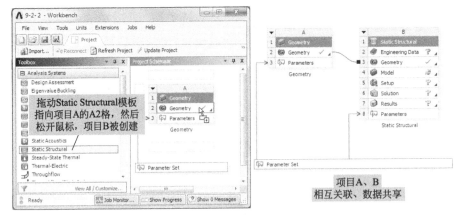

图 9-63　创建项目 B

图 9-64　选择材料　　　　　　　　　　图 9-65　刷新数据

④ 双击项目 B 的 B4 格"Model"项，启动 Mechanical。

⑤ 为几何体指定材料属性，如图 9-66 所示。

⑥ 划分网格、建立有限元模型，如图 9-67 所示。

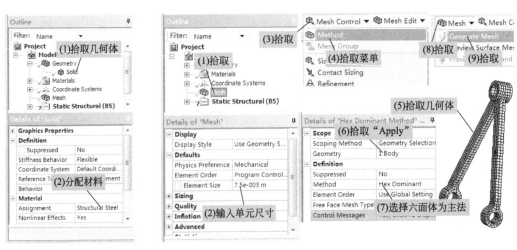

图 9-66　为几何体指定材料属性　　　　　图 9-67　划分网格建立有限元模型

基于 ANSYS 的
车辆结构有限元分析

⑦ 在内侧铰点圆柱面上施加圆柱面约束，如图 9-68 所示。

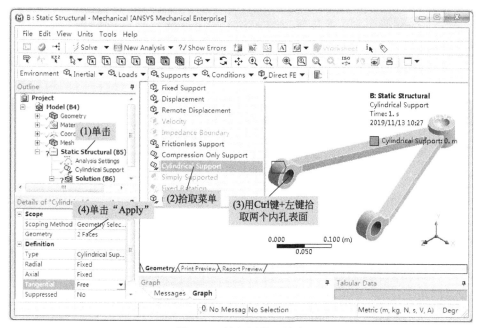

图 9-68　施加圆柱面约束

⑧ 在球面上施加无摩擦约束，如图 9-69 所示。

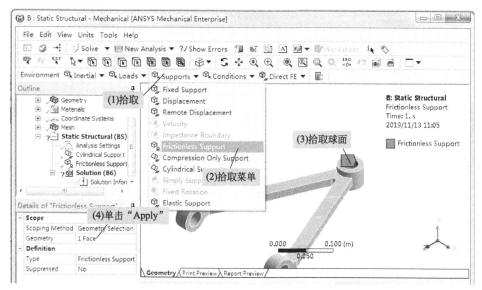

图 9-69　施加无摩擦约束

⑨ 在圆面上施加集中力载荷，如图 9-70 所示。

⑩ 指定总变形和等效应力为计算结果，如图 9-71 所示。

⑪ 单击 "⚡Solve ▾" 按钮，求解项目 B。

⑫ 在提纲树上拾取 Total Deformation 和 Equivalent Stress，查看变形和等效应力结果，如图 9-72 和图 9-73 所示。

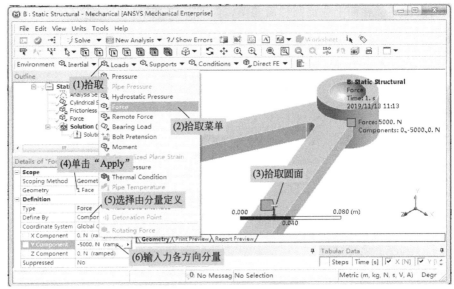

图 9-70　施加集中力载荷

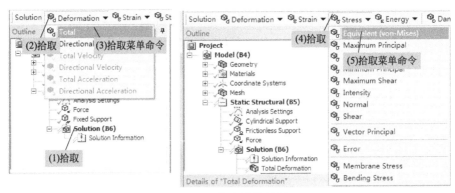

图 9-71　指定计算结果

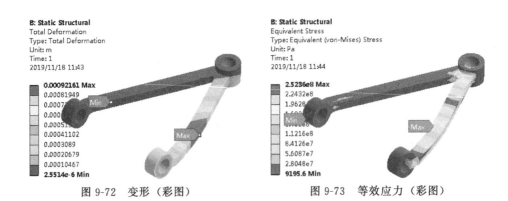

图 9-72　变形（彩图）　　　　　　　图 9-73　等效应力（彩图）

⑬ 指定最大总变形和等效应力为输出变量，如图 9-74 所示。

⑭ 退出 Mechanical。

【步骤 4】进行响应面优化设计。

① 调入响应面优化工具，创建项目 C，如图 9-75 所示。

基于 ANSYS 的
车辆结构有限元分析

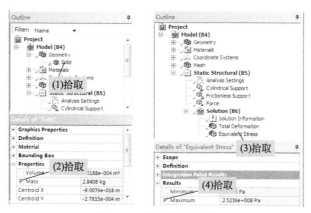

图 9-74　指定输出变量

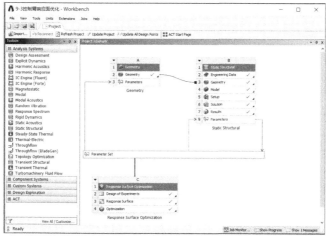

图 9-75　调入响应面优化工具

② 双击如图 9-75 所示项目流程图 C2 格 "Design of Experiments" 项，进行实验设计。

③ 指定输入参数的变化范围，生成设计点并求解输出参数，如图 9-76 所示。

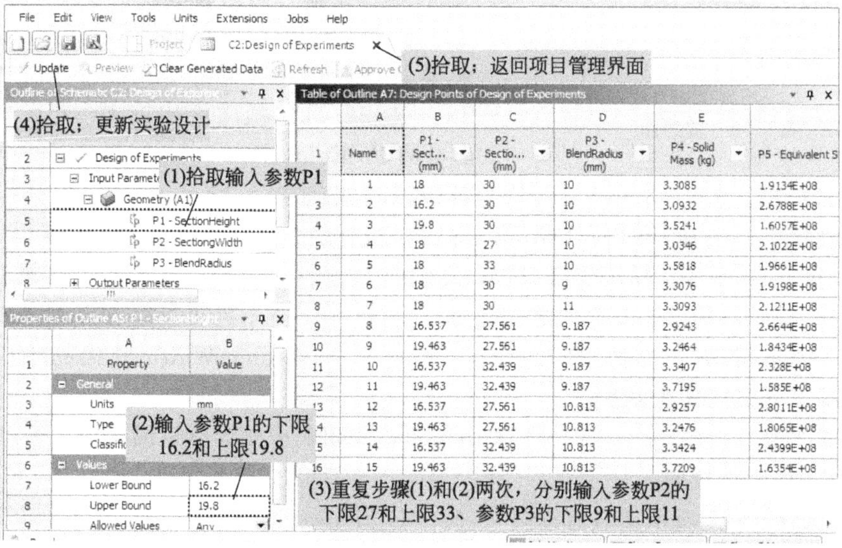

图 9-76　指定参数变化范围

④ 刷新数据，如图 9-77 所示。

⑤ 双击如图 9-75 所示项目流程图 C3 格"Response Surface"项，进入创建响应面界面。

⑥ 创建响应面，如图 9-78 所示。

图 9-77　刷新数据

图 9-78　创建响应面

⑦ 拾取如图 9-78 所示的 A22 格"Local Sensitivity"项，用敏感图查看各参数的相关性，如图 9-79 所示。

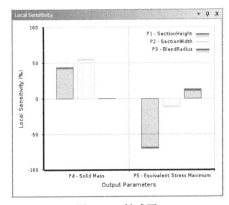

图 9-79　敏感图

可见，输出参数 P4-Solid Mass（模型质量）与输入参数 P3-BlendRadius（圆角半径）间的敏感度较小（具体数值可将鼠标指向敏感图查看），相关性较低；而与输入参数 P1-SectionHeight（截面高度）、P2-SectionWidth（截面宽度）间的敏感度较大，相关性较高。输出参数 P4-Solid Mass 与三个输入参数均为正相关，即输出参数 P4-Solid Mass 随三个输入参数的增大而增大。

输出参数 P5-Equivalent Stress Maximum 与输入参数 P1-SectionHeight、P2-SectionWidth、P3-BlendRadius 间的敏感度均较大，相关性较高。输出参数 P5-Equivalent Stress Maximum 与输入参数 P1-SectionHeight、P2-SectionWidth 均为负相关，与 P3-BlendRadius 正相关。

⑧ 拾取如图 9-78 所示的 A21 格"Response"项，查看响应面研究输出参数与输入参数间关系，如图 9-80 所示。输出变量 P5-Equivalent Stress Maximum 随输入参数 P1-Section-Height 和 P2-SectionWidth 变化的响应曲面，如图 9-81 所示，可见呈非线性关系。输出变量 P4-Solid Mass 随输入参数 P1-SectionHeight 和 P2-SectionWidth 变化的响应曲面，如图 9-82 所示，可见呈线性关系。

⑨ 拾取" C3:Response Surface ✕"关闭按钮，关闭响应面界面返回到项目管理界面。

⑩ 在 C4 格刷新数据。

⑪ 双击如图 9-77 所示项目流程图 C4 格"Optimization"项，进入优化设计界面。

⑫ 在 Table 窗口指定目标参数和约束参数等优化评定准则，进行优化设计计算，如

基于 ANSYS 的
车辆结构有限元分析

图 9-83 所示。计算给出的三个候选优化设计方案，如图 9-84 所示。

图 9-80　显示响应面

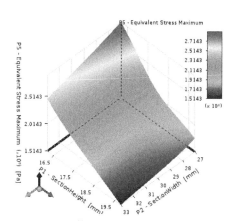

图 9-81　等效应力响应曲面（彩图）

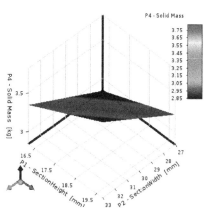

图 9-82　模型质量响应曲面（彩图）

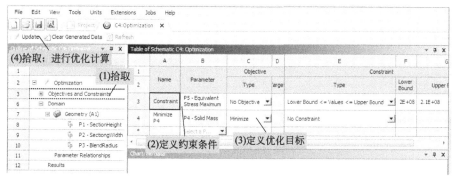

图 9-83　优化设计方案

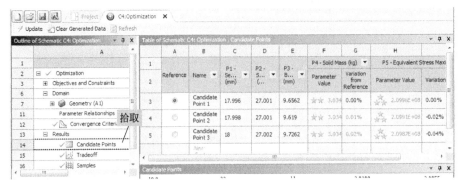

图 9-84　优化结果

基于 ANSYS 的
车辆结构有限元分析

参 考 文 献

［1］ 任学平，高耀东.弹性力学基础及有限单元法.武汉：华中科技大学出版社，2007.

［2］ 王望予.汽车设计.第4版.北京：机械工业出版社，2019.

［3］ 余志生.汽车理论.第6版.北京：机械工业出版社，2019.

［4］ 高耀东，等.ANSYS 18.2有限元分析与应用实例.北京：电子工业出版社，2019.

［5］ 高耀东，等.ANSYS Workbench 18.2机械工程应用实践.北京：电子工业出版社，2020.

［6］ 刘鸿文.材料力学.第2版.北京：高等教育出版社，1982.

［7］ 庄表中，刘明杰.工程振动学.北京：高等教育出版社，1989.

［8］ 孙庆鸿，张启军，姚慧珠.振动与噪声的阻尼控制.北京：机械工业出版社，1993.

［9］ 孙桓，等.机械原理.第8版.北京：高等教育出版社，2013.

［10］ 浦广益.ANSYS Workbench 12基础教程与实例详解.北京：中国水利水电出版社，2010.

［11］ 孙德敏.工程最优化方法及应用.合肥：中国科学技术大学出版社，1997.

［12］ 王国强.实用工程数值模拟技术及其在ANSYS上的实践.西安：西北工业大学出版社，1999.

［13］ 张朝晖，李树奎.ANSYS 11.0有限元分析理论与工程应用.北京：电子工业出版社，2008.

［14］ 王新敏.ANSYS工程结构数值分析.北京：人民交通出版社，2007.

［15］ 高德平.机械工程中的有限元法基础.西安：西北工业大学出版社，1993.

［16］ 赵经文，王宏钰.结构有限元分析.第2版.北京：科学出版社，2001.

［17］ 蔡春源.简明机械零件手册.北京：冶金工业出版社，1996.

［18］ （日）西田正孝.材料力学.马安禧，迟恩田，屈革，等，译.北京：高等教育出版社，1977.

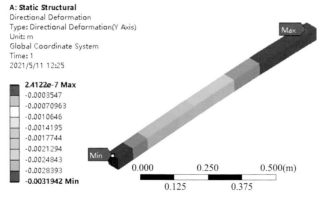

图 2-77　y 方向变形

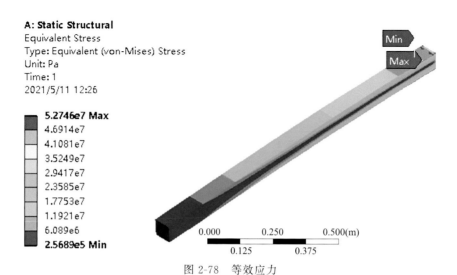

图 2-78　等效应力

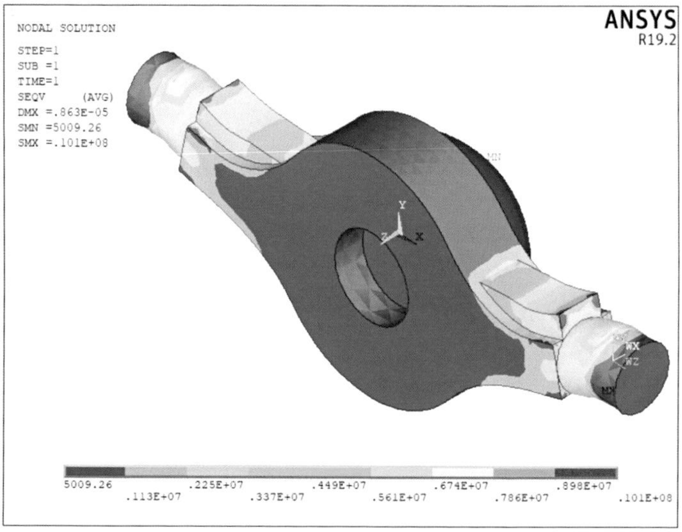

图 4-18　应力云图

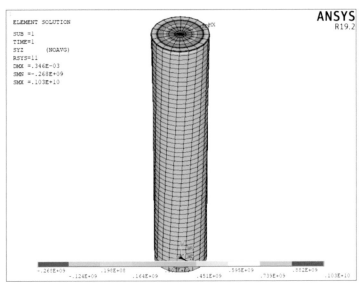

图 4-40 剪应力云图

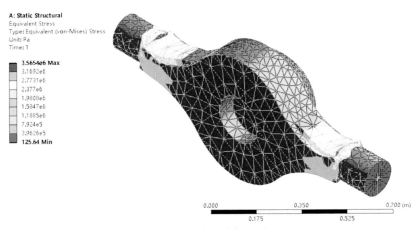

图 4-58 应力分析云图

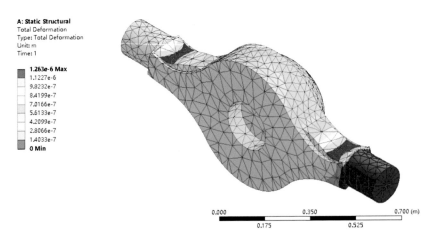

图 4-59 总变形分析云图

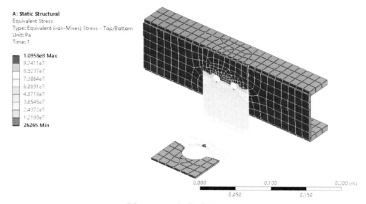

图 4-78　应力分析云图

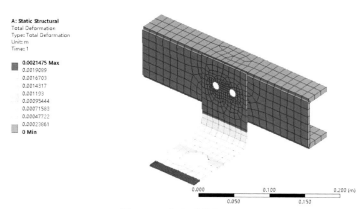

图 4-79　总变形分析云图

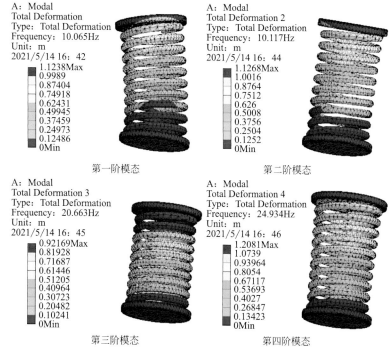

第一阶模态　　　　　　　　　　第二阶模态

第三阶模态　　　　　　　　　　第四阶模态

图 5-24

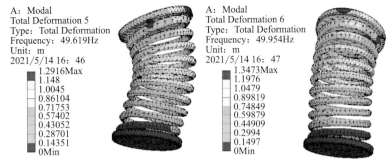

第五阶模态 第六阶模态

图 5-24　螺旋弹簧前六阶模态阵型

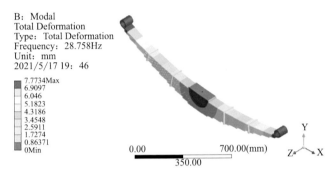

图 5-51　钢板弹簧第一阶振型图

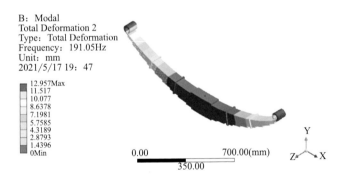

图 5-52　钢板弹簧第二阶振型图

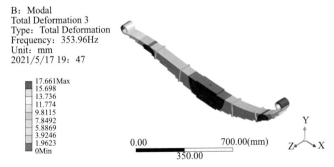

图 5-53　钢板弹簧第三阶振型图

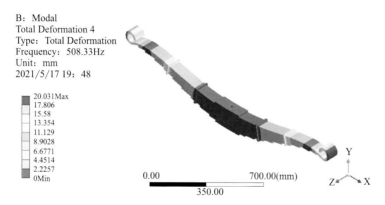

B：Modal
Total Deformation 4
Type：Total Deformation
Frequency：508.33Hz
Unit：mm
2021/5/17 19：48

20.031Max
17.806
15.58
13.354
11.129
8.9028
6.6771
4.4514
2.2257
0Min

0.00   700.00(mm)
      350.00

图 5-54　钢板弹簧第四阶振型图

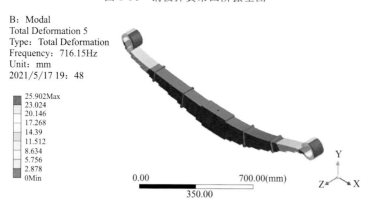

B：Modal
Total Deformation 5
Type：Total Deformation
Frequency：716.15Hz
Unit：mm
2021/5/17 19：48

25.902Max
23.024
20.146
17.268
14.39
11.512
8.634
5.756
2.878
0Min

0.00   700.00(mm)
      350.00

图 5-55　钢板弹簧第五阶振型图

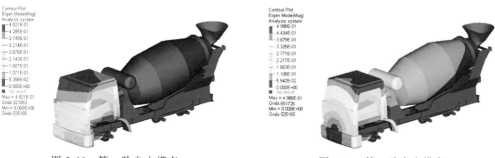

图 5-62　第一阶自由模态　　　　　　　　　图 5-63　第二阶自由模态

图 5-64　第三阶自由模态　　　　　　　　　图 5-65　第四阶自由模态

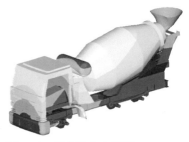

图 5-66　第五阶自由模态　　　　　　　　图 5-67　第六阶自由模态

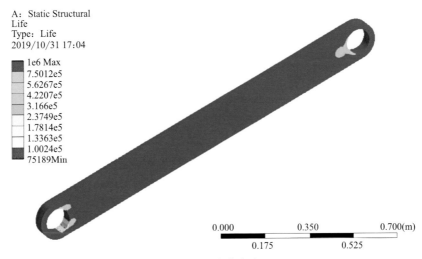

图 8-22　疲劳寿命

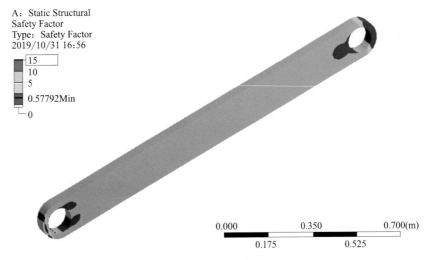

图 8-23　安全系数

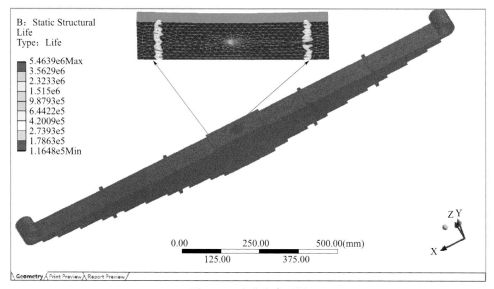

图 8-47　疲劳寿命云图

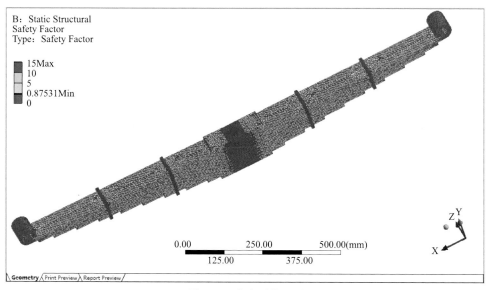

图 8-48　安全系数云图

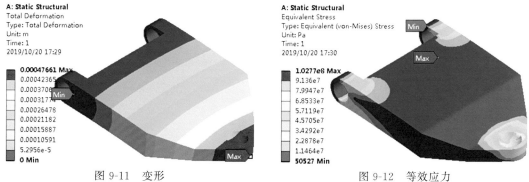

图 9-11　变形　　　　　　　　　图 9-12　等效应力

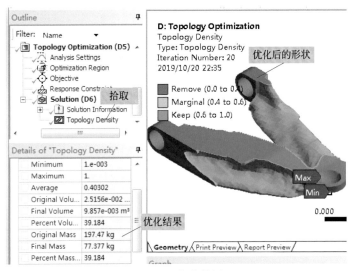

图 9-22　优化结果

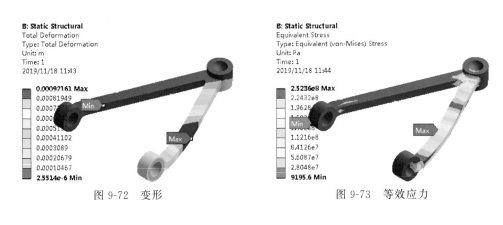

图 9-72　变形　　　　　　　　　　　图 9-73　等效应力

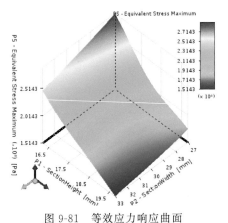

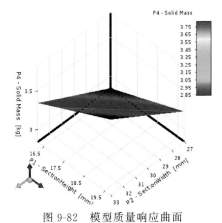

图 9-81　等效应力响应曲面　　　　　　　图 9-82　模型质量响应曲面